公职人员
纪法禁令200条

本书编写组◎编写

中国方正出版社

出版说明

明底线、守底线是公职人员修身正德、干事创业的必修课。习近平总书记指出："只要能守住做人、处事、用权、交友的底线，就能守住党和人民交给自己的政治责任，守住自己的政治生命线，守住正确的人生价值观。"广大公职人员要牢记手中的权力是党和人民赋予的，是上下左右有界受控的，切不可随心所欲、为所欲为，尤其要弄明白党纪国法规定我们怎么用权，什么事能干、什么事不能干，心中高悬纪法的明镜、手中紧握纪法的戒尺，知晓履职从政的尺度，真正做到秉公用权、依法用权、廉洁用权、为民用权。

为帮助广大公职人员强化纪法意识和提高履职能力，严守纪律规矩、筑牢拒腐防变的堤坝，根据 2023 年新修订的《中国共产党纪律处分条例》和《中华人民共和国刑法修正案（十二）》，我们对《公职人员纪法禁令 200 条》重新增补修订。本书依据党章党规党纪和国家法律法规，对公职人员廉洁从政必须遵守的纪法行为进行系统梳理，简要提炼总结出 200 条纪法禁令，分纪律禁令和法律禁令上下两篇。从违纪（法）案例、禁令解析、纪法适用和廉政提醒四个方面着手，内容基本涵盖公职人员履职中常见违纪违法行为；以案例为切入点，解析违纪违法行为，阐释纪法适用等相关问题，明晰公职人员负面清单和行为底线。本次修订突出条例新增条款，如搞政治攀附、结交政治骗子行为，在能上能下工作中搞好人主义行为，统计造假行为，等等。本书有助于广大公职人员增强纪法意识，依法用权、廉洁用权，可作为加强公职人员纪法教育的廉政读本。

囿于时间和经验，本书编写中难免存在缺点和不足，敬请读者批评指正。

编　者

2024 年 4 月

目　　录

上　篇　纪律禁令

下　篇　法律禁令

上 篇

纪律禁令

【政治纪律】

禁令 1

严禁不同党中央保持一致

【违纪案例】

赵某，中共党员，某省委原秘书长。赵某在任职期间利用微信公开散布与全面从严治党要求相违背的言论，被广泛转载评论，造成严重后果，被开除党籍。

【禁令解析】

不同党中央保持一致行为，是指在重大原则问题上不同党中央保持一致且有实际言论、行为或者造成不良后果，依照规定应当受到党纪处分的行为。

党章总纲明确规定："牢固树立政治意识、大局意识、核心意识、看齐意识，坚定维护以习近平同志为核心的党中央权威和集中统一领导，保证全党的团结统一和行动一致，保证党的决定得到迅速有效的贯彻执行。"《关于新形势下党内政治生活的若干准则》强调，"全党必须牢固树立政治意识、大局意识、核心意识、看齐意识，自觉在思想上政治上行动上同党中央保持高度一致。"坚决维护党中央权威、保证全党令行禁止，是党和国家前途命运所系，是全国各族人民根本利益所在。一个国家、一个政党，领导核心至关重要。党的各级组织、全体党员特别是高级干部都要向党中央看齐，向党的理论和路线方针政策看齐，向党中央决策部署看齐，做到党中央提倡的坚决响应、党中央决定的坚决执行、党中央禁止的坚决不做。党员、干部特别是高级干部在大是大非面前不能态度暧昧，不能动摇基本政治立场，不能被错误言论所左右。否则，要根据实际言论、行为或者造成不良后果，追究相应的党纪责任。

规定该行为的目的是通过设定严格的处分规定，促进和保障党组织和党员牢固树立政治意识、大局意识、核心意识、看齐意识，坚决维护习近平总书记党中央的核心、全党的核心地位，坚决维护以习近平同志为核心的党中央权威和集中统一领导，在思想上政治上行动上同党中央保持高度一致。

【纪法适用】

《中国共产党纪律处分条例》第四十九条：

在重大原则问题上不同党中央保持一致且有实际言论、行为或者造成不良后果的，给予警告或者严重警告处分；情节较重的，给予撤销党内职务或者留党察看处分；情节严重的，给予开除党籍处分。

廉政提醒

LIANZHENG TIXING

坚决维护习近平总书记党中央的核心、全党的核心地位，坚决维护以习近平同志为核心的党中央权威和集中统一领导，是最根本的政治纪律和政治规矩。有的严重违纪的党员、干部毫无党性原则，对党中央极端不忠诚，“四个意识”个个皆无，目无规矩、肆意妄为，在重大原则问题上不同党中央保持一致，危害极其严重，必须予以严厉惩处。

禁令 2

严禁公开发表反党言论

【违纪案例】

李某，中共党员，某市公安局原副局长。在家休息时打开微信，看到一篇关于“一国两制”的文章，觉得“甚好”，便轻点手机屏幕进行分享，并对“一国两制”政策出台的背景与实际发表评论，大肆抨击、公然否定。李某社会关系广、朋友杂，其观点被广泛转发，造成恶劣影响。

【禁令解析】

公开发表反党言论行为，是指通过网络、广播、电视、报刊、传单、书籍等，或者利用讲座、论坛、报告会、座谈会等方式，公开发表反对四项基本原则、反对党的改革开放决策的文章、演说、宣言、声明等的行为。

规定该行为的目的是严格规范党员言论，以严格的纪律处分规定保障四项基本原则、改革开放决策贯彻落实，维护党的团结和统一。

党章总纲规定：“坚持社会主义道路、坚持人民民主专政、坚持中国共产党的领导、坚持马克思列宁主义毛泽东思想这四项基本原则，是我们的立国之本。在社会主义现代化建设的整个过程中，必须坚持四项基本原则，反对资产阶级自由化。”“坚持改革开放，是我们的强国之路。”党章第三条将“贯彻执行党的基本路线和各项方针、政策”作为党员必须履行的义务之一加以强调。《关于新形势下党内政治生活的若干准则》规定，全党必须坚决捍卫党的基本路线，对否定党的领导、否定我国社会主义制度、否定改革开放的言行，对一切否定党的基本路线的言行，必须旗帜鲜明反对和抵制。坚持资产阶级自由化立场、反对四项基本原则，反对党的改革开放决策的文章、演说、宣言、声明等言论，实质上是反对党的基本路线，扰乱人们的思想，必将破坏安定团结的政治局面，影响统筹推进“五位一体”总体布局和协调推进“四个全面”战略布局，应当追究纪律责任。

【纪法适用】

1.《中国共产党纪律处分条例》第五十条：

通过网络、广播、电视、报刊、传单、书籍等，或者利用讲座、论坛、报告会、座谈会等方式，公开发表坚持资产阶级自由化立场、反对四项基本原则，反对党的改革开放决策的文章、演说、宣言、声明等的，给予开除党籍处分。

发布、播出、刊登、出版前款所列文章、演说、宣言、声明等或者为上述行为提供方便条件的，对直接责任者和领导责任者，给予严重警告或者撤销党内职务处分；情节严重的，给予留党察看或者开除党籍处分。

第五十一条第一款第一项：

通过网络、广播、电视、报刊、传单、书籍等，或者利用讲座、论坛、报告会、座谈会等方式，有下列行为之一，情节较轻的，给予警告或者严重警告处分；情节较重的，给予撤销党内职务或者留党察看处分；情节严重的，给予开除党籍处分：

（一）公开发表违背四项基本原则，违背、歪曲党的改革开放决策，或者其他有严重政治问题的文章、演说、宣言、声明等。

2.《中华人民共和国公职人员政务处分法》第二十八条第三款：

公开发表反对宪法确立的国家指导思想，反对中国共产党领导，反对社会主义制度，反对改革开放的文章、演说、宣言、声明等的，予以开除。

廉政提醒

LIANZHENG TIXING

党员、干部的言行尤其是在公开场合的言行既是个人立场、观点的表达，又对广大群众有很强的示范效应，言行不当会破坏安定团结的政治局面，影响统筹推进“五位一体”总体布局和协调推进“四个全面”战略布局。所以，该说什么、该做什么，应该有分寸，甚至要“上把锁”，这就是要讲纪律和规矩，千万别随心所欲。网络上转发、流传一些涉及党和国家形象、党和国家领导人形象的低俗“段子”、视频等，都是违纪行为。

禁令 3

严禁散布有损宪法权威、中国共产党领导和国家声誉的言论

【违纪案例】

李某某，中共党员，某村党支部书记。在其有300多名“好友”的微信朋友圈中，转发了国外一篇丑化党和国家形象的顺口溜后，被朋友圈中“好友”大量转发，造成严重不良影响。

【禁令解析】

散布有损宪法权威、中国共产党领导和国家声誉的言论行为，是指公职人员采取公开发表、散布等方式传播有损宪法权威、中国共产党领导和国家声誉的言论的行为。

宪法是国家的根本法，具有最高法律权威；宪法在明确中国共产党领导是中国特色社会主义最本质特征的同时，规定公民有维护祖国的安全、荣誉和利益的义务，不得有危害祖国的安全、荣誉和利益的行为。公职人员应当模范遵守宪法和法律，维护宪法权威、拥护党的领导、维护国家声誉。对于公职人员散布有损宪法权威、中国共产党领导和国家声誉的言论的，予以记过或者记大过；情节较重的，予以降级或者撤职；情节严重的，予以开除。需要强调的是，《中华人民共和国公职人员政务处分法》第二十八条第一款第一项规定的是对宪法权威、党的领导和国家声誉产生损害的言论，如果公职人员散布的违法言论不但有损宪法、中国共产党领导和国家声誉，而且含有反对宪法确立的国家指导思想、反对中国共产党领导等内容的，应当适用该条第三款的规定，予以开除。

【纪法适用】

《中华人民共和国公职人员政务处分法》第二十八条第一款第一项：

有下列行为之一的，予以记过或者记大过；情节较重的，予以降级或者撤职；情节严重的，予以开除：

（一）散布有损宪法权威、中国共产党领导和国家声誉的言论的。

廉政提醒

LIANZHENG TIXING

公职人员作为依法履行公职的工作人员，应当模范遵守宪法和法律，维护宪法权威、拥护党的领导、维护国家声誉。严禁散布有损宪法权威、中国共产党领导和国家声誉的言论是一条“高压线”，千万不能触碰。

禁令 4

严禁妄议党中央大政方针

【违纪案例】

李某，中共党员，某区直单位工作人员。在朋友聚餐时，对中央对港政策品头论足，否定“一国两制”，被人拍照录像后传至网上，造成恶劣影响。

【禁令解析】

妄议党中央大政方针行为，是指违反规定，通过网络、广播、电视、报刊、传单、书籍等，或者利用讲座、论坛、报告会、座谈会等方式，妄议党中央大政方针，破坏党的集中统一的行为。

妄议党中央大政方针，破坏党的集中统一，是违反政治纪律的突出表现，也违反了党章规定的民主集中制原则。“七个有之”问题，其中之一就是尾大不掉、妄议中央。民主集中制是党的根本组织原则，要求必须实行正确的集中，保证全党的团结统一和行动一致，保证党的决定得到迅速而有效的贯彻执行。党中央在制定重大方针政策时，通过不同的渠道和方式，充分听取有关党组织和党员的意见建议，但是有些人“当面不说、背后乱说”“会上不说、会后乱说”“台上不说、台下乱说”，实际上不仅扰乱了人们的思想，还破坏党的集中统一，妨碍党中央大政方针的贯彻落实，应当受到党纪处分。

【纪法适用】

1.《中国共产党纪律处分条例》第五十一条第一款第二项：

通过网络、广播、电视、报刊、传单、书籍等，或者利用讲座、论坛、报告会、座谈会等方式，有下列行为之一，情节较轻的，给予警告或者严重警告处分；情节较重的，给予撤销党内职务或者留党察看处分；情节严重的，给予开除党籍处分：

（二）妄议党中央大政方针，破坏党的集中统一。

2.《中华人民共和国公职人员政务处分法》第二十八条第三款：

公开发表反对宪法确立的国家指导思想，反对中国共产党领导，反对社会主义制度，反对改革开放的文章、演说、宣言、声明等的，予以开除。

廉政提醒

LIANZHENG TIXING

“妄议”两字的关键是“妄”，发表的是“妄言妄语”，就是无中生有之议、歪曲事实之议、僭越规矩之议。党员如果通过公开的方式妄议党中央大政方针，破坏党的集中统一，造成的危害将是极大的，必须严肃处理。当然，严禁“妄议”并不是不要正常的批评意见，也不是不讲自由，而是以正确的渠道和方式发表意见和建议，大家一定要学透彻、把握好。

禁令 5

严禁丑化党和国家形象

【违纪案例】

冯某，中共党员，某大学历史系教授。一次，在受邀回母校为大学生作讲座时，他以“真相”“揭秘”为噱头，大肆宣扬历史教科书中的党史很多都不是“真实的历史”，捏造事实，混淆视听。其间，一些学生对此提出异议，他却以“你们啥都不懂”“你们被忽悠了”等理由搪塞而过，继续他的讲座。

【禁令解析】

丑化党和国家形象行为，是指通过网络、广播、电视、报刊、传单、书籍等，或者利用讲座、论坛、报告会、座谈会等公开方式，丑化党和国家形象，或者诋毁、诬蔑党和国家领导人、英雄模范，或者歪曲党的历史、中华人民共和国历史、人民军队历史等行为。

党和国家领导人是我们党和国家的代表，诋毁、诬蔑党和国家领导人就是诋毁、诬蔑党和国家。《关于新形势下党内政治生活的若干准则》规定，“对歪曲、丑化、否定党的历史、中华人民共和国历史、人民军队历史的言行，对歪曲、丑化、否定党的领袖和英雄模范的言行，对一切违背、歪曲、否定党的基本路线的言行，必须旗帜鲜明反对和抵制”。习近平总书记指出，“一个有希望的民族不能没有英雄，一个有前途的国家不能没有先锋”。英雄烈士的事迹和精神是中华民族共同的历史记忆和宝贵的精神财富。2018年4月27日，十三届全国人大常委会第二次会议全票表决通过了我国首部英雄烈士保护法，英雄烈士的姓名、肖像、名誉、荣誉受法律保护。崇尚英雄模范，对弘扬主旋律、唱响正气歌、传播正能量，激励全体党员和全国人民为实现中华民族伟大复兴的中国梦不懈奋斗意义重大。中共中央印发《中国共产党纪律处分条例》，坚决依法打击丑化党和国家形象，或者诋毁、诬蔑党和国家领导人、英雄模范，或者歪曲党的历史、中华人民共和国历史、人民军队历史的言行，坚决落实《关于新形势下党内政治生活的若干准则》要求，坚持党纪严于国法，不仅对“英雄烈士”，还包括“英雄模范”的名誉、荣誉等给予严格保护。对我党、我军历史中的许多问题，1945年《关于若干历史问题的决议》、1981年《关于建国以来党的若干历史问题的决议》等文件已作出历史结论。执行党的决议是党章规定的党员必须具备的基本条件。对于中华人民共和国历史，同样必须坚持历史唯物主义的正确观点，坚决反对历史虚无主义。这些都是牢固树立“四个意识”、坚定“四个自信”的必然要求。党员有丑化党和国家形象，或者诋毁、诬蔑党和国家领导人、英雄模范，或者歪曲党的历史、中华人民共和国历史、人民军队历史的行为，应当受到党纪处分。

【纪法适用】

1.《中国共产党纪律处分条例》第五十一条第一款第三项：

通过网络、广播、电视、报刊、传单、书籍等，或者利用讲座、论坛、报告会、座谈会等方式，有下列行为之一，情节较轻的，给予警告或者严重警告处分；情节较重的，给予撤销党内职务或者留党察看处分；情节严重的，给予开除党籍处分：

（三）丑化党和国家形象，或者诋毁、诬蔑党和国家领导人、英雄模范，或者歪曲党的历史、中华人民共和国历史、人民军队历史。

2.《中华人民共和国公职人员政务处分法》第二十八条第三款：

公开发表反对宪法确立的国家指导思想，反对中国共产党领导，反对社会主义制度，反对改革开放的文章、演说、宣言、声明等的，予以开除。

廉政提醒

LIANZHENG TIXING

近年来，一些人或是通过歪曲历史、抹黑中国革命史来否定中国共产党的领导，甚至还出现了针对党的领袖人物的攻击；或是通过丑化、诋毁英雄人物，利用网络社交媒体公开进行传播，以达到扰乱人们视听、迷惑人民群众的目的。这些错误的言论和行为都是历史虚无主义泛滥的表现，我们要进行坚决抵制和反对。如果参与其中，必将受到党纪国法的严惩。

禁令 6

严禁制作、贩卖、传播有严重政治问题资料

【违纪案例】

王某，中共党员，某省自然资源厅原党组成员、省纪委监委驻省自然资源厅纪检监察组原组长。王某购买、阅读歪曲和攻击党的路线方针政策的书籍，对有违背四项基本原则等严重政治问题的微信文章、图片和小视频，不报告、不抵制、不斗争，并转发给他人，造成不良影响。

【禁令解析】

制作、贩卖、传播有严重政治问题资料行为，是指制作、贩卖、传播坚持资产阶级自由化立场、反对四项基本原则、反对改革开放政策等有严重政治问题资料的行为。无论是否有谋利的目的，都属于该违纪行为。

《关于新形势下党内政治生活的若干准则》强调，全党必须坚决捍卫党的基本路线，对否定党的领导、否定我国社会主义制度、否定改革开放的言行，对歪曲、丑化、否定中国特色社会主义的言行，对歪曲、丑化、否定党的历史、中华人民共和国历史、人民军队历史的言行，对歪曲、丑化、否定党的领袖和英雄模范的言行，对一切违背、歪曲、否定党的基本路线的言行，必须旗帜鲜明反对和抵制。

【纪法适用】

《中国共产党纪律处分条例》第五十二条第一款：

制作、贩卖、传播第五十条、第五十一条所列内容之一的报刊、书籍、音像制品、电子读物，以及网络文本、图片、音频、视频资料等，情节较轻的，给予警告或者严重警告处分；情节较重的，给予撤销党内职务或者留党察看处分；情节严重的，给予开除党籍处分。

廉政提醒

LIANZHENG TIXING

身为党员干部，要把精力聚焦在本职工作上，坚持为人民服务的原则。个别党员干部一边阅读、传播有严重政治问题的书刊，一边大肆腐败敛财，无疑背离了初心使命。对此，广大党员干部应引以为戒！

禁令 7

严禁私自携带、寄递有严重政治问题资料

【违纪案例】

宋某，中共党员，某市财政局副局长。2019 年，宋某因公到香港出差，在港期间，经人推荐，其以好奇为由，购买了五本外国反动人士所写的歪曲我国历史、丑化我国领导人的所谓“揭秘”类书籍，私自携带入境，并应请托寄给自己的表哥宁某。宁某将该书籍借给朋友阅读时被公安机关查扣，经追查系宋某携带入境，宋某被给予党内严重警告处分。

【禁令解析】

私自携带、寄递有严重政治问题资料行为，是指私自携带、寄递资产阶级自由化立场、反对四项基本原则、反对改革开放政策等有严重政治问题资料的行为。无论是否有谋利的目的，都属于该违纪行为。

该行为既包括入境，也包括出境。“私自携带”，既包括隐秘实施的，也包括明目张胆实施的，既包括随身携带，也包括托运入出境，还包括唆使他人或者组织多人携带。“情节较重”，给予党纪处分，如果“情节较轻”，党组织可以对行为人进行批评教育或组织处理。

【纪法适用】

《中国共产党纪律处分条例》第五十二条第二款：

私自携带、寄递第五十条、第五十一条所列内容之一的报刊、书籍、音像制品、电子读物等入出境，情节较重的，给予警告或者严重警告处分；情节严重的，给予撤销党内职务、留党察看或者开除党籍处分。

廉政提醒

LIANZHENG TIXING

关于这方面的问题，从近几年查办的一些案件通报来看，有下面这样的表述："热衷于阅看、私藏有严重政治问题的书刊、文章""私自携带有严重政治问题书刊入境""私带含民族分裂内容书籍入境"等。广大党员一定要保持清醒的头脑，不要干这种傻事。

禁令 8

严禁私自阅看有严重政治问题的书刊

【违纪案例】

吕某，中共党员，某市原副市长。吕某多次私自托人从香港等境外地区购买并阅看有歪曲党史、军史等严重政治问题的书刊，并以此为乐，多次与他人在公开场合讨论，造成严重不良影响。

【禁令解析】

私自阅看、浏览、收听有严重政治问题的资料行为，是指私自阅看、浏览、收听坚持资产阶级自由化立场、反对四项基本原则、反对改革开放政策等有严重政治问题的报刊、书籍、音像制品、电子读物，以及网络文本、图片、音频、视频资料的行为。

《关于新形势下党内政治生活的若干准则》强调，全党必须坚决捍卫党的基本路线，对否定党的领导、否定我国社会主义制度、否定改革开放的言行，对歪曲、丑化、否定中国特色社会主义的言行，对歪曲、丑化、否定党的历史、中华人民共和国历史、人民军队历史的言行，对歪曲、丑化、否定党的领袖和英雄模范的言行，对一切违背、歪曲、否定党的基本路线的言行，必须旗帜鲜明反对和抵制。《中国共产党纪律处分条例》第五十二条第三款规定，私自阅看、浏览、收听坚持资产阶级自由化立场、反对四项基本原则、反对改革开放政策等有严重政治问题的报刊、书籍、音像制品、电子读物，以及网络文本、图片、音频、视频资料等，情节严重的，给予警告、严重警告或者撤销党内职务处分。

【纪法适用】

《中国共产党纪律处分条例》第五十二条第三款：

私自阅看、浏览、收听第五十条、第五十一条所列内容之一的报刊、书籍、音像制品、电子读物，以及网络文本、图片、音频、视频资料等，情节严重的，给予警告、严重警告或者撤销党内职务处分。

廉政提醒

LIANZHENG TIXING

近年来，私自阅看、浏览有政治问题的书刊、电子读物被通报的党员领导干部不在少数。他们违反政治纪律和政治规矩，政治信仰缺失，丧失政治立场，热衷于阅看有严重政治问题的书刊，更有甚者还传播政治谣言。这完全与党中央离心离德，应当坚决禁止！

禁令 9

严禁在党内组织秘密集团

【违纪案例】

苏某，中共党员，某中央国家机关人事处处长。其曾在某省挂职锻炼，逢人便讲某省是其第二故乡。苏某与单位某些某省籍人员经常聚在一起，围绕自己建立了一个“小圈子”。“圈子”里的成员拉帮结派，尤其在干部提拔任用时，这些人互相投票，排挤他人。苏某作为人事处处长，在组织考察时对“圈子”成员均说好话，大力推荐，毫不避讳，在单位中造成了较坏的影响。经查，苏某与这些“圈子”成员经常违规聚餐、互相帮衬拉扯，帮忙办事。为此，苏某受到相应的纪律处分。

【禁令解析】

在党内组织秘密集团行为，是指党内少数人以秘密勾结、阴谋串联的方式建立从事反对党的路线、方针、政策、决议和分裂党的活动的组织的行为。

党章第十条规定，“党是根据自己的纲领和章程，按照民主集中制组织起来的统一整体”；第三条规定，“维护党的团结和统一”是每名党员必须履行的义务。在党内组织秘密集团，本身就是分裂党的活动。1980 年印发的《关于党内政治生活的若干准则》明确规定：“在党内组织秘密集团是分裂党和颠覆党的犯罪行为。共产党员绝对不允许参加反对党的秘密组织和秘密活动。”《关于新形势下党内政治生活的若干准则》规定，“党员、干部特别是高级干部不准在党内搞小山头、小圈子、小团伙”，“坚决防止野心家、阴谋家窃取党和国家权力”。

【纪法适用】

《中国共产党纪律处分条例》第五十三条：

在党内组织秘密集团或者组织其他分裂党的活动的，给予开除党籍处分。

参加秘密集团或者参加其他分裂党的活动的，给予留党察看或者开除党籍处分。

廉政提醒

LIANZHENG TIXING

历史经验告诉我们，在党内组织秘密集团，必然给党造成极大的危害，但最后都以失败而告终。广大党员一定要与这种分裂党和颠覆党的犯罪行为作坚决的斗争，自觉增强“四个意识”、坚定“四个自信”、做到“两个维护”。

禁令 10

严禁在党内搞非组织活动

【违纪案例】

于某，中共党员，某乡农业发展办公室主任。于某等人在召开乡党代会期间，为了把县派乡长李某挤出党委班子，使当地的一名副职领导进党委班子，采取打电话、口头通知、个别走访等不正当手段拉拢代表，进行拉票、串票，使部分党员代表思想混乱，严重干扰和影响了乡党代会选举和乡党委领导班子的正常工作程序，损害了乡党委的团结和统一。

【禁令解析】

在党内搞非组织活动行为，是指在党内搞团团伙伙、结党营私、拉帮结派、政治攀附、培植个人势力等非组织活动的行为。

党章规定，党员要“坚决反对一切派别组织和小集团活动”。《关于新形势下党内政治生活的若干准则》规定，“严禁在党内拉私人关系、培植个人势力、结成利益集团。对那些投机取巧、拉帮结派、搞团团伙伙的人，要严格防范，依纪依规处理”。党的十八大以来，被查处的严重违纪党员干部有的奉行圈子文化、码头文化，搞“小圈子”，搞团团伙伙，培植个人势力；有的为谋求职务晋升大搞政治攀附；有的野心膨胀，公器私用，不择手段为个人造势；有的政治问题与经济腐败相互交织，大搞利益交换，形成利益集团，破坏党内政治生态，影响党的执政基础。《中国共产党纪律处分条例》对党章和《关于新形势下党内政治生活的若干准则》要求作出细化具体化。

“在党内搞团团伙伙、结党营私、拉帮结派、政治攀附、培植个人势力等非组织活动”实质上针对的是背离组织，为了个人和小集团的利益，相互勾结，搞亲亲疏疏，破坏党的团结和统一的行为，并不以是否有共同的“纲领性”目标以及组织章程为必要条件。《中国共产党纪律处分条例》第五十三条规定的行为，一般是有严密的组织和明确的政治目的，有严密的行动计划，进行分裂党的活动；而第五十四条规定的行为，一般没有严密的组织性和明确的反党目的，主要是为了小集团在政治上的私利，相互提携、互通款曲。

【纪法适用】

《中国共产党纪律处分条例》第五十四条：

在党内搞团团伙伙、结党营私、拉帮结派、政治攀附、培植个人势力等非组织活动，或者通过搞利益交换、为自己营造声势等活动捞取政治资本的，给予严重警告或者撤销党内职务处分；导致本地区、本部门、本单位政治生态恶化的，给予留党察看或者开除党籍处分。

廉政提醒

LIANZHENG TIXING

事实一再证明，任何单位内部搞团团伙伙、拉帮结派的，政治生态就必然恶化，就会给当地的政治、经济、社会、文化造成重大损失，但最终都会受到党纪国法的严惩。党员、干部必须牢记搞团团伙伙、结党营私、拉帮结派、政治攀附、培植个人势力等非组织活动，就是给自己“挖坑埋雷”，早晚会出事！

禁令 11

严禁搞团团伙伙、捞取政治资本

【违纪案例】

李某，中共党员，某白酒国有公司总经理。李某将该白酒的经营权作为拉拢关系、利益交换的工具，将一些领导干部亲属发展为特许经销商，以便于进行政治攀附、捞取政治资本。李某大肆为不法经销商违规从事某白酒经营提供便利的行为，严重破坏该白酒营销环境。

【禁令解析】

搞团团伙伙、捞取政治资本行为，是指党员在党内通过搞利益交换、为自己营造声势等活动捞取政治资本的行为。

党章规定，党员必须坚决反对一切派别组织和小集团活动，反对阳奉阴违的两面派行为和一切阴谋诡计。《关于新形势下党内政治生活的若干准则》明确规定："党员、干部特别是高级干部不准在党内搞小山头、小圈子、小团伙，严禁在党内拉私人关系、培植个人势力、结成利益集团。对那些投机取巧、拉帮结派、搞团团伙伙的人，要严格防范，依纪依规处理。"

现实中，一些领导干部丧失党性、漠视党纪国法，在相互称兄道弟、抱团扎堆中滋生腐败，将分管领域当成私人领地，将上下级关系看成人身依附关系，将国家资源当成自己的私产，将下级干部当成"家臣"，更有甚者，拉拉扯扯，吹吹拍拍，看领导眼色说话办事，拿原则做交易，投机钻营，为自己捞取政治资本。这些行为严重阻碍了党的路线、方针、政策的贯彻执行，严重危害党和国家的政治安全，必须坚决制止。

【纪法适用】

《中国共产党纪律处分条例》第五十四条：

在党内搞团团伙伙、结党营私、拉帮结派、政治攀附、培植个人势力等非组织活动，或者通过搞利益交换、为自己营造声势等活动捞取政治资本的，给予严重警告或者撤销党内职务处分；导致本地区、本部门、本单位政治生态恶化的，给予留党察看或者开除党籍处分。

廉政提醒

LIANZHENG TIXING

严肃党内政治生活、净化党内政治生态，必须坚决制止这种丧失党性、漠视党纪国法，通过搞利益交换、为自己营造声势等活动捞取政治资本的行为。党员干部对此必须高度警惕。

禁令 12

严禁结交政治骗子

【违纪案例】

杨某，中共党员，某市原副市长。2014 年 10 月，杨某经人介绍与社会无业人员白某相识。白某自称与大领导熟悉，杨某信以为真，经常向其打探省委对该市有关领导干部及其本人的工作考虑和安排，以及省管干部提拔和被查处情况。为讨好、拉拢白某，杨某还长期安排有关企业为白某免费提供酒店房间和车辆供其无偿使用。

【禁令解析】

结交政治骗子行为，是指党员干部丧失理想信念，弃守职责使命，热衷结交政治骗子，搞政治投机，严重破坏政治生态的行为。政治骗子，主要是指伪装成虚构的领导干部亲友身份或特殊社会身份出现在公职人员面前，以所谓“稀有政治资源”获取信任，继而骗取利益的行骗群体。

根据《中国共产党纪律处分条例》第五十五条第一款规定，具体违纪行为：一种是“搞投机钻营，结交政治骗子”的违纪行为，表现为党员干部官迷心窍，不信党组织的明规矩，不重实干实绩，反而热衷于搞投机钻营，走旁门左道，信奉所谓的“潜规则”，为捞取个人政治利益而千方百计认识交往一些所谓“有来头”“有门路”的政治骗子，请他们“搭天线”，至于是否捞到个人政治利益不影响该违纪行为的认定；另一种是“被政治骗子利用”的违纪行为，客观表现为听信政治骗子编造的各种谎言，任其指使摆布，导致上当受骗。上述两种违纪行为，应当给予严重警告或者撤销党内职务处分，情节严重的，给予留党察看或者开除党籍处分。

透过政治骗子的现象可以看到一些领导干部权力观的扭曲。他们理想信念缺失、纪律意识减弱、组织观念淡薄，被权力欲望蒙蔽了双眼，失去了政治鉴别力，面对政治骗子的诱惑，全然丧失了理想信念。一些领导干部为了提拔晋升，不扎实履行职责，而是将希望寄托于政治骗子；有的为了编织关系网络，乐于结交政治骗子；有的为了求得腐败不被发现，攀附政治骗子，祈求得到保护。《中国共产党纪律处分条例》第五十五条规定，搞投机钻营，结交政治骗子或者被政治骗子利用的，给予严重警告或者撤销党内职务处分；情节严重的，给予留党察看或者开除党籍处分。

【纪法适用】

《中国共产党纪律处分条例》第五十五条：

搞投机钻营，结交政治骗子或者被政治骗子利用的，给予严重警告或者撤销党内职务处分；情节严重的，给予留党察看或者开除党籍处分。

充当政治骗子的，给予撤销党内职务、留党察看或者开除党籍处分。

廉政提醒

LIANZHENG TIXING

近年来，在查处的各类腐败案件中，腐败官员与政治骗子交织在一起的现象屡见不鲜，甚至已经成为当前腐败案件的一个趋势。政治骗子的存在不仅严重影响和污染政治生态，同时也逐渐成为孕育腐败的温床，成为反腐败斗争的阻碍。结交甚至充当政治骗子，严重污染政治生态。对此类具有政治危害的行为必须坚决惩治！

禁令 13

严禁自行其是、搞山头主义、拒不执行党中央大政方针

【违纪案例】

朱某，中共党员，某县原县委书记。在任县委书记期间，朱某以“老乡、同学聚会”为名搞山头主义，其以“老大”自居，要求多名老乡、同学对自己“效忠”，安排他们为自己保管违纪违法所得等，并对党中央决策部署消极应付，打折扣、做选择、搞变通，影响党中央政令畅通。2021 年 6 月，朱某因严重违纪违法并涉嫌受贿罪，被开除党籍和公职，其涉嫌犯罪问题被移送检察机关依法审查起诉。

【禁令解析】

自行其是、搞山头主义、拒不执行党中央大政方针行为，是指党员领导干部在分管领域、地区、部门自行其是、搞山头主义，拒不执行党中央大政方针，有令不行、有禁不止，搞上有政策、下有对策的行为。

党章总纲规定：“牢固树立政治意识、大局意识、核心意识、看齐意识，坚定维护以习近平同志为核心的党中央权威和集中统一领导，保证全党的团结统一和行动一致，保证党的决定得到迅速有效的贯彻执行。”党章第三条关于党员义务明确要求党员必须“贯

彻执行党的基本路线和各项方针、政策”。《关于新形势下党内政治生活的若干准则》规定，“对党中央决策部署，任何党组织和任何党员都不准合意的执行、不合意的不执行，不准先斩后奏，更不准口是心非、阳奉阴违”。“决不允许自行其是、各自为政，决不允许有令不行、有禁不止，决不允许搞上有政策、下有对策。”《中国共产党纪律处分条例》对党章和《关于新形势下党内政治生活的若干准则》要求作出细化具体化，确保党中央政令畅通。

该行为的违纪主体是担任一定职务的党员领导干部。党员领导干部作为“关键少数”，在带头执行和组织落实党中央大政方针上，担负着重要使命，发挥着表率作用。党的十八大以来，被查处的严重违纪党员领导干部有的搞山头主义，在本人主政的地方或者分管的部门自行其是，喜欢当家长式的人物，把分管领域当成“私人领地”，弄得党内生活很不正常；有的擅作主张、我行我素，背离党中央要求另搞一套；有的对党中央重大决策部署消极应付、严重失职失责，合意的执行、不合意的不执行，打折扣、做选择、搞变通，影响党中央政令畅通。党员领导干部自行其是，搞山头主义，不能做到令行禁止，严重影响党中央决策部署落到实处，危害极大，必须视情节轻重给予相应党纪处分。

【纪法适用】

《中国共产党纪律处分条例》第五十六条第一款：

党员领导干部在本人主政的地方或者分管的部门自行其是，搞山头主义，拒不执行党中央确定的大政方针，甚至背着党中央另搞一套的，给予撤销党内职务、留党察看或者开除党籍处分。

廉政提醒

山头主义的存在和发展，不仅损害党的形象和党内政治生态，大大削弱党的领导能力和执政水平，还会从根本上动摇党的团结和集中统一的基础，成为从内部侵蚀党的执政基础的政治隐患，是一个必须高度重视的政治问题。严明党的政治纪律，必须整治山头主义，对拒不执行党中央决定的大政方针，甚至背着党中央另搞一套的行为，必须给予严惩。

禁令 14

严禁落实党中央决策部署不坚决

【违纪案例】

梁某，中共党员，某县原县委书记。梁某对党中央乡村振兴重大决策部署和省委有关工作安排置若罔闻，多次在公开场合发表“乡村振兴搞好搞差都一个样，体现不出个人政绩”的言论。在梁某的推动下，该县多个形象工程、面子工程陆续上马。

【禁令解析】

落实党中央决策部署不坚决行为，是指党员领导干部违反规定，落实党中央决策部署不坚决，打折扣、搞变通，在政治上造成不良影响或者严重后果的行为。

该行为的违纪主体是担任一定职务的党员领导干部。党员领导干部作为"关键少数"，在带头执行和组织落实党中央大政方针上，担负着重要使命，发挥着表率作用。如果党员领导干部自行其是，搞山头主义，不能做到令行禁止，严重影响党中央决策部署落到实处，危害极大，必须视情节轻重给予相应党纪处分。

【纪法适用】

《中国共产党纪律处分条例》第五十六条第二款：

贯彻党中央决策部署只表态不落实，或者落实党中央决策部署不坚决，打折扣、搞变通，在政治上造成不良影响或者严重后果的，给予警告或者严重警告处分；情节严重的，给予撤销党内职务、留党察看或者开除党籍处分。

廉政提醒

LIANZHENG TIXING

贯彻落实党中央决策部署是一项重要的政治责任和政治纪律，我们要做到思想上自觉、政治上清醒、纪律上严明、行动上坚定，以时不我待的紧迫意识和夙夜在公的责任意识抓落实。对于贯彻落实党中央决策部署不坚决，打折扣、搞变通等行为，必须依纪严肃处理。

禁令 15

严禁搞“形象工程”“政绩工程”

【违纪案例】

李某，某市委原副书记、市长。李某曾被群众称为“推土机市长”，并送绰号“李挖挖”。李某上任某市市长后，为出政绩大搞“形象工程”，动用巨额资金整治市内主要道路，群众出行极不方便。不久因施工挖断地下丙烯管道，引发爆炸事件，造成重大财产损失。

【禁令解析】

搞“形象工程”“政绩工程”行为，是指党员领导干部盲目举债、铺摊子、上项目，搞劳民伤财的“形象工程”“政绩工程”，致使国家、集体或者群众财产和利益遭受较大损失的行为。

当前，一些地方热衷于打造领导“可视范围”内的项目工程，而不考虑客观实际，“不怕群众不满意，就怕领导不注意”。领导干部要求真务实、真抓实干，做工作自觉从人民利益出发，决不能为了树立个人形象，搞华而不实、劳民伤财的“形象工程”“政绩工程”。“树立正确政绩观”是党章对党的各级领导干部提出的具体要求。《关于新形势下党内政治生活的若干准则》规定：“对一切搞劳民伤财的‘形象工程’和‘政绩工程’的行为，要严肃问责追责，依纪依法处理。”中共中央、国务院《关于实施乡村振兴战略的意见》要求，“规范地方政府举债融资行为，不得借乡村振兴之名违法违规变相举债”。

搞“形象工程”不同于塑造良好形象。优美的形象犹如一张名片，能够提升城乡环境，吸引投资，产生良好的经济、社会、人文等效益。但是，“形象工程”往往不顾群众需要和当地实际，超越当地发展阶段，严重浪费资源，老百姓普遍不认可。

【纪法适用】

1.《中国共产党纪律处分条例》第五十七条：

党员领导干部政绩观错位，违背新发展理念、背离高质量发展要求，给党、国家和人民利益造成较大损失的，给予警告或者严重警告处分；情节较重的，给予撤销党内职务或者留党察看处分；情节严重的，给予开除党籍处分。

搞劳民伤财的“形象工程”、“政绩工程”的，从重或者加重处分。

2.《中华人民共和国公职人员政务处分法》第三十八条第一款第五项：

有下列行为之一，情节较重的，予以警告、记过或者记大过；情节严重的，予以降级或者撤职：

（五）其他侵犯管理服务对象利益的行为，造成不良后果或者影响的。

廉政提醒

LIANZHENG TIXING

塑造城市良好形象，追求政绩，是为官者的内在要求。党员干部要秉持“功成不必在我”的精神境界，“既要做让老百姓看得见、摸得着、得实惠的实事，也要做为后人作铺垫、打基础、利长远的好事”，要立足当下，着眼未来，为后续工作打好基础，不盲目攀比，不搞“形象工程”“政绩工程”，真正做到对历史和人民负责。

禁令 16

严禁对党不忠诚不老实

【违纪案例】

朱某，中共党员，某市委原副书记、市长。朱某利用担任市委副书记、市长的职务便利，伙同其亲属大肆收受巨额财物。但是，平时朱某在外人面前，则表现出一副清正廉洁的模样，大讲廉洁自律，对下属也是严格要求，从不收取其他人给予的财物，甚至在公开场所当面斥责送礼人员，演绎出外表清廉、背地敛财的“双面人生”。朱某因涉嫌严重违纪违法被立案审查调查。

【禁令解析】

对党不忠诚不老实行为，是指党员干部违反规定，对党不忠诚不老实、表里不一、阳奉阴违、欺上瞒下，搞两面派、做两面人的行为。

习近平总书记多次指出，全党同志要强化党的意识，始终把党放在心中最高位置，牢记自己的第一身份是共产党员，第一职责是为党工作，做到忠诚于组织，任何时候都与党同心同德。党员干部要正确对待组织，对党组织忠诚老实。在党组织面前，党员干部不能隐瞒自己，不能信口雌黄。党员干部之间也应该言行一致、表里如一，讲真话，讲实话，讲心里话。“七个有之”问题，其中之一就是自行其是、阳奉阴违。

党章将“维护党的团结和统一，对党忠诚老实，言行一致”“反对阳奉阴违的两面派行为和一切阴谋诡计”作为党员必须履行的义务，将“对党忠诚”写入入党誓词。《关于新形势下党内政治生活的若干准则》规定，“党的各级组织和全体党员必须对党忠诚老实、光明磊落，说老实话、办老实事、做老实人，如实向党反映和报告情况，反对搞两面派、做‘两面人’”。从执纪审查情况看，有的台上讲一套、台下做一套，当面一套、背后一套，对组织不忠诚不老实；有的在大会上说向中央看齐就要处处看齐，而自己却是说一套、做一套，在政府债务等方面弄虚作假，向中央隐瞒本地真实发展水平；有的在人前高唱理想主义，表面上装作关心群众、勤奋敬业、公道正派、倡导俭朴，在人后则推崇个人主义，严重损害群众利益、放弃职守、是非颠倒、奢靡享乐。对党不忠诚不老实，表里不一，阳奉阴违，欺上瞒下，搞两面派，做两面人的行为，违背党员义务，损害党的团结和统一，损害党和人民利益，涣散党的组织，透支党的信誉，损害党的形象，危害很大，必须视情节给予相应纪律处分。

【纪法适用】

《中国共产党纪律处分条例》第五十八条：

对党不忠诚不老实，表里不一，阳奉阴违，欺上瞒下，搞两面派，做两面人，在政治上造成不良影响的，给予警告或者严重警告处分；情节较重的，给予撤销党内职务或者留党察看处分；情节严重的，给予开除党籍处分。

廉政提醒

LIANZHENG TIXING

各级领导干部都要树立和发扬好的作风，既严以修身、严以用权、严以律己，又谋事要实、创业要实、做人要实。强调做人要实，就是要对党、对组织、对人民、对同志忠诚老实，说老实话、办老实事、做老实人，襟怀坦白，公道正派。每名党员必须认识到对党不忠诚不老实，阳奉阴违，搞两面派，做两面人的行为，既违背党员义务，也损害党的团结和统一，损害党和人民利益，同时涣散党的组织，透支党的信誉，危害很大，必将受到党纪处分。

禁令 17

严禁制造、散布、传播政治谣言

【违纪案例】

和某，中共党员，某市公安局工作人员。和某因对部分领导干部心怀不满，于是利用他人身份信息购买两张移动电话卡，发送数十条匿名短信，在干部之间制造、散布和传播政治谣言，破坏领导之间的信任与团结，使他们互相猜忌产生矛盾。其行为对当地的政治生态、发展环境、团结统一造成严重不良影响。

【禁令解析】

制造、散布、传播政治谣言行为，是指违反规定，制造、散布、传播政治谣言，危害党的尊严和形象，破坏党的团结统一的行为。谣言，是指没有相应事实基础，却被捏造出来并通过一定手段推动传播的言论。政治谣言作为谣言的一种，主要是对政治人物尤其是政治领导人，或对社会政治事件尤其是重大的社会政治事件的一种不确切甚至完全虚假信息的捏造和传播。

“七个有之”问题，其中之一就是匿名诬告、制造谣言。党章第四十条规定，“严格禁止打击报复和诬告陷害”。《关于新形势下党内政治生活的若干准则》规定，“严肃追查处理诬告陷害行为”，“党员、干部反映他人的问题，应该出于党性，通过党内正常渠道实名进行，不准散布小道消息，不准散发匿名信，不准诬告陷害等”。

【纪法适用】

《中国共产党纪律处分条例》第五十九条第一款：

制造、散布、传播政治谣言，破坏党的团结统一的，给予警告或者严重警告处分；情节较重的，给予撤销党内职务或者留党察看处分；情节严重的，给予开除党籍处分。

廉政提醒

LIANZHENG TIXING

日常生活中谣言就像罂粟花，外表美丽绚烂，具有很强的吸引力，其实却毒性很强，政治谣言更是剧“毒”无比，它不仅破坏党内的团结统一，更是政治生态的污染源。广大党员必须牢记这条禁令，切莫“制毒贩毒”，害人害己。

禁令 18

严禁匿名诬告

【违纪案例】

金某，中共党员，某市财政局副局长。金某得知本部门另一副局长李某任前公示的消息后，心存不满，随即编造了李某花 50 万元买官的虚假举报材料，采用匿名方式分别寄给了省市领导及纪委监委，在社会上造成了恶劣影响。

【禁令解析】

匿名诬告行为，是指政治品德恶劣，匿名诬告，有意陷害或者制造其他谣言，造成损害或者不良影响，依照规定应当受到党纪处分的行为。

党章第四十条规定，“严格禁止打击报复和诬告陷害”。《关于新形势下党内政治生活的若干准则》规定，“严肃追查处理诬告陷害行为”，“党员、干部反映他人的问题，应该出于党性，通过党内正常渠道实名进行，不准散布小道消息，不准散发匿名信，不准诬告陷害等”。该违纪行为仅限于“制造”而不包含“散布、传播”，这些行为属于“政治品行恶劣”，不符合党员对党忠诚老实的要求，造成了损害或不良影响，属于违反政治纪律行为。2003年《中国共产党纪律处分条例》在“侵犯党员权利、公民权利的行为”一章规定了诬告陷害他人的行为；2015 年修订时，将其归入组织纪律并作了部分修改；2018 年修订时，增加规定“政治品行恶劣，匿名诬告，有意陷害或者制造其他谣言，造成损害或者不良影响的”行为。

【纪法适用】

《中国共产党纪律处分条例》第五十九条：

制造、散布、传播政治谣言，破坏党的团结统一的，给予警告或者严重警告处分；情节较重的，给予撤销党内职务或者留党察看处分；情节严重的，给予开除党籍处分。

政治品行恶劣，匿名诬告，有意陷害或者制造其他谣言，造成损害或者不良影响的，依照前款规定处理。

廉 政 提 醒

LIANZHENG TIXING

从查处的一些案件看，有的党员制造、散布、传播政治谣言，破坏党的团结统一；有的政治品行恶劣，出于发泄个人怨气、获得竞争优势、转移组织视线等动机，不择手段地对他人进行匿名诬告、编造丑闻、编造虚假举报、散布不实消息等。这些行为，不仅使一些清白的当事人受到伤害，也对本地区本部门的正常工作造成干扰，对政治生态造成损害，危害党的团结统一，必须严惩。

禁令 19

严禁对应当由党中央决定的重大政策问题擅作主张

【违纪案例】

孙某，中共党员，某省省长。孙某把个人主张凌驾于党中央精神之上，擅自对应当由党中央决定的重大政策问题作出决定、发表主张，造成严重不良影响。

【禁令解析】

对应当由党中央决定的重大政策问题擅作主张行为，是指违反规定，擅自对应当由党中央决定的重大政策问题作出决定、对外发表主张的行为。

党章第十六条规定："有关全国性的重大政策问题，只有党中央有权作出决定，各部门、各地方的党组织可以向中央提出建议，但不得擅自作出决定和对外发表主张。"《关于新形势下党内政治生活的若干准则》规定："涉及全党全国性的重大方针政策问题，只有党中央有权作出决定和解释。各部门各地方党组织和党员领导干部可以向党中央提出建议，但不得擅自作出决定和对外发表主张。"坚决维护党中央权威、保证全党令行禁止，是党和国家前途命运所系，是全国各族人民根本利益所在，也是加强和规范党内政治生活的重要目的。坚持党的领导，首先是坚持党中央的集中统一领导。《中国共产党纪律处分条例》以严格的纪律约束，保证党章和《关于新形势下党内政治生活的若干准则》要求的落实。

本行为所指“重大政策问题”属于应当由党中央决定的事项，党员个人、部门或者地方的党组织未经中央批准或者授权，不得作出决定、对外发表主张，无论相关决定和主张是否与党中央一致，只要是未经党中央批准或者授权而擅自作出决定、对外发表主张的，即属于违反政治纪律的行为，需要视情节给予严重警告直至开除党籍处分。这里的“对外发表主张”指的是对党外。这里的党员一般是担任一定职务的党员领导干部；对于经集体研究作出决定的，应对直接责任者和领导责任者追究责任。

【纪法适用】

《中国共产党纪律处分条例》第六十条：

擅自对应当由党中央决定的重大政策问题作出决定、对外发表主张的，对直接责任者和领导责任者，给予严重警告或者撤销党内职务处分；情节严重的，给予留党察看或者开除党籍处分。

廉政提醒

LIANZHENG TIXING

同党中央保持高度一致不是空洞的口号，涉及全党全国性的重大方针政策问题，只有党中央有权作出决定和解释，这也是对党员干部的基本要求之一，必须不折不扣地执行。

禁令 20

严禁不按照有关规定向组织请示、报告重大事项

【违纪案例】

张某，中共党员，某县城市管理行政执法局副局长。某日晚，该局城管执法人员与来该县旅游的多名游客发生冲突，将导游周某等人打伤。张某作为带班领导，未按照县里规定的发生重大突发事件必须及时向组织汇报的要求，未向局里报告该情况。该事件未得到及时处置，经网络传播后，产生恶劣影响。

【禁令解析】

不按照有关规定向组织请示、报告重大事项行为，是指党和国家工作人员或者其他从事公务的人员中的党员不按照有关规定向组织请示、报告重大事项，情节较重的行为。

党章规定："党员个人服从党的组织，少数服从多数，下级组织服从上级组织，全党各个组织和全体党员服从党的全国代表大会和中央委员会。"《关于新形势下党内政治生活的若干准则》对请示报告制度作了明确规定："全党必须严格执行重大问题请示报告制度。全国人大常委会、国务院、全国政协，中央纪律检查委员会，最高人民法院、最高人民检察院，中央和国家机关各部门，各

人民团体，各省、自治区、直辖市，其党组织要定期向党中央报告工作。研究涉及全局的重大事项或作出重大决定要及时向党中央请示报告，执行党中央重要决定的情况要专题报告。遇有突发性重大问题和工作中重大问题要及时向党中央请示报告，情况紧急必须临机处置的，要尽职尽力做好工作，并迅速报告。”“省、自治区、直辖市党委在党中央领导下开展工作，同级各个组织中的党组织和领导干部要自觉接受同级党委领导、向同级党委负责，重大事项和重要情况及时向同级党委请示报告。”“领导干部必须强化组织观念，工作中重大问题和个人有关事项必须按规定按程序向组织请示报告，离开岗位或工作所在地要事先向组织请示报告。对无正当理由不按时报告、不如实报告或隐瞒不报的，要严肃处理。”

《中国共产党纪律处分条例》以严格的纪律约束，保证党章和《关于新形势下党内政治生活的若干准则》及其他党内法规关于请示报告制度和要求的落实，促使广大党员和党员领导干部严格执行党章规定的“四个服从”，切实增强政治意识，强化组织观念，严格执行请示报告制度。这里的“不按照有关规定”，主要是指违反了党中央以及省部级党委制定的有关规定。

【纪法适用】

《中国共产党纪律处分条例》第六十一条：

不按照有关规定向组织请示、报告重大事项，对直接责任者和领导责任者，情节较重的，给予警告或者严重警告处分；情节严重的，给予撤销党内职务或者留党察看处分。

廉政提醒

LIANZHENG TIXING

作为党员干部特别是领导干部，在涉及重大问题、重要事项时按规定向组织请示报告，这是必须遵守的规矩，也是检验一名党员干部合格与不合格的试金石。党的十八大以来，被查处的严重违纪党员，有的对于按规定应当向组织请示报告的重大事项想报告就报告、不想报告就不报告，遮遮掩掩、语焉不详；有的毫无组织观念、程序观念，我行我素，感到对自己不利的重大事项就千方百计隐瞒不报，把请示报告制度当成软约束，危害很大。领导干部要有组织观念、程序观念，该请示的必须请示，该报告的必须报告，决不能我行我素，决不能遮遮掩掩甚至隐瞒不报。

禁令 21

严禁干扰巡视巡察工作、不落实巡视巡察整改要求

【违纪案例】

李某，某县委书记。该县委接到关于某省巡视组即将进驻的通知，李某在安排巡视进驻准备工作时竟强调“要保证举报箱的位置在监控可视范围内”，以此掌握举报人和举报情况。省委巡视组按时进驻该县开展巡视之后，该县公安局把县委和信访局附近的 2 个摄像头，对准省委巡视组设立的 2 个举报箱，并安排人巡逻值守县宾馆的举报箱。后来，省委巡视组根据群众反映到实地查看，发现这一情况之后，责令该县委立即整改。李某擅自安排将巡视组举报箱置于监控探头可视范围内，影响了干部群众依法行使检举权，干扰了巡视工作的正常开展，严重违反了党的政治纪律和政治规矩。

【禁令解析】

干扰巡视巡察工作、不落实巡视巡察整改要求行为，是指被巡视巡察地区（单位）及其工作人员中的党员干扰巡视巡察工作或者不落实巡视巡察整改要求的行为。

巡视是党章赋予的重要职责，是加强党的建设的重要举措，是全面从严治党、维护党纪的重要手段，是加强党内监督的重要形式，要用好巡视这把反腐“利剑”。要切实运用好巡视成果，把解决问题的担子压给被巡视地区部门单位党委（党组），明确责任，限期整改，加强督察督办，推动解决问题，巩固巡视成果，因巡视成果运用不到位又发生重大问题的，必须严肃追究责任，确保巡视成果落到实处。党章对巡视巡察工作作出专门规定。《中国共产党党内监督条例》对开展巡视巡察和整改作出具体规定。《中国共产党巡视工作条例》第四十六条详细规定了干扰巡视和不落实巡视整改要求的6种具体情形，即（一）隐瞒不报或者故意向巡视组提供虚假情况；（二）拒绝或者不按照要求向巡视组提供有关文件资料；（三）指使、强令有关单位或者人员干扰、阻挠巡视工作，或者诬告、陷害他人；（四）组织领导巡视整改不力，落实巡视整改要求不到位，敷衍应付、虚假整改；（五）对反映问题的干部群众进行威胁、打击、报复、陷害；（六）其他不配合或者干扰巡视工作的情形。并规定有这些情形之一的，视情节轻重，依据有关规定对该党组织领导班子主要负责人或者其他有关责任人员，给予批评教育、责令检查、诫勉、组织处理或者党纪、政务处分；构成犯罪的，依法追究刑事责任。

从巡视巡察发现的问题看，一些被巡视巡察地区（单位）工作人员为了防止自己的腐败行为或者失职渎职行为被发现，想方设法干扰、阻挠巡视巡察工作顺利开展，有的对巡视巡察组要求提供的有关情况，千方百计隐瞒不报或者故意向巡视巡察组提供虚假情况；有的对巡视巡察组要求提供的有关文件、档案、会议记录等文件材料，编造理由不提供，或者推诿、扯皮、拖延提供，或者避重就轻不提供关键、核心材料，甚至拒不提供；有的堵截干部群众到巡视巡察组上访，或者组织非正常集体访，或者制造突发事件，或者对巡视干部进行诬告、恐吓等。一些被巡视巡察地区（单位）拒不纠正存在问题或者不按要求进行整改，有的责任担当不够、对整改工作敷衍应付走过场；有的不敢较真碰硬，对巡视巡察反馈的问题和移交的线索久拖不办、轻易查否；有的工作标准不高，避重就轻，整改不到位；等等。

《中国共产党纪律处分条例》贯彻落实习近平新时代中国特色社会主义思想，以严格的纪律约束，保证党章及其他党内法规关于巡视巡察制度和要求的落实，发挥巡视利剑作用。

【纪法适用】

《中国共产党纪律处分条例》第六十二条：

干扰巡视巡察工作或者不落实巡视巡察整改要求，对直接责任者和领导责任者，情节较轻的，给予警告或者严重警告处分；情节较重的，给予撤销党内职务或者留党察看处分；情节严重的，给予开除党籍处分。

廉政提醒

LIANZHENG TIXING

巡视是政治巡视，是对相关党组织及领导干部进行的政治体检，要聚焦坚持党的领导、加强党的建设、全面从严治党，发现问题、形成震慑，推动改革、促进发展，严肃党内政治生活，净化党内政治生态，加强党内监督，确保党始终成为中国特色社会主义事业的坚强领导核心。巡视是党章赋予的重要职责，是加强党的建设的重要举措，是全面从严治党、维护党纪的重要手段，是党内监督的战略性制度安排，全党上下必须坚决维护巡视巡察的权威性，不允许干扰巡视巡察工作、不落实巡视巡察整改要求。

禁令 22

严禁对抗组织审查

【违纪案例】

丁某，中共党员，某县原县委书记。丁某在网络上被人实名举报，遂利用手中权力与私营企业主们订立攻守同盟。丁某和私营企业主们采取“模拟谈话”的方式，计划好对策。之后，丁某因涉嫌严重违纪违法被组织审查调查，随后被开除党籍。

【禁令解析】

对抗组织审查行为，是指被审查党员对抗党组织审查的行为。

党章将“对党忠诚老实”作为党员必须履行的义务，将“对党忠诚”写入入党誓词。《关于新形势下党内政治生活的若干准则》规定，“党的各级组织和全体党员必须对党忠诚老实、光明磊落，说老实话、办老实事、做老实人，如实向党反映和报告情况”。每一名党员在任何时候都必须对党忠诚老实，尤其是在党组织审查处理其违纪行为期间，更应该对自己犯的错误认真反省检讨，积极主动地向组织如实坦白，积极协助组织及时查清违纪事实，决不允许有串供、伪造证据、隐匿证据、阻止他人揭发检举、包庇同案人员、提供虚假情况、掩盖事实等对抗组织审查行为，这既是党员的义务，也是党员必须遵守的一项政治纪律。对于严重违纪甚至涉嫌违法，执迷不悟、拒绝挽救，对抗欺瞒组织、负隅顽抗到底的，必须坚决依纪依法严肃处理。

【纪法适用】

《中国共产党纪律处分条例》第六十三条：

对抗组织审查，有下列行为之一的，给予警告或者严重警告处分；情节较重的，给予撤销党内职务或者留党察看处分；情节严重的，给予开除党籍处分：

（一）串供或者伪造、销毁、转移、隐匿证据；

（二）阻止他人揭发检举、提供证据材料；

（三）包庇同案人员；

（四）向组织提供虚假情况，掩盖事实；

（五）其他对抗组织审查行为。

廉政提醒

LIANZHENG TIXING

对党忠诚老实，是党章对党员的基本要求，也是党员的基本义务。党员对党要说老实话、办老实事、做老实人，如实向党反映和报告情况。但实践中，个别党员干部在面对组织审查时，不能正确对待，有的消极抵触，有的则转移藏匿赃款赃物、串供订立攻守同盟、伪造销毁相关材料、向组织提供虚假情况，等等，这都是对党不忠诚不老实的表现。

禁令 23

严禁组织、参加反党集会活动

【违纪案例】

李某，中共党员，某县民政局工作人员。李某利用微信、QQ 等通信工具，在当地组织并参加反对党的重大方针政策的游行集会活动，相关视频、照片在网络上被广泛传播，造成了严重不良影响。

【禁令解析】

组织、参加反党集会活动行为，是指组织、参加反对党的基本理论、基本路线、基本方略或者重大方针政策的集会、游行、示威等活动的行为。

关于“组织、参加反对党的基本理论、基本路线、基本方略或者重大方针政策的集会、游行、示威等活动”的行为，以及“以组织讲座、论坛、报告会、座谈会等方式，反对党的基本理论、基本路线、基本方略或者重大方针政策，造成严重不良影响”的行为，对其中的策划者、组织者和骨干分子给予开除党籍处分。对于反对党的“三个基本”或者重大方针政策的“集会、游行、示威等活动”，无论是组织还是参加，对策划者、组织者和骨干分子都要给予开除党籍处分。而采取组织“讲座、论坛、报告会、座谈会等方式”的，达到造成严重不良影响的后果，对策划者、组织者和骨干分子给予开除党籍处分。对于参加讲座、论坛、报告会、座谈会并在该场合公开发表反对四项基本原则等言论的，则根据《中国共产党纪律处分条例》第五十条规定给予开除党籍处分。

【纪法适用】

1.《中国共产党纪律处分条例》第六十四条第一、二、三款：

组织、参加反对党的基本理论、基本路线、基本方略或者重大方针政策的集会、游行、示威等活动的，或者以组织讲座、论坛、报告会、座谈会等方式，反对党的基本理论、基本路线、基本方略或者重大方针政策，造成严重不良影响的，对策划者、组织者和骨干分子，给予开除党籍处分。

对其他参加人员或者以提供信息、资料、财物、场地等方式支持上述活动者，情节较轻的，给予警告或者严重警告处分；情节较重的，给予撤销党内职务或者留党察看处分；情节严重的，给予开除党籍处分。

对不明真相被裹挟参加，经批评教育后确有悔改表现的，可以免予处分或者不予处分。

2.《中华人民共和国公职人员政务处分法》第二十八条第一款第二项、第二款：

有下列行为之一的，予以记过或者记大过；情节较重的，予以降级或者撤职；情节严重的，予以开除：

（二）参加旨在反对宪法、中国共产党领导和国家的集会、游行、示威等活动的。

有前款第二项、第四项、第五项和第六项行为之一的，对策划者、组织者和骨干分子，予以开除。

廉政提醒

LIANZHENG TIXING

党员就是要做到对党绝对忠诚，在党爱党、在党言党、在党忧党、在党为党，决不允许组织、参加反党集会、游行、示威等活动。这条禁令要牢记！

禁令 24

严禁组织、参加反党组织

【违纪案例】

李某，中共党员，某高校教师。李某在公派到国外留学期间，受到西方敌对势力的反动宣传和影响。回国后，未经相关部门注册登记，李某成立了由多人组成的“某国际发展联合会”，自任会长，以学术研究及慈善捐款为名，采取资助、合作等方式，从事以反对四项基本原则为目的的非法活动。后李某受到党纪处分。

【禁令解析】

组织、参加反党组织行为，是指组织、参加旨在反对党的领导、反对社会主义制度或者敌视政府等组织的行为。

社会主义制度是中华人民共和国的根本制度，中国特色社会主义最本质的特征是中国共产党的领导。所有党组织和每名党员都有责任坚决拥护党的领导，坚决拥护社会主义制度，对一切反对党的领导、反对社会主义制度或者敌视政府等组织，均应予以抵制和反对，并进行坚决的斗争。

【纪法适用】

1.《中国共产党纪律处分条例》第六十五条：

组织、参加旨在反对党的领导、反对社会主义制度或者敌视政府等组织的，对策划者、组织者和骨干分子，给予开除党籍处分。

对其他参加人员，情节较轻的，给予警告或者严重警告处分；情节较重的，给予撤销党内职务或者留党察看处分；情节严重的，给予开除党籍处分。

2.《中华人民共和国公职人员政务处分法》第二十八条第一款第四项、第二款：

有下列行为之一的，予以记过或者记大过；情节较重的，予以降级或者撤职；情节严重的，予以开除：

（四）参加非法组织、非法活动的。

有前款第二项、第四项、第五项和第六项行为之一的，对策划者、组织者和骨干分子，予以开除。

廉政提醒

LIANZHENG TIXING

中国共产党的领导是中国特色社会主义最本质的特征，任何党员都有责任坚决拥护党的领导，而社会主义制度是中华人民共和国的根本制度，每一名公职人员都必须坚决拥护。组织、参加旨在反对党的领导、反对社会主义制度或者敌视政府等组织的，必然要受到党纪国法的严惩。

禁令 25

严禁组织、参加邪教组织

【违纪案例】

李某某，中共党员，某村委委员。因身体不适，李某某多方求医无果，听信他人传言“全能神教”能治百病，便加入该教，并按照教会要求传播所谓“教义”进行反动宣传，在群众中造成严重不良影响。

【禁令解析】

组织、参加邪教组织行为，是指组织、参加会道门或者邪教组织，破坏社会治安秩序的行为。

“会道门”，主要是指具有封建迷信性质的会门、道门等秘密结社组织。“邪教组织”，主要是指冒用宗教、气功或者其他名义建立，神化首要分子，利用制造、散布迷信邪说等手段蛊惑、蒙骗他人，发展、控制成员，危害社会的组织。要区分会道门活动与一般迷信活动。前者利用封建迷信进行反动宣传，制造混乱；而后者属于文化落后，缺乏科学知识，对二者处分依据的党纪条款不同。

【纪法适用】

1.《中国共产党纪律处分条例》第六十六条：

组织、参加会道门或者邪教组织的，对策划者、组织者和骨干分子，给予开除党籍处分。

对其他参加人员，情节较轻的，给予警告或者严重警告处分；情节较重的，给予撤销党内职务或者留党察看处分；情节严重的，给予开除党籍处分。

对不明真相的参加人员，经批评教育后确有悔改表现的，可以免予处分或者不予处分。

2.《中华人民共和国公职人员政务处分法》第二十八条第一款第四项、第二款：

有下列行为之一的，予以记过或者记大过；情节较重的，予以降级或者撤职；情节严重的，予以开除：

（四）参加非法组织、非法活动的。

有前款第二项、第四项、第五项和第六项行为之一的，对策划者、组织者和骨干分子，予以开除。

廉 政 提 醒

LIANZHENG TIXING

我们党是马克思主义政党，必须信仰马列主义，反对唯心主义。信仰坚定是共产党员第一位的要求，必须保持坚定政治立场，深刻认识会道门或邪教组织反科学、反人类、反社会、反政府，危害社会的实质，不组织、不参加，坚决抵制。

禁令 26

严禁挑拨破坏民族关系

【违纪案例】

赵某，某民族村原党支部书记。赵某利用手机微信下载、存储并在朋友圈转发煽动民族仇恨、破坏民族团结内容的图片和口号，引发当地民族间发生冲突事件。

【禁令解析】

挑拨破坏民族关系行为，是指从事、参与挑拨破坏民族关系制造事端或者参加民族分裂活动的行为。

党章总纲规定，“坚持和完善人民代表大会制度、中国共产党领导的多党合作和政治协商制度、民族区域自治制度以及基层群众自治制度”，“中国共产党维护和发展平等团结互助和谐的社会主义民族关系”，“实现各民族共同团结奋斗、共同繁荣发展”。《关于新形势下党内政治生活的若干准则》规定，“不准纵容和支持宗教极端势力、民族分裂势力、暴力恐怖势力及其活动”。我国是一个统一的多民族国家。国家的统一，民族的团结，是我们事业必定胜利的基本保证。作为党员，必须在实际工作中坚决贯彻执行党和国家民族政策，致力于维护民族团结。对违反党和国家民族政策的行为，必须予以严肃惩处。这既是严肃党的政治纪律的需要，也是维护民族团结的需要。

【纪法适用】

1.《中国共产党纪律处分条例》第六十七条：

从事、参与挑拨破坏民族关系制造事端或者参加民族分裂活动的，对策划者、组织者和骨干分子，给予开除党籍处分。

对其他参加人员，情节较轻的，给予警告或者严重警告处分；情节较重的，给予撤销党内职务或者留党察看处分；情节严重的，给予开除党籍处分。

对不明真相被裹挟参加，经批评教育后确有悔改表现的，可以免予处分或者不予处分。

有其他违反党和国家民族政策的行为，情节较轻的，给予警告或者严重警告处分；情节较重的，给予撤销党内职务或者留党察看处分；情节严重的，给予开除党籍处分。

2.《中华人民共和国公职人员政务处分法》第二十八条第一款第五项、第二款：

有下列行为之一的，予以记过或者记大过；情节较重的，予以降级或者撤职；情节严重的，予以开除：

（五）挑拨、破坏民族关系，或者参加民族分裂活动的。

有前款第二项、第四项、第五项和第六项行为之一的，对策划者、组织者和骨干分子，予以开除。

廉政提醒

LIANZHENG TIXING

维护和发展平等团结互助和谐的社会主义民族关系，保障各少数民族的合法权利和利益，是党和国家的一贯主张。坚持民族平等、加强民族团结 、实行民族区域自治，是党和国家的民族政策。广大党员干部、公职人员必须把握各民族共同团结奋斗、共同繁荣发展的主题，决不能从事、参与挑拨破坏民族关系、参加民族分裂活动！

禁令 27

严禁组织、参加、利用宗教活动反党

【违纪案例】

达某，中共党员，某县原县委常委、原统战部部长。达某在一次活动中得知哈某等人组建了利用宗教搞煽动、分裂活动的非法宗教组织。这个非法宗教组织通过大肆宣扬暴力恐怖内容，鼓吹通过宣扬暴力恐怖、宗教极端思想反对党的领导。达某伙同哈某等人通过该组织，多次参加非法宗教活动。最终，达某被给予开除党籍处分。

【禁令解析】

组织、参加、利用宗教活动反党行为，是指组织、参加、利用宗教活动反对党的理论、路线、方针、政策和决议，破坏民族团结的行为。

党章总纲规定："全面贯彻党的宗教工作基本方针，团结信教群众为经济社会发展作贡献。"《关于新形势下党内政治生活的若干准则》规定："不准纵容和支持宗教极端势力、民族分裂势力、暴力恐怖势力及其活动。"

【纪法适用】

1.《中国共产党纪律处分条例》第六十八条：

组织、利用宗教活动反对党的理论、路线、方针、政策和决议，破坏民族团结的，对策划者、组织者和骨干分子，给予开除党籍处分。

对其他参加人员，给予撤销党内职务或者留党察看处分；情节严重的，给予开除党籍处分。

对不明真相被裹挟参加，经批评教育后确有悔改表现的，可以免予处分或者不予处分。

有其他违反党和国家宗教政策的行为，情节较轻的，给予警告或者严重警告处分；情节较重的，给予撤销党内职务或者留党察看处分；情节严重的，给予开除党籍处分。

2.《中华人民共和国公职人员政务处分法》第二十八条第一款第六项、第二款：

有下列行为之一的，予以记过或者记大过；情节较重的，予以降级或者撤职；情节严重的，予以开除：

（六）利用宗教活动破坏民族团结和社会稳定的。

有前款第二项、第四项、第五项和第六项行为之一的，对策划者、组织者和骨干分子，予以开除。

廉政提醒

LIANZHENG TIXING

共产党员应始终坚定共产主义远大理想和中国特色社会主义共同理想，而不能到宗教中寻找自己的价值和信念，更不能组织、参加、利用宗教活动反党、破坏民族团结。组织、参加、利用宗教活动反对党的理论、路线、方针、政策和决议，破坏民族团结，是一种严重的违纪行为，必须严肃追究党纪政务责任。

禁令 28

严禁组织、参加或者个人搞迷信活动

【违纪案例】

丁某某，某局党组书记。丁某某迷信风水，不但经常花钱请所谓风水大师看办公室，还在不少公众场合给别人讲“风水”，造成严重不良影响。

【禁令解析】

组织、参加或者个人搞迷信活动行为，是指党员违反规定，组织、参加或者个人搞迷信活动，扰乱正常的社会管理秩序的行为。

我们党是马克思主义政党，共产党员要做坚定的马克思主义无神论者，严守党章规定，坚定理想信念，牢记党的宗旨。党员组织或者参加迷信活动的意识深处，是对信仰的背叛，是信仰缺失、精神颓废、堕落迷途的表现。因此，对组织、参加迷信活动的党员必须严肃处理。

【纪法适用】

1.《中国共产党纪律处分条例》第七十条：

组织迷信活动的，给予撤销党内职务或者留党察看处分；情节严重的，给予开除党籍处分。

参加迷信活动或者个人搞迷信活动，造成不良影响的，给予警告或者严重警告处分；情节较重的，给予撤销党内职务或者留党察看处分；情节严重的，给予开除党籍处分。

对不明真相的参加人员，经批评教育后确有悔改表现的，可以免予处分或者不予处分。

2.《中华人民共和国公职人员政务处分法》第四十条第一款第二项：

有下列行为之一的，予以警告、记过或者记大过；情节较重的，予以降级或者撤职；情节严重的，予以开除：

（二）参与或者支持迷信活动，造成不良影响的。

廉政提醒

LIANZHENG TIXING

从曝光的一些案例来看，有少数党员干部、公职人员被封建迷信活动蒙蔽了双眼、攻破了操守、击溃了底线，眼迷神迷心亦迷，导致不讲马列讲风水、不信组织信大师、不问苍生问鬼神，最终陷入腐败的泥淖无法自拔。但事实一再证明：神仙保不住乌纱，大师铺不平仕途。作为一名共产党员，必须牢固树立坚定的理想信念，不断筑牢信念之基、补足精神之钙、把稳思想之舵，带头弘扬科学精神，不组织也不参加迷信活动！

禁令 29

严禁组织、利用宗族势力对抗党和政府

【违纪案例】

李某，某村党支部委员。该村两名村民因涉嫌犯罪被县公安局抓获，李某得知后，带领家族多名村民大闹村委会，

大肆辱骂村干部。之后，李某又煽动群众闹事，带领宗族势力围攻县公安局，要求公安局放人。该村党支部书记前去做说服工作，结果被殴打，后被拖至宗族祠堂，扣为人质达20余小时。

【禁令解析】

组织、利用宗族势力对抗党和政府行为，是指组织、利用宗族势力对抗党和政府，妨碍党和国家的方针政策以及决策部署的实施，或者破坏党的基层组织建设的行为。

宗族指的是同一父系的家族及其家庭成员。几千年来，宗族以及其形成的宗法制度，作为维系和调整人们之间社会关系的重要力量，对我国农村和基层社区的影响是极其深刻和深远的。从实际情况看，有的利用宗族情感，煽动本宗族成员以群体对抗、聚众闹事等方式，妨碍党和国家方针政策实施，影响党和国家决策部署落实，损害国家、集体和人民利益，危害严重。党的基层组织是党在社会基层组织中的战斗堡垒，是党的全部工作和战斗力的基础。加强党的基层组织建设关系到基层组织战斗堡垒作用的发挥，关系到党的执政基础。组织、利用宗族势力破坏党的基层组织建设，严重影响党的执政基础。对于组织、利用宗族势力对抗党和政府，妨碍党和国家的方针政策以及决策部署的实施，或者破坏党的基层组织建设的，必须严肃追究纪律责任。

【纪法适用】

《中国共产党纪律处分条例》第七十一条：

组织、利用宗族势力对抗党和政府，妨碍党和国家的方针政策以及决策部署的实施，或者破坏党的基层组织建设的，对策划者、组织者和骨干分子，给予开除党籍处分。

对其他参加人员，给予撤销党内职务或者留党察看处分；情节严重的，给予开除党籍处分。

对不明真相被裹挟参加，经批评教育后确有悔改表现的，可以免予处分或者不予处分。

廉政提醒

LIANZHENG TIXING

近些年来，在农村和基层社区，少数人组织、利用宗族势力对抗党和政府，破坏社会稳定，对政权建设造成危害。而有些党员干部、公职人员也参与其中，成为宗族势力的领头人物，在社会上造成了很坏的影响。对于组织、利用宗族势力对抗党和政府，妨碍党和国家的方针政策以及法律、法规的贯彻实施的行为，必须依纪依法严肃处理。广大党员、公职人员都必须自觉抵制。

禁令 30

严禁叛逃

【违纪案例】

田某，中共党员，某省司法厅原副厅长。田某在得知组织正在对其涉嫌违纪的问题进行核查后，向厅长张某某请假，说要回一趟乡下看望自己的父母，却借机包了一辆车直奔广州，找到某国驻广州领事馆要求申请政治避难。被领事馆拒绝后，他又包车赴云南，从中缅边境偷渡到国外。田某被组织立案审查，有关部门通过海外追逃追赃机制，将其成功劝返。

【禁令解析】

叛逃行为，是指在国（境）外、外国驻华使（领）馆申请政治避难，或者违纪后逃往国（境）外、外国驻华使（领）馆的行为。

所谓“申请政治避难”，是指共产党员以所谓的“政治原因”为借口，逃往国（境）外或者外国驻华使（领）馆，申请取得居留权并居住在国（境）外或者外国驻华使（领）馆的行为。党员、干部凡是在国外或境外申请政治避难，或者向外国驻华使（领）馆申请政治避难的，均构成本行为。

【纪法适用】

《中国共产党纪律处分条例》第七十二条：

在国（境）外、外国驻华使（领）馆申请政治避难，或者违纪后逃往国（境）外、外国驻华使（领）馆的，给予开除党籍处分。

在国（境）外公开发表反对党和政府的文章、演说、宣言、声明等的，依照前款规定处理。

故意为上述行为提供方便条件的，给予留党察看或者开除党籍处分。

廉政提醒

LIANZHENG TIXING

结果型禁令，是指根据是否造成了不良后果，或者根据不良后果的程度，再酌情认定是否构成该行为。而在国（境）外、外国驻华使（领）馆申请政治避难属于行为型禁令。党员干部只要有该方面行为就构成违纪，不以造成结果为必要构成要件。

禁令 31

严禁在涉外活动中损害党和国家利益

【违纪案例】

胡某，中共党员，某市原副市长。胡某在带队赴欧洲参加招商引资活动时，一些西方敌对势力和“法轮功”人员等到代表团驻地散发反对党和政府的传单，胡某对此未加制止，也未要求团员收缴销毁传单。他还私自出入赌博娱乐场所进行赌博。在一次宴请当地的企业领导人后，胡某对该企业前来商谈业务的某女职员拉拉扯扯，言语轻佻，被该女职员报警控告胡某对其实施性骚扰。该事件被当地媒体渲染报道，一些人趁机抨击我党和政府，造成了严重不良影响。胡某因涉嫌严重违纪被组织立案审查。

【禁令解析】

在涉外活动中损害党和国家利益行为，是指在涉外活动中，党员干部的言行在政治上造成恶劣影响，损害党和国家的尊严、利益的行为。

涉外活动是为国家最高利益服务的，直接关系到党和国家的尊严和荣誉，具有很强的政治性。不管在什么时候，作为一名党员，在涉外活动中都应该注意维护党和国家的尊严、利益，绝不能做任何损害党和国家尊严、利益的事情，否则就要受到严肃的惩处。本违纪行为主要包括两个条件：一是该言行发生在涉外活动中；二是该言行在政治上造成恶劣影响，损害党和国家的尊严、利益。

【纪法适用】

《中国共产党纪律处分条例》第七十三条：

在涉外活动中，其言行在政治上造成恶劣影响，损害党和国家尊严、利益的，给予撤销党内职务或者留党察看处分；情节严重的，给予开除党籍处分。

廉政提醒

LIANZHENG TIXING

涉外活动无小事。党员干部、公职人员在参加涉外活动时，必须增强维护党和国家尊严的意识，杜绝损害党和国家尊严、利益的行为。只要在涉外活动中，党员干部、公职人员的言行在政治上造成了恶劣影响，损害了党和国家的尊严、利益，就触碰了这条禁令。

禁令 32

严禁不履行全面从严治党责任

【违纪案例】

郭某，某国有企业党委书记。该企业领导班子成员先后有 4 人因贪腐问题被立案审查，并移送司法机关处理。作为企业党委书记，郭某平时对班子成员疏于教育、管理和监督，履行全面从严治党主体责任不力，被给予党内严重警告处分。

【禁令解析】

不履行全面从严治党责任行为，是指党组织不履行或不认真履行全面从严治党主体责任、监督责任，造成严重损害或者严重不良影响的行为。

习近平总书记指出，各级党组织要把全面从严治党政治责任担负起来，守土有责，守土负责，守土尽责。党章总纲规定："强化全面从严治党主体责任和监督责任，加强对党的领导机关和党员领导干部特别是主要领导干部的监督，不断完善党内监督体系。"《关于新形势下党内政治生活的若干准则》规定："落实党委主体责任和纪委监督责任，强化责任追究。党委（党组）主要负责人要认真履行第一责任人责任。"《中国共产党党内监督条例》规定："党委（党组）在党内监督中负主体责任，书记是第一责任人，党委常委会委员（党组成员）和党委委员在职责范围内履行监督职责。”“党的各级纪律检查委员会是党内监督的专责机关，履行监督执纪问责职责。”《中国共产党问责条例》将“全面从严治党主体责任、监督责任落实不到位”列为应当问责的失职失责情形之一。

从近年来查处的严重违纪违法案件看，有的曾主政一方的党员领导干部自身腐败，抓队伍腰杆不硬，奉行好人主义，带坏了队伍，败坏了风气；有的管辖范围内明知存在严重违纪违法行为却视而不见，对违纪违法干部纵容默许；有的重业务、轻党建，管党治党严重失职失责，监督管理不力，对有关违纪违法问题的发生负有领导责任等，危害不容忽视。《中国共产党纪律处分条例》对党章和《关于新形势下党内政治生活的若干准则》要求作出细化具体化，并与其他党内法规相衔接，以严格的纪律处分规定，保障全面从严治党政治责任落实。

【纪法适用】

《中国共产党纪律处分条例》第七十四条：

不履行全面从严治党主体责任、监督责任或者履行全面从严治党主体责任、监督责任不力，给党组织造成严重损害或者严重不良影响的，对直接责任者和领导责任者，给予警告或者严重警告处分；情节严重的，给予撤销党内职务或者留党察看处分。

廉 政 提 醒

LIANZHENG TIXING

认真履行全面从严治党主体责任、监督责任是推动全面从严治党向纵深发展的必然要求。2020 年，中共中央办公厅印发《党委（党组）落实全面从严治党主体责任规定》，从正面列明了党委（党组）落实全面从严治党主体责任的责任清单、任务清单。各级领导干部特别是主要领导干部一定要切实扛起责任，履职尽责，不负重托。

禁令 33

严禁搞无原则一团和气

【违纪案例】

童某，中共党员，某市委书记。童某在担任该市换届工作领导小组组长期间，作为严肃换届纪律第一责任人，在换届选举前后，先后接到多名群众和党员领导干部关于候选人存在送钱拉选票问题的反映，其未采取任何有力措施深入核查、制止拉票贿选行为蔓延，致使换届选举发生严重的贿选。

【禁令解析】

搞无原则一团和气行为，是指党员领导干部对违反政治纪律和政治规矩等错误思想和行为不报告、不抵制、不斗争，放任不管，搞无原则一团和气，造成不良影响的行为。

党员领导干部讲团结不是要搞一团和气，讲和谐不是要“和稀泥”，在大是大非问题上，要有正确立场和鲜明态度，敢于站出来说话，敢于表明自己的态度。党章总纲规定：“党在自己的政治生活中正确地开展批评和自我批评，在原则问题上进行思想斗争，坚持真理，修正错误。”党章第三条将“切实开展批评和自我批评，勇于揭露和纠正违反党的原则的言行和工作中的缺点、错误，坚决同消极腐败现象作斗争”列为党员必须履行的义务之一。第三十二条将“教育党员和群众自觉抵制不良倾向，坚决同各种违纪违法行为作斗争”列为党的一项基本任务。第三十六条在党的各级领导干部必须具备的基本条件中专门强调“坚持原则”。《关于新形势下党内政治生活的若干准则》规定：“对在大是大非问题上没有立场、没有态度、无动于衷、置身事外，在错误言行面前不抵制、不斗争，明哲保身、当老好人等政治不合格的坚决不用，已在领导岗位的要坚决调整，情节严重的要严肃处理。”“党的各级组织必须担负起执行和维护政治纪律和政治规矩的责任，对违反政治纪律的行为要坚决批评制止，不能听之任之。”

一些党员领导干部忘记自己的职责，怕得罪人，当老好人，当太平官，对违反政治纪律和政治规矩等错误思想和行为不斗争，睁一只眼闭一只眼，得过且过，甚至捂着、盖着，该报告不报告，该批评不批评，该纠正不纠正，该查处不查处，丧失了党性原则和立场，破坏政治生态和政治环境，给党造成严重损害。《中国共产党纪律处分条例》规定对违反政治纪律和政治规矩等错误思想和行为不报告、不抵制、不斗争，放任不管，搞无原则一团和气，造成不良影响的，给予纪律处分，为营造良好的政治生态和政治氛围提供保障。

该行为主体是党员领导干部，而且是造成了不良影响，才追究党纪责任，如果情节较轻，没有造成不良影响，可以对行为人给予批评教育或者组织处理。

【纪法适用】

《中国共产党纪律处分条例》第七十五条：

党员领导干部对违反政治纪律和政治规矩等错误思想和行为不报告、不抵制、不斗争，放任不管，搞无原则一团和气，造成不良影响的，给予警告或者严重警告处分；情节严重的，给予撤销党内职务或者留党察看处分。

廉政提醒

LIANZHENG TIXING

对问题视而不见，给同事“打掩护”，对组织不老实……现实中，像这样的党员干部并非个例。实践证明，“一团和气”盛行，就难免把党性原则、纪律规矩丢在一边，党员干部一旦失了原则、没了坚守，就容易突破底线，在各种诱惑、“围猎”面前很可能抵挡不住。只有对党绝对忠诚，发扬批评和自我批评的优良传统，敢于斗争，既直言他过，也闻过则喜，才能确保党组织的肌体健康而有活力。

禁令 34

严禁违反党的优良传统和工作惯例等党的规矩

【违纪案例】

尤某，中共党员，某市委原常委、统战部原部长。2018 年 1 月以来，尤某担任市委常委、统战部部长后，在领导班子里不讲原则、不讲真话，逢人逢事打哈哈，对主要领导拉拉扯扯、吹吹拍拍，尤其是 2019 年年底在领导班子民主生活会上，尤某对市委书记张某某搞无原则的阿谀奉承，为其评功摆好，大唱赞歌，在干部群众中造成严重不良的影响。2021 年 2 月，张某某因腐败落马。两个月后，尤某因涉嫌严重违纪被组织立案审查。

【禁令解析】

违反党的优良传统和工作惯例等党的规矩行为，是指违反党的优良传统和工作惯例等党的规矩，在政治上造成不良影响或者严重后果的行为。

党的规矩主要是指党的各级组织和全体党员必须遵守的行为规范和规则，是党章、纪律、法律的规范要求和党的优良传统、工作惯例等的总和，既包括成文的党纪法规，也包括传统、习惯等不成文的规矩。党章等党内规章制度、党的纪律和国家法律，这些是成文的规矩，党在长期实践中形成的优良传统、工作惯例等未明文列入纪律的规矩，是不成文的纪律。我们党在长期实践中形成的优良传统和工作惯例等党内规矩，经过实践检验，约定俗成、行之有效，需要全党长期坚持并自觉遵循。违反了这些优良传统和工作惯例，在政治上造成了不良影响，应当受到党纪惩处。

《中国共产党纪律处分条例》第七十六条规定对违反党的规矩的行为，在政治上造成不良影响或者严重后果的要视情节给予党纪处分。所谓“在政治上造成不良影响”，主要是指损害党的政治形象，破坏党同人民群众的关系，破坏党的团结统一等。还应当区分本违纪行为与其他违反政治纪律行为。《中国共产党纪律处分条例》聚焦当前党内存在的破坏规矩的突出问题，已经把一些违反党的优良传统、工作惯例等原来未明文列入纪律的规矩明确规定为纪律，设定了相应的处分条款，违反了这些规矩，就要适用相应的处分条款。第七十六条是违反党的政治规矩的概括性条款，在其他条文不能涵盖的时候，才予以适用，以高标准、严要求严明党的政治纪律和政治规矩，进而带动其他纪律严起来。

【纪法适用】

《中国共产党纪律处分条例》第七十六条：

违反党的优良传统和工作惯例等党的规矩，在政治上造成不良影响或者严重后果的，给予警告或者严重警告处分；情节较重的，给予撤销党内职务或者留党察看处分；情节严重的，给予开除党籍处分。

廉政提醒

LIANZHENG TIXING

从根本上看，不讲规矩的背后，往往是不当的钱欲、物欲与权欲等私欲在作祟，是一些党员干部世界观、人生观、价值观、权力观、事业观、政绩观、人情观、金钱观等在异化，而领导干部违纪往往是从不遵守甚至破坏党的政治规矩开始的。广大党员干部、公职人员特别是高级干部，必须严格遵守党的政治纪律和政治规矩。

【组织纪律】

禁令 35

严禁违反民主集中制原则

【违纪案例】

钱某，中共党员，某国有水电实业有限责任公司党委副书记、总经理。钱某违反公司“三重一大”集体决策制度，在未经领导班子集体研究、未经董事长同意的情况下，擅自与某酒店私自签订《投资合作协议》，擅自通知公司财务部经理郑某将水电实业有限责任公司公款500万元转到该酒店账户。

【禁令解析】

违反民主集中制原则行为，是指党员干部违反规定，不贯彻执行民主集中制原则的行为。

民主集中制是党的根本组织原则，是党内政治生活正常开展的重要制度保障。党章规定，“党是根据自己的纲领和章程，按照民主集中制组织起来的统一整体”，并规定了民主集中制的六项基本原则。党的二十大报告强调：“坚持科学执政、民主执政、依法执政，贯彻民主集中制，创新和改进领导方式，提高党把方向、谋大局、定政策、促改革能力，调动各方面积极性。”坚持集体领导制度，实行集体领导和个人分工负责相结合，是民主集中制的重要组成部分，必须始终坚持。《关于新形势下党内政治生活的若干准则》明确规定，“坚决反对和防止独断专行或各自为政，坚决反对和防止议而不决、决而不行、行而不实，坚决反对和防止以党委集体决策名义集体违规”。明确对这些问题进行纪律责任追究，有利于促使各级领导干部特别是主要领导干部带头执行民主集中制，把个人服从组织，少数服从多数，下级组织服从上级组织，全党各个组织和全体党员服从党的全国代表大会和中央委员会的原则落到实处。

【纪法适用】

1.《中国共产党纪律处分条例》第七十七条：

违反民主集中制原则，有下列行为之一的，给予警告或者严重警告处分；情节严重的，给予撤销党内职务或者留党察看处分：

（一）拒不执行或者擅自改变党组织作出的重大决定；

（二）违反议事规则，个人或者少数人决定重大问题；

（三）故意规避集体决策，决定重大事项、重要干部任免、重要项目安排和大额资金使用；

（四）借集体决策名义集体违规。

2.《中华人民共和国公职人员政务处分法》第三十条第一项：

有下列行为之一的，予以警告、记过或者记大过；情节严重的，予以降级或者撤职：

（一）违反民主集中制原则，个人或者少数人决定重大事项，或者拒不执行、擅自改变集体作出的重大决定的。

廉政提醒

LIANZHENG TIXING

民主集中制是党的根本组织原则，是党内政治生活正常开展的重要制度保障。现实中，有的党组织“一把手”只讲集中不讲民主，习惯于逢事先定调，重大问题不经班子成员充分酝酿和讨论就拍板，甚至对多数人的意见也置之不理。有的存在拒不执行和擅自改变上级党组织的决定，落实上级党组织决策搞变通，在单位重大问题决策方面搞名为集体领导、实际上个人或少数人说了算，名为集体负责、实际上无人负责，或者借集体决策名义搞集体违规等典型问题。广大党员干部、公职人员特别是主要领导干部都要自觉做民主集中制的执行者和推动者，带头执行民主集中制。

禁令 36

严禁下级党组织拒不执行上级党组织决定

【违纪案例】

张某，某市所辖开发区管理委员会党委书记。李某，管委会党委副书记、管委会主任。2020年1月，某市市委常委会作出在全市市直单位、所辖县（市）及管委会引进高端人才的决定。同年6月，李某与张某认为市委关于引进高端人才的决定不适合管委会，并在市委常委会上提出不执行市委相关决定。之后，管委会党委会讨论作出不执行的相关决定。8月，该市纪委对张某、李某立案审查。

【禁令解析】

下级党组织拒不执行上级党组织决定行为，是指下级党组织违反民主集中制原则，拒不执行或者擅自改变上级党组织决定的行为。

习近平总书记指出：“党章规定的‘四个服从’，既是党最基本的组织原则，也是最基本的组织纪律。”党章第十条规定“下级组织服从上级组织”，第十六条规定“党的下级组织必须坚决执行上级组织的决定”，是民主集中制的重要内容，也是贯彻党的路线方针政策和增强党内生活政治性、原则性、战斗性必须遵守的组织纪律要求，要不折不扣贯彻执行。

《中国共产党纪律处分条例》第七十八条是对下级党组织违反民主集中制原则具体情形的规定，如果是党员个人有这种行为，应依据《中国共产党纪律处分条例》第七十七条、第七十九条追究纪律责任。下级党组织对上级党组织的决定，如果认为不符合本地区、本部门的实际情况，可以请求改变；如果上级党组织坚持原决定，下级党组织必须执行，并不得公开发表不同意见，但有权向再上一级党组织报告。

【纪法适用】

1.《中国共产党纪律处分条例》第七十八条：

下级党组织拒不执行或者擅自改变上级党组织决定的，对直接责任者和领导责任者，给予警告或者严重警告处分；情节严重的，给予撤销党内职务或者留党察看处分。

2.《中华人民共和国公职人员政务处分法》第三十条第一项：

有下列行为之一的，予以警告、记过或者记大过；情节严重的，予以降级或者撤职：

（一）违反民主集中制原则，个人或者少数人决定重大事项，或者拒不执行、擅自改变集体作出的重大决定的。

廉政提醒

LIANZHENG TIXING

党章规定的“四个服从”，既是党的基本组织原则，也是最基本的组织纪律。对党和国家的方针政策和重大工作部署决定，党的各级组织和行政机关必须坚决执行。拒不执行的，或者故意作出与之相违背的决定的行为，是在政治上与党离心离德的表现，是严重违反党的纪律的行为。

禁令 37

严禁党员拒不执行组织人事安排决定

【违纪案例】

张某，某县委副书记。考虑到张某的专业背景和工作履历，市委经研究，决定免去张某的县委副书记职务，任命其为市司法局党组副书记。但是任免文件下达后，张某觉得新岗位权力相对较小，心生不满，便以在县城照顾妻儿老小为由，坚持在原岗位办公，拒不赴任。

【禁令解析】

党员拒不执行组织人事安排决定行为，是指党员违反规定，拒不执行党组织的分配、调动、交流等决定的行为。

习近平总书记指出，全党同志要强化组织意识，时刻想到自己是党的人，是组织的一员，时刻不忘自己应尽的义务和责任，相信组织、依靠组织、服从组织，自觉接受组织安排和纪律约束，自觉维护党的团结统一。党章第三条规定，“执行党的决定，服从组织分配，积极完成党的任务”是党员的义务。《关于新形势下党内政治生活的若干准则》明确规定，“领导干部要自觉服从组织分工安排，任何人都不能向组织讨价还价、不服从组织安排”，“坚决禁止向党组织讨价还价、不服从组织决定的行为”。一些党员干部个人主义、自由主义严重，目无组织纪律，向组织讨价还价，不服从组织人事安排、工作分工、任务分配等决定，导致决而不行，破坏了民主集中制原则，损害了党组织威信，对这种行为如不严格纪律约束，党就会失去战斗力、凝聚力和向心力，成为一盘散沙。

《中国共产党纪律处分条例》第七十九条第一款规定的是拒不执行党组织的分配、调动、交流等决定的行为。第一款规定的事项不仅包括分配、调动、交流等人事安排决定，也包括党组织的其他决定。第二款规定的是在特殊时期或者紧急状况下，拒不执行党组织决定的行为。所谓“特殊时期或者紧急状况”，主要是指造成或者可能造成严重社会危害，需要采取紧急处置措施予以应对的自然灾害、事故灾难、公共卫生事件和社会安全事件等时期或情况。特殊时期或者紧急状况下，拒不执行党组织的决定，可能带来不可挽回的严重后果，给人民群众利益造成更加严重的损害，给党和国家带来更加严重的不良影响，应当给予留党察看或者开除党籍处分。

【纪法适用】

1.《中国共产党纪律处分条例》第七十九条：

拒不执行党组织的分配、调动、交流等决定的，给予警告、严重警告或者撤销党内职务处分。

在特殊时期或者紧急状况下，拒不执行党组织上述决定的，给予留党察看或者开除党籍处分。

2.《中华人民共和国公职人员政务处分法》第三十条第二项：

有下列行为之一的，予以警告、记过或者记大过；情节严重的，予以降级或者撤职：

（二）拒不执行或者变相不执行、拖延执行上级依法作出的决定、命令的。

廉 政 提 醒

LIANZHENG TIXING

具有严格的组织纪律，是我们党区别于其他政党的一大特点。现实中，个别党员虽然人入了党，但思想没有跟上，组织观念淡薄，尤其是在涉及个人工作的分配、调动、交流等切身利益时，与组织讨价还价、锱铢必较。殊不知，这种行为已经违反了组织纪律，触犯了党的纪律底线。

禁令 38

严禁党员拒绝作证

【违纪案例】

柳某，中共党员，某市自然资源和规划局副局长。2024年2月，该省纪委监委在对该市市委原书记赵某严重违纪违法案审查调查过程中，就赵某利用职权向柳某打招呼为相关私营企业主在该市开发房地产项目提供帮助等问题与柳某多次进行谈话，柳某因担心受到处理，对上述问题坚决予以否认，给审查调查工作造成较大影响。

【禁令解析】

党员拒绝作证行为，是指在党组织纪律审查中，依法依规负有作证义务的党员拒绝作证的行为。

党的二十大报告指出，反腐败斗争取得压倒性胜利并全面巩固，但党的建设特别是党风廉政建设和反腐败斗争仍面临不少顽固性、多发性问题。习近平总书记在二十届中央纪委三次全会上强调，新征程反腐败斗争，必须在铲除腐败问题产生的土壤和条件上持续发力、纵深推进。审查调查是惩治腐败不可或缺的手段，也是纪检监察机关开展的一项重要的执纪执法活动，其实施及成效直接关系到反腐败斗争效果，关乎纪检监察工作高质量发展。通过向证人询问了解情况，是审查调查工作的重要手段，依法依规负有作证义务的党员如实反映情况，既是对党的事业负责，也是对个人负责。不如实反映情况，甚至弄虚作假、欺瞒组织，希望能瞒天过海，不仅不会蒙混过关，还会因违反组织纪律受到纪律处分。《中国共产党纪律处分条例》第八十条规定，在党组织纪律审查中，依法依规负有作证义务的党员拒绝作证或者故意提供虚假情况，情节较重的，给予警告或者严重警告处分；情节严重的，给予撤销党内职务、留党察看或者开除党籍处分。

【纪法适用】

《中国共产党纪律处分条例》第八十条：

在党组织纪律审查中，依法依规负有作证义务的党员拒绝作证或者故意提供虚假情况，情节较重的，给予警告或者严重警告处分；情节严重的，给予撤销党内职务、留党察看或者开除党籍处分。

廉政提醒

LIANZHENG TIXING

审查调查是一项严肃的政治工作，是维护党的纪律权威性的重要举措，也是纪检监察机关开展的一项重要的执纪执法活动，关乎纪检监察工作高质量发展。党员在纪律审查中履行作证义务，本质上就是向组织进行报告的行为，也是加强请示报告的具体要求，不得拒绝作证，更不能有故意提供虚假情况等伪证的行为，这个要求是一以贯之的。

禁令 39

严禁不如实报告个人事项

【违纪案例】

李某，某市住建局党组成员、副局长。李某以其未成年儿子名义于2019年购买了一套商品房，2019年12月取得该套商品房不动产权证。在2020年组织部门组织填报《领导干部个人有关事项报告表》过程中，李某故意隐瞒未填报购买该套商品房情况。

【禁令解析】

不如实报告个人事项行为，是指党员领导干部违反规定，瞒报个人有关事项，情节较重的行为。

党章规定，对党忠诚老实、言行一致是党员的基本义务。按规定报告个人有关事项是党组织对领导干部提出的一项基本要求，是党组织对党员干部进行监督的有力手段。2017 年 2 月，中央办公厅、国务院办公厅修订颁布《关于领导干部报告个人有关事项的规定》，对报告的范围、要求和责任追究等作出了具体规定，各级党组织和领导干部应认真贯彻执行。隐瞒不报个人有关事项的行为，在本质上是对党不忠诚、不老实，应受到严肃处理。

【纪法适用】

1.《中国共产党纪律处分条例》第八十一条第一款第一项：

有下列行为之一，情节较重的，给予警告或者严重警告处分：

（一）违反个人有关事项报告规定，隐瞒不报。

2.《中华人民共和国公职人员政务处分法》第二十九条第二款：

违反个人有关事项报告规定，隐瞒不报，情节较重的，予以警告、记过或者记大过。

廉政提醒

LIANZHENG TIXING

瞒报、漏报个人资产是高频问题。出国出境“偷偷摸摸”、对“裸官”身份隐瞒不报；本人的婚姻变化情况、抚养子女情况，奖金发放和津贴、兼职取酬情况，以及配偶、子女经商办企业等情况也是瞒报、漏报“高发区”。对党忠诚老实是每一名共产党员应有的政治觉悟。如实向组织报告个人有关事项是党员领导干部必须遵守的组织纪律，是检验党员领导干部对党组织是否忠诚老实的重要标志，是衡量党员领导干部是否清正廉洁的重要标尺。瞒报非小事，说谎有代价，广大党员干部一定要牢记这条禁令。

禁令 40

严禁不如实向组织说明问题

【违纪案例】

肖某，中共党员，某市委书记。2020 年 1 月至 4 月，肖某先后 4 次以津贴、效益奖金、礼金等名义收受某股份有限公司现金共计 30 万元。5 月，省纪委收到群众举报反映肖某收受某股份有限公司奖金等问题的线索。6 月至 7 月，经报省委批准，省纪委先后 4 次针对群众反映的问题与肖某进行谈话和函询，肖某均予以否认。8 月，肖某被组织立案审查。经审查，群众举报反映肖某的问题属实。

【禁令解析】

不如实向组织说明问题行为，是指在组织进行谈话函询时不如实向组织说明问题，情节较重的行为。

“谈话函询”包括两种情况：一是指问题线索处置方式中的谈话函询；二是指组织人事部门根据相关规定进行的函询，以及党委（党组）作出的函询。此项重在强调没有如实向组织说明问题的行为。对于为逃避惩处而故意向组织提供虚假情况，掩盖事实的，可以适用《中国共产党纪律处分条例》第六十三条规定处理。

党章规定，对党忠诚老实、言行一致是党员的基本义务。谈话函询是落实全面从严治党要求、严明党的纪律、强化党内监督的重要举措。认真做好谈话函询工作，对存在苗头性、倾向性、一般性问题的党员干部及时提醒纠正、教育挽救，给予其向党组织说清问题的机会，充分体现了组织上的关心爱护。但是有的党员干部纪律规矩意识淡薄，对党组织的关爱不以为然、心存侥幸，不如实向党组织说明情况，甚至隐瞒实情、弄虚作假，是典型的对组织不忠诚的表现，必须严肃处理。

【纪法适用】

《中国共产党纪律处分条例》第八十一条第一款第二项：

有下列行为之一，情节较重的，给予警告或者严重警告处分：

（二）在组织进行谈话函询时，不如实向组织说明问题。

廉政提醒

LIANZHENG TIXING

从查处的一些腐败案件看，大多数人在被审查前，组织都对其进行过谈话函询，给过他们机会，但他们有的选择了隐瞒实情、弄虚作假，心存侥幸，不如实向党组织说明情况，最终落得可悲下场。对党忠诚老实、言行一致是党员的基本义务。广大党员干部、公职人员一定要珍惜组织给予的机会，在组织进行谈话函询时，要对党忠诚、实事求是。

禁令 41

严禁不如实报告个人去向

【违纪案例】

李某，某地级市财政局党组书记、局长。为加强干部监督管理，严格请示报告制度，李某所在市出台规定：市直机关及区、县领导班子成员如到外地出差，应提前2个工作日向组织部门报备。规定印发后，李某觉得这个规定管得有些严苛，没有必要，多次在没有向组织部门报备的情况下到外地出差。最近一次，市里因突发事件召集市直机关“一把手”研究对策，结果李某在外地无法赶到，造成不良影响。

【禁令解析】

不如实报告个人去向行为，是指党员不按照有关要求或相关规定向组织报告或者不如实报告本人的去向的行为。

禁止该行为是落实习近平总书记关于党员干部“游必有方”的要求，防止出现“独来独往、天马行空”等目无组织、不向组织报告个人去向的情形。

【纪法适用】

《中国共产党纪律处分条例》第八十一条第一款第三项：

有下列行为之一，情节较重的，给予警告或者严重警告处分：

（三）不按要求报告或者不如实报告个人去向。

廉政提醒

LIANZHENG TIXING

某些党员干部不按要求报告个人去向，表面上看是小事，背后往往隐藏着严重问题：有的是作风不正，瞒着组织到外地吃喝玩乐、逍遥自在；有的是身陷贪腐，察觉形势不对，想溜之大吉；还有的是出于其他目的逃避组织监督。可以说，逃避报告请示，是党员领导干部腐化堕落的一个隐性指标。因此，广大党员干部要严肃党的组织纪律，切莫踩这条“红线”。

禁令 42

严禁不如实填报个人档案资料

【违纪案例】

刘某，1963年生，中共党员，1987年大学毕业被分配到某县人民政府工作。1997年在某县工作10年之久的刘某，职位从一般科员升到了乡镇党委委员，刘某便打算把自己的户口从老家迁到工作的某县。在填写户口申请表时，刘某在申请表的出生年月一栏填上了1965年。于是，在之后的干部履历及工资变动审批、公务员年度考核等材料上，刘某都将自己的年龄填报为1965年。2015年当地在查阅资料过程中发现刘某存在向组织虚报年龄问题，刘某还存在乱发福利和乱收费行为。经相关部门研究决定，给予刘某开除党籍和行政撤职处分，降为科员。

【禁令解析】

不如实填报个人档案资料行为，是指党员不按照有关要求或相关规定如实填报个人档案资料的行为。

主要包括不如实填报身份、年龄、工龄、党龄、学历、经历等方面的档案资料信息。

【纪法适用】

《中国共产党纪律处分条例》第八十一条第一款第四项：

有下列行为之一，情节较重的，给予警告或者严重警告处分：

（四）不如实填报个人档案资料。

廉政提醒

LIANZHENG TIXING

身为党员干部，就应该守纪律、讲规矩。如实填报个人档案资料不仅是党纪的要求，还能检验党员干部对党是否忠诚、信念是否坚定、思想是否纯洁。干部人事档案，就是手写的个人“历史”，必须实事求是。不管是谁，只要填写了自己的档案，就要对档案的真实性负责，经得起组织和历史的检验。

禁令 43

严禁篡改、伪造个人档案资料

【违纪案例】

王某某，某市城关街道党工委副书记。王某某实际出生于1980年6月，2019年6月，其利用管理干部档案的便利，将档案中自己的出生年月修改为1986年6月，造成了不良影响。

【禁令解析】

篡改、伪造个人档案资料行为，是指党员干部严重违背对党忠诚老实的基本义务，篡改、伪造个人档案资料的行为。主要包括篡改、伪造身份、年龄、工龄、党龄、学历、经历等方面的档案资料信息。党员干部篡改、伪造个人档案资料，严重违背对党忠诚老实的基本义务。因此，只要实施了该行为，无论情节轻重，党组织都应当给予纪律处分。

要区分“不如实填报个人档案资料”行为与“篡改、伪造个人档案资料”行为的界限。前者重在强调“不如实填报”的是原始的、首次登记填报的个人档案资料；后者重在强调“篡改、伪造”的是现有的、已经存在的个人档案资料。

【纪法适用】

1.《中国共产党纪律处分条例》第八十一条第三款：

篡改、伪造个人档案资料的，给予严重警告处分；情节严重的，给予撤销党内职务或者留党察看处分。

2.《中华人民共和国公职人员政务处分法》第二十九条第三款：

篡改、伪造本人档案资料的，予以记过或者记大过；情节严重的，予以降级或者撤职。

廉 政 提 醒

LIANZHENG TIXING

从查处的案件看，篡改、伪造干部个人档案事件时有发生，“骗官书记”王亚丽、“五假干部”卢恩光就是典型，他们都受到了党纪国法的严惩。党员干部须时刻谨记，与其在个人档案上乱动手脚，不如在干事创业上大展拳脚。毕竟，实干的政绩、组织的认可和群众的口碑，才是一名党员干部最好的履历档案。

禁令 44

严禁隐瞒入党前严重错误

【违纪案例】

钱某，某市水利局副局长，2001 年 4 月入党，2002 年 7 月参加工作。1999 年 8 月，钱某因酒后与他人发生纠纷，失手将人打成轻微伤，被公安机关行政拘留 15 天。入党时，钱某未向组织报告其被行政拘留的情况，组织进行政审时也未发现。入党后，钱某能够认真遵守党的纪律，积极履行党员义务，工作努力，成绩突出，多次受到表彰奖励。2018 年 1 月，钱某被举报隐瞒入党前严重错误。经组织审查，并综合考虑钱某入党以来的一贯表现，给予钱某党内严重警告处分。

【禁令解析】

隐瞒入党前严重错误行为，是指党员干部在入党时或入党后故意隐瞒其入党前存在的严重错误行为。根据有关规定，党员向党组织隐瞒的入党前的错误行为，如属重大问题，一般应对该党员予以党内除名；对入党多年且一贯表现良好或在工作中作出突出贡献的，可留在党内，以向党组织隐瞒严重错误量纪，酌情给予党纪处分。党员向党组织隐瞒的入党前的错误如属一般问题，可不予追究，但要对该党员进行批评教育。

【纪法适用】

《中国共产党纪律处分条例》第八十一条第四款：

隐瞒入党前严重错误的，一般应当予以除名；对入党多年且一贯表现好，或者在工作中作出突出贡献的，给予严重警告、撤销党内职务或者留党察看处分。

廉政提醒

LIANZHENG TIXING

根据党章的有关规定，党员必须对党忠诚。对党如实报告自己过往重大经历是成为一名党员的应有之义。隐瞒入党前严重错误是对党不忠诚的具体表现，请党员干部牢记这条禁令。

禁令 45

严禁违规组织、参加自发成立的老乡会、校友会、战友会等

【违纪案例】

马某，中共党员，某厅局副处级干部。利用省城工作之便，策划和组织自发成立的战友会（未经民政部门登记注册），并担任战友会副会长。战友会成立后，马某组织了多次大规模的聚会活动，并借机编织“关系网”，产生了较大影响。

【禁令解析】

违规组织、参加自发成立的老乡会、校友会、战友会等行为，是指党员领导干部违反规定，组织、参加自发成立的老乡会、校友会、战友会等，情节严重的行为。

一些领导干部通过参加自发成立的老乡会、校友会、战友会等组织，或者频繁参加老乡、校友、战友之间的各种联谊类活动，编织“关系网”，拉“小圈子”，搞非组织活动，在干部群众中产生了不良影响，有必要对这类行为予以制止。

“违反有关规定”，主要是指违反2002年中央纪委、中央组织部、解放军总政治部印发的《关于领导干部不得参加自发成立的“老乡会”、“校友会”、“战友会”组织的通知》（以下简称《通知》）等规定。根据该《通知》，领导干部不得参加自发成立（未经民政部门登记注册）的老乡、校友、战友之间的各种联谊会之类的组织，不得担当这类联谊会的发起人和组织者，不得在这类联谊会中担任相应职务。领导干部参加老乡、校友、战友之间的各种联谊类活动，不得借机编织“关系网”，搞亲亲疏疏，团团伙伙，更不得有“结盟”“金兰结义”等行为。党员领导干部违反上述规定行为的，党组织要及时进行批评教育，促其改正；对违背组织原则，情节严重的，要给予党纪处分。党员领导干部参加正常范围内的老乡、校友、战友聚会，进行健康文明、积极向上的人际交往，并不违犯党的纪律。

【纪法适用】

《中国共产党纪律处分条例》第八十二条：

党员领导干部违反有关规定组织、参加自发成立的老乡会、校友会、战友会等，情节严重的，给予警告、严重警告或者撤销党内职务处分。

廉政提醒

LIANZHENG TIXING

组织参加老乡会、校友会、战友会与组织参加老乡、校友、战友之间的聚会活动不是一回事。违反规定组织参加自发成立的老乡会、校友会、战友会等，有可能构成违纪。因此，广大党员领导干部一定要有清醒的头脑，不要凭感情用事，更不能做违犯党纪的事，这其中的尺度和分寸一定要把握好。

禁令 46

严禁搞拉票、助选等非组织活动

【违纪案例】

赵某，中共党员，某县委书记。赵某在该县工作 5 年后，为了“更进一步”，在市里召开市委全会选举新一届市委领导班子之前，上蹿下跳，四处钻营。一方面，他筹集一笔资金，安排亲属向可能成为市委委员的人员送钱拉票；另一方面，他私自发放各种资料，宣传自己所谓的“工作成绩”和“良好德行”。在双重攻势下，赵某如愿以偿，当选市委常委。

【禁令解析】

搞拉票、助选等非组织活动行为，是指党员在选举中搞拉票、助选等违规活动的行为。

"七个有之"问题，其中之一就是搞收买人心、拉动选票。拉票贿选直接冲击中国特色社会主义政治制度，动摇党的干部工作根基，危害党的政治生态，损害党和政府形象。《关于新形势下党内政治生活的若干准则》明确规定，"党的任何组织和个人不得以任何方式妨碍选举人依照规定自主行使选举权，坚决反对和防止侵犯党员选举权和被选举权的现象，坚决防止和查处拉票贿选等行为"，"坚决禁止跑官要官、买官卖官、拉票贿选等行为"。

【纪法适用】

1.《中国共产党纪律处分条例》第八十三条：

有下列行为之一的，给予警告或者严重警告处分；情节较重的，给予撤销党内职务或者留党察看处分；情节严重的，给予开除党籍处分：

（一）在民主推荐、民主测评、组织考察和党内选举中搞拉票、助选等非组织活动；

（二）在法律规定的投票、选举活动中违背组织原则搞非组织活动，组织、怂恿、诱使他人投票、表决；

（三）在选举中进行其他违反党章、其他党内法规和有关章程活动。

搞有组织的拉票贿选，或者用公款拉票贿选的，从重或者加重处分。

2.《中华人民共和国公职人员政务处分法》第三十二条第五项：

有下列行为之一的，予以警告、记过或者记大过；情节较重的，予以降级或者撤职；情节严重的，予以开除：

（五）以暴力、威胁、贿赂、欺骗等手段破坏选举的。

廉政提醒

LIANZHENG TIXING

“七个有之”其中之一是“搞收买人心、拉动选票的有之”。拉票、助选等非组织活动行为，严重带坏社会风气，破坏当地政治生态，损害党的执政根基，必须予以严惩。党的十八大以来，我们党严肃查处湖南衡阳破坏选举案、四川南充拉票贿选案、辽宁拉票贿选案等破坏党内选举制度和人大选举制度的重大案件，充分体现了坚持全面从严治党、坚决惩治腐败的鲜明态度，有力维护了党纪国法的权威和尊严，得到了广大党员干部、公职人员和人民群众的衷心拥护和支持。

禁令 47

严禁违规选拔任用干部

【违纪案例】

张某，中共党员，某市档案局局长。在未经民主推荐、民主测评等组织程序情况下，张某主持召开局党组会议，任命自己秘书何某为办公室主任。

【禁令解析】

违规选拔任用干部行为，是指违反有关规定，在干部选拔任用工作中，有任人唯亲、排斥异己、封官许愿、说情干预、跑官要官、突击提拔等行为。

吏治腐败是最大的腐败，用人腐败必然导致用权腐败。从严治党，必先从严治吏，要抓住管权治吏的要害，从严查处用人腐败。“七个有之”问题，其中之一就是搞封官许愿、弹冠相庆。《关于新形势下党内政治生活的若干准则》规定，“坚持正确选人用人导向，是严肃党内政治生活的组织保证”，“党的各级组织必须自觉防范和纠正用人上的不正之风和种种偏向。坚决禁止跑官要官、买官卖官、拉票贿选等行为”，“领导干部要带头执行党的干部政策，不准任人唯亲、搞亲亲疏疏，不准封官许愿、跑风漏气、收买人心，不准个人为干部提拔任用打招呼、递条子。领导干部不得干预曾经工作生活过的地方、曾经工作过的单位和不属于自己分管领域的干部选拔任用工作，有关地方和单位党组织要抵制这种违反党的组织原则的行为”。还规定要“加强选人用人监督问责，对用人失察失误的严肃追究责任”。

所谓“违反干部选拔任用规定”，主要是指违反中共中央印发的《党政领导干部选拔任用工作条例》《党政领导干部选拔任用工作责任追究办法（试行）》等法规，《党政领导干部选拔任用工作条例》第六十一条明确规定了干部选任工作十个方面的纪律要求，比如，不准私自泄露动议、民主推荐、民主测评、考察、酝酿、讨论决定干部等有关情况；不准在干部考察工作中隐瞒或者歪曲事实真相；不准利用职务便利私自干预下级或者原任职地区、单位干部选拔任用工作；不准在工作调动、机构变动时，突击提拔、调整干部；不准在干部选拔任用工作中封官许愿，任人唯亲，营私舞弊；等等。党员干部有上述行为的，党组织可以依据相关规定给予纪律处分。买官卖官行为是典型的行贿受贿行为，根据最高人民法院、最高人民检察院《关于办理贪污贿赂刑事案件适用法律若干问题的解释》第七条规定，“通过行贿谋取职务提拔、调整的”，收送1万元即可构成受贿罪和行贿罪，党组织应当适用《中国共产党纪律处分条例》总则中纪法衔接条款处理。

用人失察失误造成严重后果的行为，即不认真履行职责，选拔任用了不符合选拔、任用条件的干部，给党、国家和人民利益造成了严重损失或者给党的声誉造成恶劣影响等情况。此行为重在强调用人失察失误造成严重后果的，才给予纪律处分；对没有造成严重后果的，党组织可以给予批评教育、组织调整或者组织处理等。

【纪法适用】

1.《中国共产党纪律处分条例》第八十四条：

在干部选拔任用工作中，有任人唯亲、排斥异己、封官许愿、说情干预、跑官要官、突击提拔或者调整干部等违反干部选拔任用规定行为，对直接责任者和领导责任者，情节较轻的，给予警告或者严重警告处分；情节较重的，给予撤销党内职务或者留党察看处分；情节严重的，给予开除党籍处分。

用人失察失误造成严重后果的，对直接责任者和领导责任者，依照前款规定处理。

2.《中华人民共和国公职人员政务处分法》第三十二条第一项：

有下列行为之一的，予以警告、记过或者记大过；情节较重的，予以降级或者撤职；情节严重的，予以开除：

（一）在选拔任用、录用、聘用、考核、晋升、评选等干部人事工作中违反有关规定的。

廉政提醒

LIANZHENG TIXING

舞弊者得利、则效仿者纷至，舞弊者受罚、则接踵者绝迹。以习近平同志为核心的党中央抓住管权治吏的要害，严肃查处选人用人腐败，一批“跑官要官”“买官卖官”的党员干部被严肃查处，匡正了选人用人风气。广大党员干部、公职人员要树立正确的

“权力观”“进步观”，正确看待进步，采取合理的方式追求进步，努力成为新时期的好干部。

禁令 48

严禁在能上能下工作中搞好人主义

【违纪案例】

孙某，中共党员，某市委原书记。2024 年 3 月，该市在推进领导干部能上能下工作中，市财政局局长吴某因工作失职本应受到组织调整处理。吴某请托孙某为其不被组织调整提供帮助，孙某不好意思拒绝，便答应帮忙。后吴某仅受到党内警告处分，并继续担任财政局局长，在当地造成严重不良影响。

【禁令解析】

在推进领导干部能上能下工作中搞好人主义行为，是指在推进领导干部能上能下工作中，搞好人主义，避重就轻、以党纪政务等处分规避组织调整或者以组织调整代替党纪政务等处分的行为。

纪律处分包括党纪处分和政务处分，其中党纪处分包括警告、严重警告、撤销党内职务、留党察看、开除党籍；政务处分包括警告、记过、记大过、降级、撤职、开除。组织处理主要包括诫免、调离现工作岗位或工作单位、改任非领导职务、责令辞职、免职、降职使用、劝退除名等。二者各有侧重，但并不相互排斥，而是配套互补。《推进领导干部能上能下规定》第十四条明确规定，“严明推进领导干部能上能下工作纪律，不得搞好人主义，不得避重就轻、以党纪政务处分规避组织调整或者以组织调整代替党纪政务处分，不得借机打击报复”。《中国共产党纪律处分条例》第八十五条规定，在推进领导干部能上能下工作中，搞好人主义，以党纪政务等处分规避组织调整的，对直接责任者和领导责任者，情节较重的，给予警告或者严重警告处分；情节严重的，给予撤销党内职务或者留党察看处分。

【纪法适用】

《中国共产党纪律处分条例》第八十五条：

在推进领导干部能上能下工作中，搞好人主义，有下列行为之一，对直接责任者和领导责任者，情节较重的，给予警告或者严重警告处分；情节严重的，给予撤销党内职务或者留党察看处分：

（一）以党纪政务等处分规避组织调整；

（二）以组织调整代替党纪政务等处分；

（三）其他避重就轻作出处理行为。

廉政提醒

LIANZHENG TIXING

实践中，有的党员、干部缺乏原则，只愿意做帮助干部“能上”的好事、当不得罪人的“好人”，不愿做推动干部“能下”的“坏人”、成为得罪人的“坏人”。“凡事留一线，日后好相见”。这样的结果，弱化了惩前毖后的效果，同时强化了一部分干部的侥幸心理，更为广大群众所不满。党员、干部需进一步细化负面清单，压实责任，严格标准、加强考核，推动形成能者上、优者奖、庸者下、劣者汰的用人导向和良好政治生态。

禁令 49

严禁为本人或他人谋取人事利益

【违纪案例】

杨某，中共党员，某市人社局副局长。杨某在全市村党支部书记转事业编考试中，将试题内容告知其担任某村党支部书记的妹夫李某，后李某顺利通过考试，造成了严重不良影响。

【禁令解析】

为本人或他人谋取人事利益行为，是指在干部、职工的录用、考核、职务职级晋升、职称评聘、荣誉表彰，授予学术称号和征兵、安置退役军人等工作中，隐瞒、歪曲事实真相，利用职权或者职务上的影响违反有关规定，为本人或者其他人谋取利益的行为。

“违反有关规定”，主要是指违反党的有关干部、劳动、人事工作方面的法规制度，如《党政领导干部选拔任用工作条例》。党员干部利用职权或者职务上的影响违反规定为他人谋取人事利益的，如果收受他人财物，则属于受贿行为，应当适用《中国共产党纪律处分条例》总则中纪法衔接条款处理。

《关于新形势下党内政治生活的若干准则》明确规定：“凡因弄虚作假、隐瞒实情给党和人民事业造成重大损失的，凡因弄虚作假、隐瞒实情骗取荣誉、地位、奖励或其他利益的，凡因纵容、唆使、暗示或强迫下级弄虚作假、隐瞒实情的，都要依纪依规严肃问责追责。”

【纪法适用】

《中国共产党纪律处分条例》第八十六条第一款：

在干部、职工的录用、考核、职务职级晋升、职称评聘、荣誉表彰，授予学术称号和征兵、安置退役军人等工作中，隐瞒、歪曲事实真相，或者利用职权或者职务上的影响违反有关规定为本人或者其他人谋取利益的，给予警告或者严重警告处分；情节较重的，给予撤销党内职务或者留党察看处分；情节严重的，给予开除党籍处分。

廉政提醒

LIANZHENG TIXING

要严明组织人事纪律，对违反组织人事纪律的坚决不放过。党要管党，首先是要管好干部；从严治党，关键是从严治吏。用人腐败必然导致用权腐败。在干部选拔任用工作中隐瞒、歪曲事实真相或利用职权及职务影响为本人或他人谋利的，必须严惩。

禁令 50

严禁弄虚作假骗取职务职级等利益

【违纪案例】

孙某，中共党员，某规划局下属事业单位工作人员。孙某通过请他人代考，取得建造师资格，并因此在单位获得相关职称职务的晋升。

【禁令解析】

弄虚作假骗取职务职级等利益行为，是指弄虚作假，骗取职务、职级、职称、待遇、资格、学历、学位、荣誉、称号或者其他利益的行为。

“弄虚作假”，一般是指以虚构、谎报、隐瞒、伪造事实的手段，欺骗组织，取得上述人事利益的行为。对实施该行为所获得的职务、职级、职称、待遇、资格、学历、学位、荣誉或者其他利益，依据《中国共产党纪律处分条例》第四十三条第二款规定，应当由承办案件的纪检机关或者由其上级纪检机关建议有关组织、部门、单位按照规定予以纠正。

【纪法适用】

1.《中国共产党纪律处分条例》第八十六条：

在干部、职工的录用、考核、职务职级晋升、职称评聘、荣誉表彰，授予学术称号和征兵、安置退役军人等工作中，隐瞒、歪曲事实真相，或者利用职权或者职务上的影响违反有关规定为本人或者其他人谋取利益的，给予警告或者严重警告处分；情节较重的，给予撤销党内职务或者留党察看处分；情节严重的，给予开除党籍处分。

弄虚作假，骗取职务、职级、职称、待遇、资格、学历、学位、荣誉、称号或者其他利益的，依照前款规定处理。

2.《中华人民共和国公职人员政务处分法》第三十二条第二项：

有下列行为之一的，予以警告、记过或者记大过；情节较重的，予以降级或者撤职；情节严重的，予以开除：

（二）弄虚作假，骗取职务、职级、衔级、级别、岗位和职员等级、职称、待遇、资格、学历、学位、荣誉、奖励或者其他利益的。

廉政提醒

LIANZHENG TIXING

弄虚作假，对于党员干部尤其是有一定级别的党员领导干部而言，它不仅触犯了《中国共产党纪律处分条例》中关于组织纪律的有关规定，更违背了对组织的忠诚原则，是党性不纯的表现。对于这种行为，必须坚决予以纠正、遏制和打击。

禁令 51

严禁侵犯党员民主权利

【违纪案例】

严某，中共党员，某镇党委原副书记。某村“两委”换届选举，严某作为包村干部，为了能让自己“认可”的党员胡某当选上村党支部书记，便与胡某商量，一方面，对村里的一些党员采取拉拢、欺骗等方式，让他们投胡某的赞成票；另一方面，故意不提前宣布选举的时间和地点，专门等其他竞争对手不在家时，临时通知党员参加投票，造成其他党员难以参加投票参选，最终胡某得以当选。但胡某当选后侵害集体和村民利益，影响恶劣。严某因涉嫌严重违纪被组织立案审查。

【禁令解析】

侵犯党员民主权利行为，是指党员违反规定，侵犯党员表决权、选举权和被选举权，情节较重的行为。

党章第四条规定“行使表决权、选举权，有被选举权”是党员的基本权利之一，并且明确规定“党的任何一级组织直至中央都无权剥夺党员的上述权利”。《关于新形势下党内政治生活的若干准则》规定，“必须尊重党员主体地位、保障党员民主权利，落实党员知情权、参与权、选举权、监督权，保障全体党员平等享有党章规定的党员权利、履行党章规定的党员义务”，“党内选举必须体现选举人意志，规范和完善选举制度规则。党的任何组织和个人不得以任何方式妨碍选举人依照规定自主行使选举权，坚决反对和防止侵犯党员选举权和被选举权的现象，坚决防止和查处拉票贿选等行为”。

【纪法适用】

1.《中国共产党纪律处分条例》第八十七条第一款：

侵犯党员的表决权、选举权和被选举权，情节较重的，给予警告或者严重警告处分；情节严重的，给予撤销党内职务处分。

2.《中华人民共和国公职人员政务处分法》第三十二条第五项：

有下列行为之一的，予以警告、记过或者记大过；情节较重的，予以降级或者撤职；情节严重的，予以开除：

（五）以暴力、威胁、贿赂、欺骗等手段破坏选举的。

廉政提醒

LIANZHENG TIXING

表决权、选举权和被选举权是党员享有的基本权利之一，是党员参与党内事务的具体形式，是党的民主集中制的重要标志。在党内，不论职务高低，每一名党员在行使表决权、选举权时，同样只能有一票的权利。任何组织和个人都不得侵犯和剥夺党员的表决权和选举权，不得妨碍党员充分表达自己的意愿。党员也要珍惜和正确行使自己的权利，敢于维护自己的权利。

禁令 52

严禁妨害党员行使民主权利

【违纪案例】

李某，某村党支部委员。2019 年下半年，李某在村“两委”换届选举期间，对另一竞选人村党支部委员林某说，如果林某不退出竞选，就把林某儿子吸毒的事告诉公安局。林某为了隐瞒自己儿子吸毒的事，最终退出了竞选。李某顺利当选村支书。

【禁令解析】

妨害党员行使民主权利行为，是指党员领导干部在选举活动中以强迫、威胁、欺骗、拉拢等手段，妨害其他党员自主行使表决权、选举权和被选举权的行为。

本行为主要强调以强迫、威胁、欺骗、拉拢等手段，妨害党员自主行使表决权、选举权和被选举权，无论情节轻重，应当给予撤销党内职务以上重处分。而对于以其他方式侵犯党员表决权、选举权和被选举权的行为，比如，故意不通知有选举权、被选举权的党员参加选举，或者故意不通知有表决权的党员参加党的重要会议等，则需要达到情节较重的，才给予警告直至撤销党内职务处分。

【纪法适用】

1.《中国共产党纪律处分条例》第八十七条第二款：

以强迫、威胁、欺骗、拉拢等手段，妨害党员自主行使表决权、选举权和被选举权的，给予撤销党内职务、留党察看或者开除党籍处分。

2.《中华人民共和国公职人员政务处分法》第三十二条第五项：

有下列行为之一的，予以警告、记过或者记大过；情节较重的，予以降级或者撤职；情节严重的，予以开除：

（五）以暴力、威胁、贿赂、欺骗等手段破坏选举的。

廉 政 提 醒

LIANZHENG TIXING

表决权、选举权和被选举权是党员享有的基本权利之一，是党员参与党内事务的具体形式，是党的民主集中制的重要标志。以强迫、威胁、欺骗、拉拢等手段，妨害党员自主行使表决权、选举权和被选举权等行为，必须坚决纠正、严肃查处。

禁令 53

严禁对依法行使控告、检举等权利的行为进行打击报复

【违纪案例】

金某，某村党支部书记。金某知道村委委员何某到县、乡有关单位部门举报其贪污侵占村集体资金问题后，遂安排其亲属3人威胁何某“如果再不停止举报，就要小心被打断腿”。

【禁令解析】

对依法行使控告、检举等权利的行为进行打击报复行为，是指对党员的批评、申诉、检举、控告进行阻挠、压制，或者将批评、申诉、检举、控告材料私自扣压、销毁，或者故意将其泄露给他人的行为。

党章第四条规定：“党员享有下列权利：（一）参加党的有关会议，阅读党的有关文件，接受党的教育和培训。（二）在党的会议上和党报党刊上，参加关于党的政策问题的讨论。（三）对党的工作提出建议和倡议。（四）在党的会议上有根据地批评党的任何组织和任何党员，向党负责地揭发、检举党的任何组织和任何党员违法乱纪的事实，要求处分违法乱纪的党员，要求罢免或撤换不称职的干部。（五）行使表决权、选举权，有被选举权。（六）在党

组织讨论决定对党员的党纪处分或作出鉴定时，本人有权参加和进行申辩，其他党员可以为他作证和辩护。（七）对党的决议和政策如有不同意见，在坚决执行的前提下，可以声明保留，并且可以把自己的意见向党的上级组织直至中央提出。（八）向党的上级组织直至中央提出请求、申诉和控告，并要求有关组织给予负责的答复。党的任何一级组织直至中央都无权剥夺党员的上述权利。”《关于新形势下党内政治生活的若干准则》规定，“必须尊重党员主体地位、保障党员民主权利，落实党员知情权、参与权、选举权、监督权，保障全体党员平等享有党章规定的党员权利、履行党章规定的党员义务”。

【纪法适用】

1.《中国共产党纪律处分条例》第八十八条第一款第一项：

有下列行为之一的，对直接责任者和领导责任者，给予警告或者严重警告处分；情节较重的，给予撤销党内职务或者留党察看处分；情节严重的，给予开除党籍处分：

（一）对批评、检举、控告进行阻挠、压制，或者将批评、检举、控告材料私自扣压、销毁，或者故意将其泄露给他人。

2.《中华人民共和国公职人员政务处分法》第三十二条第三项：

有下列行为之一的，予以警告、记过或者记大过；情节较重的，予以降级或者撤职；情节严重的，予以开除：

（三）对依法行使批评、申诉、控告、检举等权利的行为进行压制或者打击报复的。

廉政提醒

LIANZHENG TIXING

批评、申诉、检举、控告是党章赋予每一名党员的民主权利，也是对党员干部行使权力的有效监督。而对依法行使批评、申诉、检举、控告等权利的行为进行压制或者打击报复，往往是指一些党员领导干部利用职务及其影响，通过制造种种“理由”和“借口”，使依法行使批评权、申诉权、检举权、控告权的党员和公民，依法履行执纪执法职责的党员的人身权利、民主权利、财产权益及其他合法权益受到侵犯的行为。现实生活中，除了直接侵犯人身权利、财产权益的显性报复外，还有利用职权对举报人进行变相打击的隐性报复，如下岗、转岗、解聘、不予晋升、停发奖金等，对这些打击报复行为必须依照党纪进行严肃处理。

禁令 54

严禁对党员的申辩、辩护、作证等进行压制

【违纪案例】

邢某，中共党员，某市纪委监委常委。2018 年 5 月，邢某在查处某市管干部袁某的违纪案件时，袁某不配合调查，多次与邢某发生顶撞。在调查过程中，涉及对袁某有利的证据材料，邢某故意视作不见，不予调取，指示记录人员对袁某有利的证词不做记录。在违纪事实材料见面时，袁某提出不同意见，认为与事实有较大出入，邢某多次打断袁某的辩解，要求袁某必须在这份材料上签字认可。

【禁令解析】

对党员的申辩、辩护、作证等进行压制行为，是指党员干部对其他党员的申辩、辩护、作证等权利进行压制的行为。

“申辩”是指在党组织讨论决定对党员的党纪处分或者作出鉴定时，党员本人所作的申明和辩解。“辩护”是指在党组织讨论决定对党员的党纪处分或者作出鉴定时，其他党员所作的对被讨论的党员有利的证言和辩解。“作证”，是指党员就自己所了解的某种情况，向党组织提供证言、作出证明。上述行为需要达到“造成严重后果的”，才给予纪律处分。

【纪法适用】

1.《中国共产党纪律处分条例》第八十八条第一款第二项：

有下列行为之一的，对直接责任者和领导责任者，给予警告或者严重警告处分；情节较重的，给予撤销党内职务或者留党察看处分；情节严重的，给予开除党籍处分：

（二）对党员的申辩、辩护、作证等进行压制，造成不良后果。

2.《中华人民共和国公职人员政务处分法》第三十二条第三项：

有下列行为之一的，予以警告、记过或者记大过；情节较重的，予以降级或者撤职；情节严重的，予以开除：

（三）对依法行使批评、申诉、控告、检举等权利的行为进行压制或者打击报复的。

廉政提醒

LIANZHENG TIXING

申辩、辩护、作证等是党内法规和国家法律赋予党员和公民对党的组织、党员和国家机关、国家机关工作人员的一种监督权，必须切实维护。对党员进行党纪处分或作鉴定时，允许党员本人申辩，同时也允许其他党员为他作证和辩护，这既是维护和保障党员民主权利的重要措施，也是确保对党员进行党纪处分和作出鉴定客观公正、实事求是的重要措施。

禁令 55

严禁压制党员申诉

【违纪案例】

张某，中共党员，某国有企业党委书记。徐某，中共党员，该国有企业职工。徐某因在网上评论、转发某负面新闻，受到党内严重警告处分，徐某拒绝在材料上签字并表示要申诉。张某说，如果徐某申诉，就开除徐某。

【禁令解析】

压制党员申诉行为，是指党员干部对其他党员的申诉权利进行压制的行为。“申诉”是指党员对所受的处分或者处理不服时，向原处理机关或者上级机关提出要求予以公正处理的意见。

【纪法适用】

1.《中国共产党纪律处分条例》第八十八条第一款第三项：

有下列行为之一的，对直接责任者和领导责任者，给予警告或者严重警告处分；情节较重的，给予撤销党内职务或者留党察看处分；情节严重的，给予开除党籍处分：

（三）压制党员申诉，造成不良后果，或者不按照有关规定处理党员申诉。

2.《中华人民共和国公职人员政务处分法》第三十二条第三项：

有下列行为之一的，予以警告、记过或者记大过；情节较重的，予以降级或者撤职；情节严重的，予以开除：

（三）对依法行使批评、申诉、控告、检举等权利的行为进行压制或者打击报复的。

廉政提醒

LIANZHENG TIXING

向党的上级组织直至中央提出请求、申诉和控告，并要求有关组织给予负责的答复，这是党章规定的党员权利。在现实生活中，压制党员申诉的现象时有发生，各级党组织、广大党员干部都要牢记这条禁令。

禁令 56

严禁违规发展党员

【违纪案例】

李某，某村党支部书记。2019 年 12 月 2 日，根据市城关办事处统一安排，村委会召开预备党员转正大会。党支部书记李某在主持会议时，明知预备党员王某在考察期间有盗窃行为，不符合转正条件，向全体党员介绍时未通报该情况，通过了王某的转正决议。2019 年 12 月 20 日，在报城关办事处党工委批准时被发现。

【禁令解析】

违规发展党员行为，是指具有发展党员职责的党员干部在发展党员工作中违反党章和其他党内法规的规定，采取弄虚作假或其他手段，把不符合党员条件的人违反有关规定程序发展为党员的行为。

党员是党的肌体细胞和党的活动主体，发展党员工作是党的建设一项经常性重要工作。党章第五条规定，发展党员，必须把政治标准放在首位，经过党的支部，坚持个别吸收的原则。申请入党的人，要经过支部大会通过和上级党组织批准，并且经过预备期的考察，才能成为正式党员。党的支部委员会对申请入党的人，要注意征求党内外有关群众的意见，进行严格的审查，认为合格后再提交支部大会讨论。党章第七条规定，预备党员转为正式党员，或延长预备期，或取消预备党员资格，都应当经支部大会讨论通过和上级党组织批准。《中国共产党发展党员工作细则》对发展党员的条件和程序作出更为明确的规定。违反规定和程序发展党员的行为，危害党的肌体，破坏党的先进性和纯洁性，给党的自身建设带来严重隐患，必须给予纪律处分。

【纪法适用】

《中国共产党纪律处分条例》第八十九条：

违反党章和其他党内法规的规定，采取弄虚作假或者其他手段把不符合党员条件的人发展为党员，或者为非党员出具党员身份证明的，对直接责任者和领导责任者，给予警告或者严重警告处分；情节严重的，给予撤销党内职务处分。

违反有关规定程序发展党员的，对直接责任者和领导责任者，依照前款规定处理。

廉政提醒

LIANZHENG TIXING

入党是一件很神圣的事情，党组织发展党员也是极其严肃的事情，容不得弄虚作假。把不合格的人员发展成为党员，则会侵蚀党的肌体，腐蚀党的灵魂。因而，各地党组织对发展党员工作必须高度重视、严肃对待，要坚持不达标准绝不吸收的原则，对采取弄虚作假或其他手段把不符合党员条件的人发展为党员的行为要严肃处理。

禁令 57

严禁违规获取外国身份

【违纪案例】

杨某，中共党员，某市副市长。杨某的妻子是大学教授，研究法国文化，为了更好地进行学术研究，她取得了法国国籍，常年居于法国生活。为了退休后能与妻子团聚，杨某在未向组织报告的情况下，长期运作，私自通过社会中介机构，取得了法国永久居留资格。

【禁令解析】

违规获取外国身份行为，是指党和国家工作人员或者其他从事公务的人员中的党员违反有关规定，取得外国国籍或者获取国（境）外永久居留资格、长期居留许可的行为。

“违反有关规定”，主要是指违反 2004 年 12 月中央纪委、中央组织部、外交部、公安部、国家安全部、监察部、人事部、商务部印发的《关于进一步加强党员干部出国（境）管理的通知》等规定。根据有关规定，党员领导干部要在辞去现职或者办理离（退）休手续，并经过规定的年限后，方可提出申请移居国（境）外。违反有关规定获取国（境）外永久居留资格、长期居留许可的，应当给予撤销党内职务以上重处分。

一些党员干部存在违规取得外国国籍或者获取国（境）外永

久居留资格、长期居留许可的情况，这既是隐瞒个人有关事项，对党组织不忠诚不老实的表现，也为个别违纪违法党员干部外逃国（境）外创造了便利条件。因此，有必要对违反有关规定取得外国国籍或者获取国（境）外永久居留资格、长期居留许可的行为作出纪律处分。

【纪法适用】

1.《中国共产党纪律处分条例》第九十条：

违反有关规定取得外国国籍或者获取国（境）外永久居留资格、长期居留许可的，给予撤销党内职务、留党察看或者开除党籍处分。

2.《中华人民共和国公职人员政务处分法》第三十一条第二款：

违反规定取得外国国籍或者获取境外永久居留资格、长期居留许可的，予以撤职或者开除。

廉政提醒

LIANZHENG TIXING

公职人员违规取得外国国籍或者获取国（境）外永久居留资格、长期居留许可，无疑是严重的违规违纪行为。对此，任何党员干部、公职人员都不能抱着侥幸心理“暗度陈仓”。只有严格约束自己的行为，才能更好地履行好公职人员的义务，更好地为民众的福祉服务。

禁令 58

严禁违规办理因私出国（境）证件

【违纪案例】

王某，某市某局党组成员。王某未经组织允许，在办理因私护照时，隐瞒其党员干部的身份，顺利办理了护照。同年年底，其在个人有关事项报告中未填写持有因私护照的有关情况。

【禁令解析】

违规办理因私出国（境）证件行为，是指党和国家工作人员或者其他从事公务的人员中的党员违反有关规定，办理因私出国（境）证件或未经批准出入国（边）境的行为。

有的党员干部违规办理因私出国（境）证件，有的违反因私出国（境）证件管理规定，未经批准出入国（边）境，这些行为都是违反组织纪律的表现，必须加以纪律约束。本行为所称“违反有关规定”，主要是指违反 2003 年 1 月中央组织部、公安部、人事部《关于加强国家工作人员因私事出国（境）管理的暂行规定》，2004 年 12 月中央纪委、中央组织部、外交部、公安部、国家安全部、监察部、人事部、商务部《关于进一步加强党员干部出国（境）管理的通知》等规定。“因私出国（境）证件”，主要包括因私普通护照、内地居民往来港澳通行证、大陆居民往来台湾通行证等。“前往港澳通行证”，俗称“单程证”，一般是指由国家移民管理部门向申请前往港澳地区定居的内地公民签发的证件。党员干部经过批准，履行相关程序申请办理因私出国（境）证件过程中和办妥相关证件后，按照报告个人有关事项规定应当报告而未按规定报告的，应依据《中国共产党纪律处分条例》第八十一条规定处理。

【纪法适用】

1.《中国共产党纪律处分条例》第九十一条第一款：

违反有关规定办理因私出国（境）证件、前往港澳通行证，或者未经批准出入国（边）境，情节较轻的，给予警告或者严重警告处分；情节较重的，给予撤销党内职务或者留党察看处分；情节严重的，给予开除党籍处分。

2.《中华人民共和国公职人员政务处分法》第三十一条第一款：

违反规定出境或者办理因私出境证件的，予以记过或者记大过；情节严重的，予以降级或者撤职。

廉政提醒

LIANZHENG TIXING

对普通群众来说，如果有足够的资金和时间，只要符合条件，当然可以出国（境）旅游。党员干部、公职人员却不能随心所欲“想走就走”，必须遵守相关纪律和规矩。违规办理因私出国（境）证件或未经批准出入国（边）境的障眼法完全是掩耳盗铃自欺欺人，再能伪装也不可能不露馅，这样顶风违纪注定会有被问责的一天，广大公职人员切不可心存侥幸。

禁令 59

严禁因私出国擅自变更路线

【违纪案例】

曲某，中共党员，某市人社局科长。2024 年 2 月春节期间，曲某经组织批准前往澳大利亚旅游。在此期间，曲某擅自变更旅游路线，私自前往新西兰旅游，且未向组织报告，造成不良影响。

【禁令解析】

因私出国擅自变更路线行为，是指党员干部虽经批准因私出国（境）但存在擅自变更路线等超出批准范围出国（境）的行为。

近年来党员干部因私出国（境）旅游、购物、探亲、访友等情况日益增多。然而，个别党员干部认为因私出国（境）是自己的私事，并存在违规办理，违规持有因私出国（境）证件以及随意变更出国（境）时间、地点、事由，无正当理由超期未归等违规行为，最终为自己的“任性”付出代价。这些问题暴露出个别党员干部的纪律规矩、纪法意识淡漠。《中国共产党纪律处分条例》第九十一条规定，违反有关规定办理因私出国（境）证件、前往港澳通行证，或者未经批准出入国（边）境，情节较轻的，给予警告或者严重警告处分；情节较重的，给予撤销党内职务或者留党察看处分；情节严重的，给予开除党籍处分。虽经批准因私出国（境）但存在擅自变更路线、无正当理由超期未归等超出批准范围出国（境）行为，情节较重的，给予警告或者严重警告处分；情节严重的，给予撤销党内职务处分。

【纪法适用】

《中国共产党纪律处分条例》第九十一条第二款：

虽经批准因私出国（境）但存在擅自变更路线、无正当理由超期未归等超出批准范围出国（境）行为，情节较重的，给予警告或者严重警告处分；情节严重的，给予撤销党内职务处分。

廉政提醒

LIANZHENG TIXING

因私出国（境）需要经组织批准的党员，经批准后出现了需要变更路线、期限等超出批准范围的新情况新变化，应当及时向组织报告情况，这是对党员干部的组织纪律要求。然而，个别党员干部认为因私出国（境）是自己的私事，并存在违规办理，违规持有因私出国（境）证件以及随意变更出国（境）时间、地点、事由，无正当理由超期未归等违规行为，暴露出个别党员干部的纪律规矩、纪法意识淡漠。党员干部要切实增强组织观念，涉及对组织批准事项的调整和变更，该报告的必须履行报告义务。

禁令 60

严禁在国（境）外擅自脱离组织

【违纪案例】

郑某，中共党员，我国驻某国大使馆二等秘书。郑某的一位大学同学到该国洽谈生意，希望郑某陪同。郑某在未向大使馆请示报告情况下，擅自离开大使馆所在地，陪同同学在该国洽谈投资办厂事宜 10 天。此后，其同学决定在该国建立矿石加工厂，希望郑某来“主持大局”。郑某非常心动，多次向组织提出辞职请求，给大使馆造成了非常恶劣的影响。

【禁令解析】

在国（境）外擅自脱离组织行为，是指驻外机构或者临时出国（境）团（组）中的党员，在国（境）外期间，擅自脱离组织的行为。

“擅自脱离组织”，主要是指事前不向驻外机构或者临时出国（境）团（组）的党组织或者负责人请示报告，未经批准独自外出，单独行动，组织不知道其去向和所作所为。该行为主体是特殊主体，即“驻外机构或者临时出国（境）团（组）中的党员”和“从事外事、机要、军事等工作的党员”。本行为没有情节要求，只要有相应行为即给予党纪处分。

【纪法适用】

《中国共产党纪律处分条例》第九十二条：

驻外机构或者临时出国（境）团（组）中的党员擅自脱离组织，或者从事外事、机要、军事等工作的党员违反有关规定同国（境）外机构、人员联系和交往的，给予警告、严重警告或者撤销党内职务处分。

廉 政 提 醒

LIANZHENG TIXING

国（境）外的社会环境、文化背景、思维方式和风俗习惯等与国内有很大差别，情况也比较复杂。驻外机构或者临时出国（境）团（组）中的党员都要保持高度敏感，时刻注意自己的言行，严格按照组织决定安排活动，严禁擅自脱离组织的领导和管理。

禁令 61

严禁违规同国（境）外机构、人员联系和交往

【违纪案例】

张某，中共党员，某国家局工作人员。张某驻某国工作期间，未向主管部门请示报告，擅自离开驻地参加该国某公司为期3天的面试。面试结束后，张某向原单位申请提前退休，隐瞒了其参加某公司面试的情况，并在退休次日即与该公司签订了工作协议。

【禁令解析】

违规同国（境）外机构、人员联系和交往行为，是指从事外事、机要、军事等工作的党员，违反有关规定，同国（境）外机构、人员联系和交往的行为。

该行为规定的行为主体是特殊主体，即“从事外事、机要、军事等工作的党员”。而且，该行为没有情节要求，只要有相应行为即给予党纪处分。

【纪法适用】

《中国共产党纪律处分条例》第九十二条：

驻外机构或者临时出国（境）团（组）中的党员擅自脱离组织，或者从事外事、机要、军事等工作的党员违反有关规定同国（境）外机构、人员联系和交往的，给予警告、严重警告或者撤销党内职务处分。

廉 政 提 醒

LIANZHENG TIXING

从事外事、机要、军事等工作的党员，无论在国（境）内、外，如果需要与国（境）外机构、人员以各种方式联系和交往的，均需经过有关组织批准。未经批准，擅自进行上述联系和交往的，均属违反组织纪律的行为。

【廉洁纪律】

禁令 62

严禁以权为他人谋利、本人亲属或特定关系人收受财物

【违纪案例】

赵某，中共党员，某县分管文化体育工作的副县长。为发展县里体育事业、提高群众身体素质，县政府决定在县城修建一个大型体育馆。工程招投标阶段，赵某的同学、当地建筑老板钱某找到赵某，请其为自己承揽该项目提供便利，赵某碍于同学情面，答应帮忙。后钱某多次给赵某送去财物，但赵某考虑“风声紧、管得严”，皆予以拒绝。钱某在赵某不知情的情况下，给赵某的儿子赵小某送去 10 万元，赵小某收下且未告知赵某。

【禁令解析】

以权为他人谋利、本人亲属或特定关系人收受财物行为，是指党和国家工作人员或者其他从事公务的人员中的党员利用职权或者职务上的影响，为他人谋取利益，本人的亲属和其他特定关系人收受对方财物，不能证实本人知道，情节较重的行为。

从执纪审查情况看，一些党员干部利用职权或者职务上的影响为他人谋利，党员干部的亲属和特定关系人收受对方财物，党员干

部本人否认知情而无法认定受贿。按照党纪严于国法的要求，有必要在纪律范围内对此类行为作出限制性规定，以促使党员干部保持清正廉洁，加强对亲属和特定关系人的教育、约束和管理。

《中国共产党纪律处分条例》第九十四条以党员干部不知道亲属和其他特定关系人收受财物为前提。如果党员干部利用职权或者职务上的影响为他人谋利，且对其亲属和其他特定关系人收受对方财物行为知情，应当按照受贿论处，适用总则中纪法衔接条款处理。党员干部有第九十四条规定的行为，情节较重的，依据规定给予党纪处分；情节较轻的，党组织可以给予批评教育、诫勉或者组织处理等。

所谓“利用职权”，主要是指利用本人职务上主管、负责、承办某项公共事务的职权，也包括利用职务上有隶属、制约关系的其他人员的职权。“利用职务上的影响”，主要是指行为人与被其利用的人员之间在职务上虽然没有隶属、制约关系，但是行为人利用了本人职权或者地位产生的影响和一定的工作联系，如单位内不同部门的人员之间，上下级单位没有职务上隶属、制约关系的人员之间，有工作联系的不同单位的人员之间等。根据 2007 年中央纪委印发的《关于严格禁止利用职务上的便利谋取不正当利益的若干规定》，“特定关系人”，主要是指与本人有近亲属、情妇（夫）以及其他共同利益关系的人。

【纪法适用】

1.《中国共产党纪律处分条例》第九十四条第二款：

利用职权或者职务上的影响为他人谋取利益，本人的配偶、子女及其配偶等亲属和其他特定关系人收受对方财物，情节较重的，给予警告或者严重警告处分；情节严重的，给予撤销党内职务、留党察看或者开除党籍处分。

2.《中华人民共和国公职人员政务处分法》第三十三条第一款第二项：

有下列行为之一的，予以警告、记过或者记大过；情节较重的，予以降级或者撤职；情节严重的，予以开除：

（二）利用职权或者职务上的影响为本人或者他人谋取私利的。

廉政提醒

LIANZHENG TIXING

领导干部要对亲属子女严格教育、严格管理、严格监督，引导他们力戒特权思想和享乐思想，不行不义之举、不谋不义之财。党的纪律决不允许党员干部利用职权为所欲为，也不允许他们的身边人就此获益。权力是人民赋予的，严以用权，就要严格按规矩办事，并加强对身边人的严格教育、严格管理，任何时候都不能公权私用、以权谋私。

禁令 63

严禁搞权权交易

【违纪案例】

陈某，中共党员，在某省委常委周某的帮助下担任某石油集团公司总经理。陈某受周某之托，利用职权为他人在获得油气田区块合作开采权、天然气供应指标等事项上提供帮助，致使国家利益遭受特别重大损失。

【禁令解析】

搞权权交易行为，是指党和国家工作人员或者其他从事公务的人员中的党员相互利用职权或者职务上的影响为对方谋取利益的行为。

权为民所用，利为民所谋。党员干部应当公正用权、廉洁用权，决不能以权谋私。本行为重点强调权力交易，即相互利用权力为对方谋取利益，表现为：党员干部利用职权或者职务上的影响为对方或者对方的配偶、子女及其配偶等亲属、身边工作人员和其他特定关系人谋取利益，对方又利用自己的职权或职务上的影响为党员干部本人或者党员干部的配偶、子女及其配偶等亲属、身边工作人员和其他特定关系人谋取了利益，形成利益交换。

本行为强调双方均为故意，达成某种共识或者默契。主要包括两种情形：第一种情形是党员干部本人认识到并希望或者放任进行利益交换，为对方谋利后一般期待或者需求被谋利方利用职权或者职务上的影响为自己及亲属、身边工作人员和其他特定关系人谋取利益，对方与党员干部本人达成共识或者默契，同意为党员干部谋利；第二种情形是党员干部为他人谋取利益后，以此为理由进行利益交换，要求对方为自己及亲属、身边工作人员和其他特定关系人谋取利益。双方互相谋利的行为实质是通过各自权力的行使，达成一种利益交换。即使这种利益交换还没有完全发生，但只要是党员干部相互之间达成了共识和默契，也可依据《中国共产党纪律处分条例》第九十五条规定处理。

【纪法适用】

1.《中国共产党纪律处分条例》第九十五条：

相互利用职权或者职务上的影响为对方及其配偶、子女及其配偶等亲属、身边工作人员和其他特定关系人谋取利益搞权权交易的，给予警告或者严重警告处分；情节较重的，给予撤销党内职务或者留党察看处分；情节严重的，给予开除党籍处分。

2.《中华人民共和国公职人员政务处分法》第三十三条第一款第二项：

有下列行为之一的，予以警告、记过或者记大过；情节较重的，予以降级或者撤职；情节严重的，予以开除：

（二）利用职权或者职务上的影响为本人或者他人谋取私利的。

廉政提醒

LIANZHENG TIXING

权权交易具有很强的隐蔽性，特别是在选人用人方面的权权交易，产生的危害极大。作为党员干部，要拥有正确的权力观，切莫将公权力与私利混为一谈，在用权时必须坚持公私分明、不可越界，否则一旦因滥用职权造成不良影响，无论自己是否直接获利，均要受到严厉惩处。

禁令 64

严禁纵容、默许亲属和身边工作人员利用本人职权谋取私利

【违纪案例】

刘某，某市公安局党组副书记。刘某在任职期间，其儿子所在建筑公司利用刘某的职务影响力，成功中标并承接了市公安局指挥中心装修工程，刘某未予制止，其儿子获利100万元。

【禁令解析】

纵容、默许亲属和身边工作人员利用本人职权谋取私利行为，是指党和国家工作人员或者其他从事公务的人员中的党员纵容、默许亲属、身边工作人员和其他特定关系人利用本人职务便利谋取私利的行为。

“纵容”，主要是指党员干部对其亲属、身边工作人员和其他特定关系人利用本人职权或者职务上的影响谋取私利的行为放任不管，不加制止，任其发展的行为。“默许”，主要是指党员干部已经了解到亲属、身边工作人员和其他特定关系人在利用本人职权或者职务上的影响谋取私利，虽然没有明明白白地表示同意，但是暗示已经许可的行为。

【纪法适用】

1.《中国共产党纪律处分条例》第九十六条第一款：

纵容、默许配偶、子女及其配偶等亲属、身边工作人员和其他特定关系人利用党员干部本人职权或者职务上的影响谋取私利，情节较轻的，给予警告或者严重警告处分；情节较重的，给予撤销党内职务或者留党察看处分；情节严重的，给予开除党籍处分。

2.《中华人民共和国公职人员政务处分法》第三十三条第一款第三项：

有下列行为之一的，予以警告、记过或者记大过；情节较重的，予以降级或者撤职；情节严重的，予以开除：

（三）纵容、默许特定关系人利用本人职权或者职务上的影响谋取私利的。

廉政提醒

LIANZHENG TIXING

党员干部不仅要自身过得硬，还要管好亲属和身边工作人员，决不允许他们擅权干政、谋取私利，不得默许他们利用特殊身份谋取非法利益。党纪法规严禁党员干部和公职人员利用职权或职务上的影响谋取私利，也不允许其纵容、默许特定关系人捞取好处，这是对他们提出的一个更高的要求，不仅要自身过得硬，还要管好身边人。大家一定要牢记这条禁令，切莫触碰红线。

禁令 65

严禁不纠正特定关系人挂名领薪

【违纪案例】

赵某，中共党员，某县县长。2019 年 1 月，赵某妻子对赵某说，该县国企总经理万某邀请自己到该国企挂名做出纳，并不实际工作，每月领取 2600 元薪酬。赵某未加制止。后来，其妻因该问题被举报，赵某也未予以纠正。

【禁令解析】

不纠正特定关系人挂名领薪行为，是指党员干部明知其亲属和其他特定关系人挂名领取薪酬或者超标准领取薪酬，而未予纠正的行为。

党员干部纵容亲属和其他特定关系人“吃空饷”，造成国家财政资金的损失，损害政府公信力，必须严肃问责。

【纪法适用】

1.《中国共产党纪律处分条例》第九十六条：

纵容、默许配偶、子女及其配偶等亲属、身边工作人员和其他特定关系人利用党员干部本人职权或者职务上的影响谋取私利，情节较轻的，给予警告或者严重警告处分；情节较重的，给予撤销党内职务或者留党察看处分；情节严重的，给予开除党籍处分。

党员干部的配偶、子女及其配偶等亲属和其他特定关系人不实际工作而获取薪酬或者虽实际工作但领取明显超出同职级标准薪酬，党员干部知情未予纠正的，依照前款规定处理。

2.《中华人民共和国公职人员政务处分法》第三十三条第一款第三项：

有下列行为之一的，予以警告、记过或者记大过；情节较重的，予以降级或者撤职；情节严重的，予以开除：

（三）纵容、默许特定关系人利用本人职权或者职务上的影响谋取私利的。

廉 政 提 醒

LIANZHENG TIXING

纵容亲属“吃空饷”，在以往落马贪官的通报中并不罕见。“吃空饷”人员不上班，照领工资，造成国家财政资金损失，损害政府公信力。从最终结果看，所“吃空饷”不仅被收缴，纵容者还要受到处分处理，得不偿失。盘算着“吃空饷”“放空饷”的人，应该好好算算这笔账。

禁令 66

严禁违规收受礼品、礼金

【违纪案例】

肖某，中共党员，某县人民法院法官。2019 年 8 月，肖某在一家理发店理发时，理发店老板得知其是自己借款纠纷案的主审法官，便将一张充值 5000 元的理发店会员卡送给肖某，肖某未拒绝。之后依法对肖某进行了裁判。

【禁令解析】

违规收受礼品、礼金行为，是指党和国家工作人员或者其他从事公务的人员中的党员收受可能影响公正执行公务的礼品、礼金、消费卡（券）和有价证券、股权、其他金融产品等财物的行为。

收受礼品礼金，有人认为这些小小不言、无伤大雅，其实也属于不正之风的范畴，目的是为了投桃报李。从近年来执纪审查情况看，违规受礼问题仍需及时纠正，防止受礼行为逐步发展为权钱交易的受贿行为。

《中国共产党纪律处分条例》第九十七条分两款。第一款规定的是收受可能影响公正执行公务的礼品、礼金、消费卡（券）和有价证券、股权、其他金融产品等财物的行为。“可能影响公正执行公务”，主要是指与执行公务相关联、与公正执行公务相冲突，既包括管理和服务对象所赠，也包括主管范围内的下属单位和个人所赠，还包括其工作业务范围内外商、私营企业主所赠，以及其他与行使职权有关系的单位和个人所赠。例如，下级向上级、工作对象向主管部门工作人员、办理公务过程中向工作人员、向领导干部家属赠送等。“财物”，主要包括货币、物品和财产性利益。财产性利益包括可以折算为货币的物质利益，如房屋装修、债务免除等，以及需要支付货币的其他利益，如会员服务、旅游等。这里所说的“可能”，主要是指预防性，即具有影响公正执行公务的可能性，就应当禁止，而不能等到已经产生了影响公正执行公务的后果才去处理。至于是否可能影响公正执行公务，要根据实际情况由党组织认定，不能依据当事人的判断。

第二款规定的是收受其他明显超出正常礼尚往来的财物的行为，即虽然与公正执行公务无关，但明显超出正常礼尚往来。“明显超出正常礼尚往来”，主要是指明显超出当地经济发展、生活水平、风俗习惯、个人经济能力以及一般的、正常的礼节性的有来有往。

【纪法适用】

1.《中国共产党纪律处分条例》第九十七条：

收受可能影响公正执行公务的礼品、礼金、消费卡（券）和有价证券、股权、其他金融产品等财物，情节较轻的，给予警告或者严重警告处分；情节较重的，给予撤销党内职务或者留党察看处分；情节严重的，给予开除党籍处分。

收受其他明显超出正常礼尚往来的财物的，依照前款规定处理。

2.《中华人民共和国公职人员政务处分法》第三十四条第一款：

收受可能影响公正行使公权力的礼品、礼金、有价证券等财物的，予以警告、记过或者记大过；情节较重的，予以降级或者撤职；情节严重的，予以开除。

廉政提醒

LIANZHENG TIXING

礼尚往来本是一种传统的人际交往和情感沟通方式，但如果掺入了公权和私利，“礼尚往来”就变成了“利尚往来”。许多腐败分子都是从接受礼金开始，聚敛大量钱财，走上严重违法犯罪道路的。因此，党员干部、公职人员应当谨记，对可能影响公正执行公务的礼品、礼金、消费卡（券）等一律不能收。

禁令 67

严禁违规向从事公务的人员及其亲属送礼

【违纪案例】

徐某，某市审计局党组书记。2020 年 3 月，徐某在操办儿子婚宴过程时按规定向组织备案。婚宴当天，辖区内 2 个局下属单位科长送给徐某礼金共计 1 万元。徐某事后既未退回礼金，也未向组织报告这个情况。

【禁令解析】

违规向从事公务的人员及其亲属送礼行为，是指向公务人员及其亲属和其他特定关系人赠送明显超出正常礼尚往来的礼品、礼金、消费卡（券）和有价证券、股权、其他金融产品等财物，情节较重的行为。

没有“送”就没有“收”。一些人之所以向公务人员赠送礼品、礼金、消费卡（券）和有价证券、股权、其他金融产品等财物，必然是有所求、有所图，即使不是立即要求回报也有可能为满足日后某种需求，即存在影响公正执行公务的可能性。

《中国共产党纪律处分条例》第九十八条适用于全体党员，表现为党员主动向从事公务的人员及其配偶、子女及其配偶等亲属和其他特定关系人赠送明显超出正常礼尚往来的礼品、礼金、消费卡（券）和有价证券、股权、其他金融产品等财物的行为。该条明确列举的是“礼品、礼金、消费卡（券）和有价证券、股权、其他金融产品等财物”，具体形式不限于列举出的上述内容，列举上述内容是因为这些较为普遍、突出，用“财物”进行概括，即包括货币、物品和财产性利益。该条不以谋取利益为必要条件，即不管受礼方是否为送礼方谋取利益，只要进行了送礼行为，且超出正常礼尚往来，就有可能构成本行为。

【纪法适用】

1.《中国共产党纪律处分条例》第九十八条第一款：

向从事公务的人员及其配偶、子女及其配偶等亲属和其他特定关系人赠送明显超出正常礼尚往来的礼品、礼金、消费卡（券）和有价证券、股权、其他金融产品等财物，情节较重的，给予警告或者严重警告处分；情节严重的，给予撤销党内职务或者留党察看处分。

2.《中华人民共和国公职人员政务处分法》第三十四条第二款：

向公职人员及其特定关系人赠送可能影响公正行使公权力的礼品、礼金、有价证券等财物，或者接受、提供可能影响公正行使公权力的宴请、旅游、健身、娱乐等活动安排，情节较重的，予以警告、记过或者记大过；情节严重的，予以降级或者撤职。

廉政提醒

在日常生活中，即使亲朋好友之间的礼品、礼金往来，也须符合常理，讲究往来有度。对明显超出正常礼尚往来的礼品、礼金，党员干部、公职人员要格外小心谨慎，不能向公务人员及其亲属赠送，否则就会受到党纪追究。

禁令 68

严禁以讲课费、课题费等名义变相送礼

【违纪案例】

齐某，中共党员，某市职业技术学院院长。2024年2月以来，为与该市教育局副局长张某搞好关系，齐某以学习新政策为由，多次邀请张某到该学院进行“内部授课”，并使用该学院公款以讲课费名义累计送给张某共计5万余元。

【禁令解析】

以讲课费、课题费、咨询费等名义变相送礼行为，是指以讲课费、课题费、咨询费、服务费等形式变相送礼，以达到利益输送的目的，情节较重的行为。

党的十八大以来，党中央持之以恒纠“四风”树新风，取得显著成效，同时从近年来监督执纪情况看，顶风违纪现象仍时有发生，隐形变异行为潜滋暗长。针对这一现象，《中国共产党纪律处

分条例》在廉洁纪律方面，完善违反中央八项规定精神行为的处分规定，增写以讲课费、课题费、咨询费等名义变相送礼的处分条款。纪检监察机关应密切关注新动向新表现，坚决查处隐形变异问题。当前，面上“四风”问题得到有效遏制，但转入地下的隐形问题、借助新手段的变异问题，值得高度关注，有的以讲课费、课题费、咨询费等名义变相送礼、拉关系，看似有了合理“由头”，但其本质不变。“四风”问题隐形变异，“变”的是手法，“隐”的是目的，本质是忘记初心使命、滥用公权力。增强高压震慑威力，持续加大查处和曝光力度，对隐形变异的“四风”问题一律点名道姓、通报曝光，既曝光案情也曝光手法，坚决防止隐形变异问题滋生蔓延、由暗转明。《中国共产党纪律处分条例》第九十八条规定，以讲课费、课题费、咨询费等名义变相送礼的，情节较重的，给予警告或者严重警告处分；情节严重的，给予撤销党内职务或者留党察看处分。

【纪法适用】

《中国共产党纪律处分条例》第九十八条：

向从事公务的人员及其配偶、子女及其配偶等亲属和其他特定关系人赠送明显超出正常礼尚往来的礼品、礼金、消费卡（券）和有价证券、股权、其他金融产品等财物，情节较重的，给予警告或者严重警告处分；情节严重的，给予撤销党内职务或者留党察看处分。

以讲课费、课题费、咨询费等名义变相送礼的，依照前款规定处理。

廉政提醒

LIANZHENG TIXING

纠治“四风”既是面对面的攻坚战，也是手掰手的拉锯战。持续高压之下，“四风”问题穿上“隐身衣”、躲进“青纱帐”、转入“游击战”，发现难、定性难、查处难并存，防止隐形、变异、升级，成为当前纠治“四风”的重点难点。要加大分析研判，把握规律特点，针对不同地区、不同部门、不同层级特点，及时发现隐形变异的新情况新问题新动向，练就精准识别的“火眼金睛”，揭开“四风”“隐身衣”。创新监督方式方法，增强监督治理效能，建立健全纪检监察机关与市场监管、税务、财政等职能部门的协作配合机制，探索运用大数据等现代信息技术，祛除“四风”“障眼法”。

禁令 69

严禁向管理和服务对象借款借物

【违纪案例】

柳某，中共党员，某区副区长。2019 年 1 月，柳某以工作繁忙、公车接待不方便为由，向其所辖业务范围内的某工程公司借车使用。该公司遂购置了一辆帕萨特，供柳某个人长期使用。

【禁令解析】

向管理和服务对象借款借物行为，是指党和国家工作人员或者其他从事公务的人员中的党员借用管理和服务对象钱物，可能影响公正执行公务，情节较重的行为。

从党的十八大以来查处的典型案例看，借用管理和服务对象的钱款、住房、车辆和通过民间借贷等金融活动获取大额回报问题比较突出，影响恶劣，侵害了党员职务行为的廉洁性，导致权力滥用，或者引发权钱交易。一些党员领导干部经常打着“借用”的旗号，违规借用、占用下属单位或企业、管理对象的钱款、住房、车辆等，更有甚者，通过民间借贷大肆获取利益变相受贿，并堂而皇之地认为这些都不是大问题，不属于违纪。比如，有的长期借用私营企业主住房；有的长期借用私营企业主高档汽车；有的通过向私营企业主放贷等方式获取大额收益。世上没有无缘无故的示好，本行为实际上出借的是手中的权力，本质是公权的异化和滥用。

党员借用管理和服务对象的钱款、住房、车辆等，可能影响公正执行公务的行为，以“借用”为前提，有归还的本意，并没有占有的故意。本行为达到情节较重的，给予党纪处分；对于情节较轻的，应当给予批评教育、诫勉或者组织处理等。

【纪法适用】

《中国共产党纪律处分条例》第九十九条第一款：

借用管理和服务对象的钱款、住房、车辆等，可能影响公正执行公务，情节较重的，给予警告或者严重警告处分；情节严重的，给予撤销党内职务、留党察看或者开除党籍处分。

廉政提醒

LIANZHENG TIXING

党员干部向管理和服务对象违规借用财物，其实质是利用公权力谋取私利。该行为必然损害党和政府的形象，损坏营商环境。因此，党员干部、公职人员要从更深层次理解纪律的本质，保持廉洁从政的作风，做到知行合一、明纪慎独，坚决杜绝此类违规违纪行为的发生。

禁令 70

严禁通过民间借贷获取大额回报

【违纪案例】

李某，某市园林绿化部门党组成员、主管工程建设的副局长。林某长期承揽该局的园林绿化、基础设施、水电安装等工程，在日常施工中，林某经常受到李某的照顾。2018年5月，林某因建设资金紧张，向李某借款100万元，用于购买正在建设的某公园基础设施材料等。2018年11月初，该市园林绿化局与林某结算工程款。之后几天，林某向李某还款131万元。

【禁令解析】

通过民间借贷获取大额回报行为，是指党和国家机关工作人员或者其他从事公务的人员中的党员通过民间借贷等金融活动获取大额回报，可能影响公正执行公务，情节较重的行为。

民间借贷，是指自然人、法人、其他组织之间及其相互之间进行资金融通的行为。国家鼓励正常的民间借贷行为，并规定民间借贷的利率可以适当高于银行的利率，但最高不得超过银行同类贷款利率的四倍。2020年修改的《最高人民法院关于审理民间借贷案件适用法律若干问题的规定》第二十五条也明确规定，出借人请求借款人按照合同约定利率支付利息的，人民法院应予支持，但是双方约定的利率超过合同成立时一年期贷款市场报价利率四倍的除外。前款所称“一年期贷款市场报价利率”，是指中国人民银行授权全国银行间同业拆借中心自 2019 年 8 月 20 日起每月发布的一年期贷款市场报价利率。

党员领导干部参与正常的民间借贷等金融活动，并不违纪。但是，当前一些党员领导干部违规参与民间借贷，有的违规借贷资金巨大，有的利用职权或职务上的影响为被借贷人谋利，有的打着民间借贷的幌子，搞行贿受贿。现实中，必须严格区分有关行为性质，严厉惩治其中的违纪违法行为。

【纪法适用】

《中国共产党纪律处分条例》第九十九条：

借用管理和服务对象的钱款、住房、车辆等，可能影响公正执行公务，情节较重的，给予警告或者严重警告处分；情节严重的，给予撤销党内职务、留党察看或者开除党籍处分。

通过民间借贷等金融活动获取大额回报，可能影响公正执行公务的，依照前款规定处理。

廉政提醒

LIANZHENG TIXING

党员干部参与正常的民间借贷活动并获取相应利息，属于依法应受保护的民事行为，并不违规违纪。但是，从查处的典型案例来看，一些党员领导干部违规通过民间借贷等金融活动获取大额回报（高利放贷）问题比较突出。而这些违规行为，表象上看是正常公务或民事行为，但本质是以权谋私，严重影响了公权力的正确行使，侵害了党员职务行为的廉洁性，在干部群众中造成了不良影响。因此，通过民间借贷获取大额回报的行为绝非某些党员干部自认为的“小事情”，而是轻则违纪、重则违法犯罪的“大问题”。

禁令 71

严禁利用职权或职务影响操办婚丧喜庆事宜

【违纪案例】

魏某，某镇党委委员。魏某为儿子举办婚礼，邀请了村私营企业主等2名管理服务对象参加，收受上述人员3万元礼金。

【禁令解析】

利用职权或职务影响操办婚丧喜庆事宜行为，是指党和国家工作人员或者其他从事公务的人员中的党员，利用职权或者职务上的影响操办婚丧喜庆事宜，在社会上造成不良影响的行为。

婚丧喜庆事宜本是日常生活中的人之常情，但有些党员利用职权或者职务上的影响大操大办婚丧喜庆事宜，在社会上造成了较为恶劣的影响，不但影响正常工作，甚至有的还成为借机敛财的手段。

本行为必须以利用职权或者职务上的影响为前提，表现为党员操办婚丧喜庆事宜在社会上造成不良影响，或者有借机敛财的行为，或者侵犯国家、集体和人民利益的行为。“婚丧喜庆事宜”，主要是指生儿育女、结婚嫁娶、悼亡发丧、落成开业、庆祝生日、升学庆贺、乔迁新居、庆典贺礼等各类喜事、丧事。“在社会上造成不良影响”，需要参照当地经济发展、人民生活水平、风俗习惯、当时当地情况条件、群众反映和社会影响等许多因素综合分析判断。“借机敛财”，是一个定性问题，不是定量问题，不是必须达到多少金额才是“借机敛财”。借机敛财行为主观目的是为了敛取钱财，将操办婚丧喜庆事宜作为一种手段。只要是利用职权或者职务上的影响借操办婚丧喜庆事宜之机敛到钱财，不论多少都是违纪。

党员给孩子过生日、给父母祝寿摆酒席等，没有利用职务或者职务上的影响的，不宜认定为本行为；如果场面特别宏大，大操大办、讲排场、比阔气、招摇过市、拼奢华、铺张浪费，造成不良影响的，可以按照违反生活纪律相关条款处理。

【纪法适用】

《中国共产党纪律处分条例》第一百条：

利用职权或者职务上的影响操办婚丧喜庆事宜，造成不良影响的，给予警告或者严重警告处分；情节严重的，给予撤销党内职务处分；借机敛财或者有其他侵犯国家、集体和人民利益行为的，从重或者加重处分，直至开除党籍。

廉政提醒

LIANZHENG TIXING

禁止党员干部利用职权或者职务上的影响操办婚丧喜庆事宜，借机敛财，或者有其他侵犯国家、集体和人民利益的行为，并不是禁止传统民俗。党员干部必须明确自己的一言一行、一举一动都代表着党和政府在人民群众心目中的形象，必须严格遵守党的各项纪律规定，厘清民俗与党纪的界限、划清公与私的边界，严守底线，在操办婚丧喜庆事宜中崇俭拒腐，自觉养成良好作风。

禁令 72

严禁违规接受宴请及旅游、健身、娱乐等活动安排

【违纪案例】

靳某，中共党员，某市住建局局长。其与本市房地产老板李某常以“哥们儿”相称，经常接受李某邀请参加“家宴”，造成不良社会影响。

【禁令解析】

违规接受宴请及旅游、健身、娱乐等活动安排行为，是指党和国家工作人员或者其他从事公务的人员中的党员，接受可能影响公正执行公务的宴请、旅游、健身、娱乐等活动，情节较重的行为。

党的十八大以来，各级党组织认真落实中央八项规定精神，但“四风”反弹回潮隐患犹存。习近平总书记指出，“四风”问题只是表象，根本是背离了党性，丢掉了宗旨。针对党的十八大以来查处的违反中央八项规定精神问题的突出表现，接受私营企业主、下属等管理和服务对象的宴请问题较为突出，有必要进一步约束和从严。

《中国共产党纪律处分条例》第一百零一条规定的是接受对方安排的可能影响公正执行公务的宴请或者旅游、健身、娱乐等活动安排的行为，或者是为他人提供了可能影响公正执行公务的宴请或

者旅游、健身、娱乐等各种活动安排的行为。该条强调的是可能影响公正执行公务，破坏的是职务行为的廉洁性。“宴请”，包括在公务交往中的宴请和非公务交往中的宴请。“可能影响公正执行公务的宴请或者旅游、健身、娱乐等活动安排”，主要是指与执行公务相关联、与公正执行公务相冲突的宴请以及旅游、健身、娱乐等活动安排。接受这些活动安排，就有可能影响公正执行公务。

【纪法适用】

《中国共产党纪律处分条例》第一百零一条：

接受、提供可能影响公正执行公务的宴请或者旅游、健身、娱乐等活动安排，情节较重的，给予警告或者严重警告处分；情节严重的，给予撤销党内职务或者留党察看处分。

廉政提醒

LIANZHENG TIXING

俗话说“吃人家的嘴软，拿人家的手短”，党员干部、公职人员接受了人家的好处，往往就要满足对方的要求。这种具有目的性和交易性的交往，逐渐腐蚀党员干部的思想，松动廉洁自律的“阀门”，引发违纪违法甚至犯罪行为，党员干部、公职人员都要绷紧纪律之弦，警惕打着各种旗号的宴请、活动安排，管住嘴、管住手，更要管住心，切莫踩党纪条规红线。

禁令 73

严禁违规取得、持有、使用各种消费卡（券）

【违纪案例】

林某，中共党员，某市副市长。2019 年 5 月，某高尔夫俱乐部老板李某在林某不知情的情况下，将一张高尔夫俱乐部会员卡塞进林某公文包，林某发现后使用该会员卡打了一次高尔夫球，后林某再未使用此卡。

【禁令解析】

违规取得、持有、使用各种消费卡（券）行为，是指党和国家工作人员或者其他从事公务的人员中的党员违反有关规定，取得、持有、实际使用消费卡（券），情节较重的行为。

党员干部腐化变质、违法犯罪，多是从小的生活问题、违反中央八项规定精神开始的。“消费卡”，主要是指能够消费的各种形式的购物卡、消费券、礼券等代币卡。要注意《中国共产党纪律处分条例》第一百零二条与第九十七条的区分，第九十七条规定收受消费卡（券）行为包括可能影响公正执行公务的消费卡（券），或者虽不影响公正执行公务但明显超出正常礼尚往来的财物中的消费卡（券）。如果有规定要求不能取得、持有，即使是正常礼尚往来收到的消费卡（券），也属于违反第九十三条规定的行为。

【纪法适用】

《中国共产党纪律处分条例》第一百零二条：

违反有关规定取得、持有、实际使用运动健身卡、会所和俱乐部会员卡、高尔夫球卡等各种消费卡（券），或者违反有关规定出入私人会所，情节较重的，给予警告或者严重警告处分；情节严重的，给予撤销党内职务或者留党察看处分。

廉政提醒

LIANZHENG TIXING

党员干部腐化变质、违法犯罪，多是从违反中央八项规定精神开始的。对党员干部、公职人员来说，取得各类消费卡（券）极易成为权钱交易的媒介、滋生“四风”和腐败问题的温床，必须保持高度警惕，时刻挺纪在前，杜绝此类违规违纪行为。

禁令 74

严禁违规出入私人会所

【违纪案例】

高某，中共党员，某市委副书记、市长。某私营企业主丁某的公司在该市租赁了一幢别墅，该别墅装修豪华，专门聘请厨师、服务人员，并设有 KTV、影音室等娱乐设施，仅供宴请领导、客户使用，不对外经营。高某多次在该别墅内接受丁某安排的宴请及娱乐等活动。

【禁令解析】

违规出入私人会所行为，是指党和国家工作人员或者其他从事公务的人员中的党员违反有关规定，出入私人会所，情节较重的行为。

党中央之所以下大力气狠抓私人会所歪风，关键就在于私人会所容易滋生各类腐败问题，比如公款吃喝、权钱交易等。按照党中央关于全面从严治党和落实中央八项规定精神的要求，严禁违规出入私人会所行为。“违反有关规定”，主要是指违反《关于在党的群众路线教育实践活动中严肃整治“会所中的歪风”的通知》《关于进一步整治“会所中的歪风”的通知》等中央和省级党委制定的相关制度规定。

【纪法适用】

《中国共产党纪律处分条例》第一百零二条：

违反有关规定取得、持有、实际使用运动健身卡、会所和俱乐部会员卡、高尔夫球卡等各种消费卡（券），或者违反有关规定出入私人会所，情节较重的，给予警告或者严重警告处分；情节严重的，给予撤销党内职务或者留党察看处分。

廉政提醒

LIANZHENG TIXING

从近年来查处的腐败案件来看，党员干部、公职人员违规出入私人会所吃喝玩乐，享受高档消费和服务，甚至搞权权交易、权钱交易、权色交易现象并不鲜见。党员干部应从厚植党执政的政治基础的高度，认识加强作风建设的重大意义，自觉遵守中央八项规定精神，以永远在路上的决心和韧劲，坚决抵制违规出入私人会所等“四风”问题。

禁令 75

严禁违规从事或者参与营利性活动

【违纪案例】

李某，中共党员，某镇副镇长。李某在该镇山塘整治工程中，接受承包方邀请，帮助承包方制订实施方案、负责现场管理等，承包方向其支付 3 万元劳务费。

【禁令解析】

违规从事或者参与营利性活动行为，是指党和国家工作人员或者其他从事公务的人员中的党员违反有关规定，从事或参与营利性活动的行为。

《中国共产党纪律处分条例》第一百零三条第一款规定的是违反规定从事营利活动的行为，具体可分为六项。针对的是依照规定不允许个人从事营利活动的具有特定身份的党员，不同身份党员限制不同。比如，公务员中的党员根据《中华人民共和国公务员法》的规定一律不允许经商办企业，但是国有企业中的领导人员，则不得违反《国有企业领导人员廉洁从业若干规定》的相关具体规定。

第一款第一项规定的是违反有关规定经商办企业的行为。所谓“经商办企业”，主要是指经营商业、兴办企业，其形式主要有：个人独资经商办企业，与他人合资、合股、合作、合伙经商办企业，私自以承包、租赁、受聘等方式经商办企业等。经商办企业的主观目的是获取经济利益或者利润，而不论经商办企业的客观结果是否营利。关于经商办企业，中央发布了一系列规定：1986 年 2 月中共中央、国务院《关于进一步制止党政机关和党政干部经商、办企业的规定》、1988 年 10 月中共中央办公厅、国务院办公厅《关于县以上党和国家机关退（离）休干部经商办企业问题的若干规定》、1992 年 6 月中共中央办公厅、国务院办公厅《关于党政机关兴办经济实体和党政机关干部从事经营活动问题的通知》等。

第一款第二项规定的是违反有关规定拥有非上市公司（企业）的股份或者证券的行为。拥有非上市公司（企业）的股份或者证券，一般来说，本质上属于经商办企业。

第一款第三项规定的是违反有关规定买卖股票或者进行其他证券投资的行为。关于买卖股票问题，2001 年 4 月，中共中央办公厅、国务院办公厅印发了《关于党政机关工作人员个人证券投资行为若干规定》。该规定第三条规定："党政机关工作人员个人可以买卖股票和证券投资基金。在买卖股票和证券投资基金时，应当遵守有关法律、法规的规定，严禁下列行为：（一）利用职权、职务上的影响或者采取其他不正当手段，索取或者强行买卖股票、索取或者倒卖认股权证；（二）利用内幕信息直接或者间接买卖股票和证券投资基金，或者向他人提出买卖股票和证券投资基金的建议；（三）买卖或者借他人名义持有、买卖其直接业务管辖范围内的上市公司的股票；（四）借用本单位的公款，或者借用管理和服务对象的资金，或者借用主管范围内的下属单位和个人的资金，或者借用其他与其行使职权有关系的单位和个人的资金，购买股票和证券投资基金；（五）以单位名义集资买卖股票和证券投资基金；（六）利用工作时间、办公设施买卖股票和证券投资基金；（七）其他违反《中华人民共和国证券法》和相关法律、法规的行为。"同时还规定了几类人员不得买卖股票：（1）上市公司的主管部门以及上市公司的国有控股单位的主管部门中掌握内幕信息的人员及其父母、配偶、子女及其配偶，不准买卖上述主管部门所管理的上市公司的股票。（2）国务院证券监督管理机构及其派出机构、证券交易所和期货交易所的工作人员及其父母、配偶、子女及其配偶，不准买卖股票。（3）本人的父母、配偶、子女及其配偶在证券公司、基金管理公司任职的，或者在由国务院证券监督管理机构授予证券期货从业资格的会计（审计）师事务所、律师事务所、投资咨询机构、资产评估机构、资信评估机构任职的，该党政机关工作人员不得买卖与上述机构有业务关系的上市公司的股票。（4）掌握内幕信息的党政机关工作人员，在离开岗位三个月内，继续受本规定的约束。由于新任职务而掌握内幕信息的党政机关工作人员，在任职前已持有的股票和证券投资基金必须在任职后一个月内作出处理，不得继续持有。

第一款第四项规定的是违反有关规定从事有偿中介活动的行为。有的党员干部虽未直接经商办企业，但利用职权和工作之便，从事有偿中介活动，居间牟利。这会扰乱市场经济秩序，影响党员干部秉公办事、秉公执法，诱发以权谋私、权钱交易，应当予以党纪责任追究。

第一款第五项规定的是违反有关规定在国（境）外注册公司或者投资入股的行为。“在国（境）外注册公司或者投资入股”，主要是指在国（境）外经办商业或者其他企业、从事商业或者其他经营活动等。本项所称“在国（境）外投资入股”，一般是指在国（境）外以个人入股的形式经办企业、从事商业或者其他经营活动等。某些掌握一定职权的党员领导干部，为了规避党和国家关于禁止党员领导干部经商办企业的规定，到国外去注册公司或者投资入股，以获取个人利益，对此必须予以党纪责任追究。

第一款第六项规定的是有其他违反有关规定从事营利活动的行

为，这是违反规定从事营利活动的兜底条款。

第二款规定的是党员利用参与企业重组改制、定向增发、兼并投资、土地使用权出让等工作中掌握的信息买卖股票的行为，或者党员利用职权或职务上的影响通过购买信托产品、基金等方式非正常获利的行为。这是针对新问题、新情况作出的新规定，是从党的十八大以来查处的典型违纪案例中总结出来的。比如，有的长期利用职权或职务上的影响进行经商营利活动；有的长期“亦官亦商”，大肆攫取巨额经济利益，违规从事投资经营等活动，特别是利用自己在管理、审批过程中掌握的大量信息（管理信息），买卖股票。如果构成刑法规定的内幕交易罪、利用未公开信息交易罪的，适用总则中纪法衔接条款处理。

第三款规定的是党员有违反有关规定在经济组织、社会组织等单位中兼职，或者经批准兼职但获取薪酬、奖金、津贴等额外利益的行为。党员违反规定兼职，使其可能利用职权或者工作之便，通过兼职化公为私、损公肥私、以权谋私、权钱交易，导致腐败现象的发生。同时，党员违反规定兼职，参与经营活动，也导致经济组织间的不平等竞争，扰乱经济秩序，妨碍改革和经济建设。因此，党中央、国务院多年来三令五申禁止党政干部在经济组织中兼职或兼职取酬，多次发文重申或进一步明确：党政机关干部不准在各类经济组织中兼职（包括名誉职务）；个别经批准兼职的，不得领取任何报酬。1989 年 2 月中共中央办公厅、国务院办公厅印发的《关于清理党和国家机关干部在公司（企业）兼职有关问题的通知》明确要求对国家机关干部在企业兼职的行为进行清理。1998 年 7 月中共中央办公厅、国务院办公厅印发的《关于党政机关领导干部不兼任社会团体领导职务的通知》，2008 年 4 月中央纪委、中央组织部印发的《关于退出现职、接近或者达到退休年龄的党政领导干部在企业兼职、任职有关问题的意见》等规定对党政领导干部在社会团体和企业兼职问题作了明确规定。这里所称的“经济组织”和“社会组织”，包括各种类型的企业（公司）、事业单位、行业组织、中介机构、社会团体等。本行为中所称的“兼职，或者经批准兼职但获取薪酬、奖金、津贴等额外利益”，主要是指党员未经批准在各类经济组织、社会组织中兼职（包括名誉职务）的，以及经批准兼职但违反规定领取报酬的。这里所说的“额外利益”，一般包括顾问费、咨询费等各种名目的酬金。

【纪法适用】

1.《中国共产党纪律处分条例》第一百零三条：

违反有关规定从事营利活动，有下列行为之一，情节较轻的，给予警告或者严重警告处分；情节较重的，给予撤销党内职务或者留党察看处分；情节严重的，给予开除党籍处分：

（一）经商办企业；

（二）拥有非上市公司（企业）的股份或者证券；

（三）买卖股票或者进行其他证券投资；

（四）从事有偿中介活动；

（五）在国（境）外注册公司或者投资入股；

（六）其他违反有关规定从事营利活动的行为。

利用参与企业重组改制、定向增发、兼并投资、土地使用权出让等工作中掌握的信息买卖股票，利用职权或者职务上的影响通过购买信托产品、基金等方式非正常获利的，依照前款规定处理。

违反有关规定在经济组织、社会组织等单位中兼职，或者经批准兼职但获取薪酬、奖金、津贴等额外利益的，依照第一款规定处理。

2.《中华人民共和国公职人员政务处分法》第三十六条：

违反规定从事或者参与营利性活动，或者违反规定兼任职务、领取报酬的，予以警告、记过或者记大过；情节较重的，予以降级或者撤职；情节严重的，予以开除。

廉政提醒

LIANZHENG TIXING

党员干部、公职人员违规从事或者参与营利性活动，尽管表现的形态各不相同，但其基本特征都是利用公权力影响，谋取经济利益，使公权变成谋私的手段，损害了党和政府的形象。对此，广大党员干部、公职人员务必要端正思想认识，保持清醒头脑，切实引以为戒，自觉廉洁从政。

禁令 76

严禁利用职权为特定关系人在审批监管、资源开发等方面谋利

【违纪案例】

刘某，中共党员，某市水利局农村水利科科长。刘某利用职权为妻子所经营的公司谋取利益，明知其妻子的公司不能在自己工作的辖区内承接水利工程项目业务，却不纠正、不制止，还利用职务上的影响帮助妻子的公司承揽自己业务范围内的农村小型水利工程项目谋取利益，在督查验收工作中也未主动回避，被市纪委给予党内严重警告处分。

【禁令解析】

利用职权为特定关系人在审批监管、资源开发等方面谋利行为，是指党和国家工作人员或者其他从事公务的人员中的党员利用职务便利为亲属和其他特定关系人在资源开发等方面谋利的行为。

《关于新形势下党内政治生活的若干准则》明确要求领导干部禁止利用职权或影响力为家属亲友谋求特殊照顾。由于党和国家禁止党政干部经商办企业，有的党政干部就搞“下有对策”，由其亲属和特定关系人出面经商办企业，党员干部利用手中的职权，为其配偶、子女及其配偶等亲属和其他特定关系人在场所、设备、营业执照、资金、资源、货源、销路、广告、税收、招投标等方面提供各种便利条件，以谋取私利，与他人共同进行非法经营；有的把自己掌管的国家财物，变相转让给其亲属倒卖，牟取暴利，导致国有资产流失；有的帮助家人获取特许经营权，违规经商办企业；有的利用职权为其子女经营活动提供帮助；有的利用职务上的便利为亲属经营活动谋取利益。这些行为扰乱了社会主义市场经济秩序，也侵害了党员干部职务行为的廉洁性。

【纪法适用】

1.《中国共产党纪律处分条例》第一百零四条第一款：

利用职权或者职务上的影响，为配偶、子女及其配偶等亲属和其他特定关系人在审批监管、资源开发、金融信贷、大宗采购、土地使用权出让、房地产开发、工程招投标以及公共财政收支等方面谋取利益，情节较轻的，给予警告或者严重警告处分；情节较重的，给予撤销党内职务或者留党察看处分；情节严重的，给予开除党籍处分。

2.《中华人民共和国公职人员政务处分法》第三十三条第一款第二项：

有下列行为之一的，予以警告、记过或者记大过；情节较重的，予以降级或者撤职；情节严重的，予以开除：

（二）利用职权或者职务上的影响为本人或者他人谋取私利的。

廉政提醒

LIANZHENG TIXING

公职人员尤其是党员领导干部的职权和职务影响力如果得不到正确使用和有效监督，极易被滥用，例如用来为配偶、子女及其配偶等亲属和其他特定关系人谋取利益，导致以权谋私、权钱交易的违纪违法行为。公职人员、党员干部必须正确认识、正确对待、正确使用掌握的职权和职务影响力，为党和人民干好事增福祉，决不能公器私用、以权谋私，否则不仅违犯党纪，还容易滑向违法犯罪的深渊，受到党纪国法的严惩。

禁令 77

严禁利用职权为特定关系人在吸收存款、推销金融产品等方面谋利

【违纪案例】

黄某，中共党员，某县委副书记，分管本县城建工作。黄某的女儿黄小某，在本县某银行工作。黄某为帮女儿完成

存款业绩，给县城建局相关部门打招呼，让城建局通知参与本县城建工程的工程承揽商，都通过其女儿所在银行进行资金业务往来。

【禁令解析】

利用职权为特定关系人在吸收存款、推销金融产品等方面谋利行为，是指党和国家工作人员或者其他从事公务的人员中的党员利用职务便利，为亲属和其他特定关系人在吸收存款等方面谋取利益的行为。

党员干部必须牢记手中的权力来自人民，对权力始终保持一颗敬畏心，切不可以权谋私。实践中，一些党员干部利用职权或者职务上的影响，为配偶、子女及其配偶等亲属和其他特定关系人谋取利益，扰乱了市场经济秩序，纵容、支持了市场经济的恶性竞争；扰乱了行政管理秩序，破坏了财政、金融管理秩序；严重损害了党和政府的形象及党员干部的公信度，败坏了党风和社会风气，已成为诱发腐败的重要因素。巡视巡察发现，有的领导干部“一家两制”、利益输送出现新的表现形式，手段隐蔽。一些银行为了提高业绩，争相招收干部亲属，特别是领导干部的配偶、子女到银行工作，借助这些“资源户”的关系，拉到尽可能多的存款。为使亲属获取高额奖励，有的领导干部便将管辖地区或部门的公共资金存储到亲属所在的银行，借此实现利益输送。因此，有必要对类似行为作出明确处分规定。

【纪法适用】

1.《中国共产党纪律处分条例》第一百零四条：

利用职权或者职务上的影响，为配偶、子女及其配偶等亲属和其他特定关系人在审批监管、资源开发、金融信贷、大宗采购、土地使用权出让、房地产开发、工程招投标以及公共财政收支等方面谋取利益，情节较轻的，给予警告或者严重警告处分；情节较重的，给予撤销党内职务或者留党察看处分；情节严重的，给予开除党籍处分。

利用职权或者职务上的影响，为配偶、子女及其配偶等亲属和其他特定关系人吸收存款、推销金融产品、经营名贵特产类特殊资源等提供帮助谋取利益的，依照前款规定处理。

2.《中华人民共和国公职人员政务处分法》第三十三条第一款第二项：

有下列行为之一的，予以警告、记过或者记大过；情节较重的，予以降级或者撤职；情节严重的，予以开除：

（二）利用职权或者职务上的影响为本人或者他人谋取私利的。

廉政提醒

LIANZHENG TIXING

利用职务之便，为在商业银行工作的亲属揽储提供帮助并谋取利益，是近年来发现的一种新型违纪行为。一些党政机关、事业单位相关负责人把单位资金存入指定银行，银行给予高额回扣，或为其亲属安排职位、给予高薪，成为备受关注的隐形腐败形式之一。公款姓公，岂能成为某些握有公权力的人不当得利的“过墙梯”！广大党员干部、公职人员切记这条禁令。

禁令 78

严禁离职或退（离）休后违规从事营利活动

【违纪案例】

张某，中共党员，某市环保局副局长。退休一年后，该市某生产环保产品的企业聘请张某为副总经理。张某欣然接受了该企业的邀请，年薪 60 万元。

【禁令解析】

离职或退（离）休后违规从事营利活动行为，是指党员领导干部离职或退（离）休后违反有关规定接受原任职务管辖的地区和业务范围内或者与原工作业务直接相关的企业和中介机构等单位的聘用，或者个人从事与原任职务管辖业务或者与原工作业务直接相关的营利活动的行为。

“违反有关规定”，主要是指违反 2008 年中央纪委、中央组织部印发的《关于退出现职、接近或者达到退休年龄的党政领导干部在企业兼职、任职有关问题的意见》《关于规范中管干部辞去公职或者退（离）休后担任上市公司、基金管理公司独立董事、独立监事的通知》，以及 2017 年《关于规范公务员辞去公职后从业行为的意见》等规定。

企业和中介机构，包括国有企业、民营企业、外商投资企业等所有企业在内。“离职”，既包括调离，也包括辞职。离职或退

（离）休后从业或者营利活动的禁止范围是“原任职务管辖的地区和业务范围内的企业和中介机构”。依据《关于规范公务员辞去公职后从业行为的意见》等规定，公务员离职或者退（离）休后，在一定年限内不得在有关禁止范围内从业或者进行营利活动。

【纪法适用】

《中国共产党纪律处分条例》第一百零五条：

离职或者退（离）休后违反有关规定接受原任职务管辖的地区和业务范围内或者与原工作业务直接相关的企业和中介机构等单位的聘用，或者个人从事与原任职务管辖业务或者与原工作业务直接相关的营利活动，情节较轻的，给予警告或者严重警告处分；情节较重的，给予撤销党内职务处分；情节严重的，给予留党察看处分。

党员领导干部离职或者退（离）休后违反有关规定担任上市公司、基金管理公司独立董事、独立监事等职务，情节较轻的，给予警告或者严重警告处分；情节较重的，给予撤销党内职务处分；情节严重的，给予留党察看处分。

廉政提醒

LIANZHENG TIXING

党员领导干部离职或者退（离）休后，利用其在职期间的职权影响和所掌握的公共资源，谋取非法利益的情况并不鲜见，有的甚至比较严重。党员领导干部离职或者退（离）休后，其原有的职权还会在一定范围、一定时期内产生影响或者发挥作用，极易诱发腐败。因此，从防止利益冲突的角度，党员干部离职或退（离）休后切莫违规从事与原任职务管辖业务相关的营利性活动。

禁令 79

严禁离岗离职后利用原职权或者职务上的影响为特定关系人谋利

【违纪案例】

薛某，中共党员，某市自然资源和规划局原局长，2023年12月退休。退休后，薛某仍利用其担任该市自然资源和规划局原局长的职务便利，通过向该局相关业务处处长打招呼，为亲属秦某在该市获得房地产建设用地审批提供帮助，群众反映大，造成不良影响。

【禁令解析】

离岗离职后利用职权为特定关系人谋利行为，是指离职或者退（离）休后利用原职权或者职务上的影响，为配偶、子女及其配偶等亲属和其他特定关系人从事经营活动谋取利益的行为。中共中央办公厅印发的《关于加强新时代离退休干部党的建设工作的意见》，在严明纪律规矩方面，明确提出离退休干部党员特别是担任过领导职务的干部党员要严守有关纪律规矩，不得利用原职权或职务影响为自己和他人谋取利益。党内法规和国家法律法规对各类公职人员离岗后从业行为进行了严格要求和规范。比如，《中华人民共和国公务员法》《关于进一步规范党政领导干部在企业兼职（任职）问题的意见》明确了“三年两不准”，即党政领导干部辞去公职或者退（离）休后三年内，不得到本人原任职务管辖的地区和业务范围内的企业兼职（任职），也不得从事与原任职务管辖业务相关的营利性活动。按规定经批准在企业兼职的党政领导干部，不得在企业领取薪酬、奖金、津贴等报酬。之所以要对党员领导干部离职后的从业范围、时间等作出限制，是因为党员领导干部离职后，原有职权还会在一定范围和时期内产生影响、发挥作用。若党员领导干部离职后从事的职业在一定时限内与其原工作业务直接相关，极易导致不公平竞争，出现利用职务影响力进行权力寻租或变现的问题。《中国共产党纪律处分条例》第一百零六条第一款规定，离职或者退（离）休后利用原职权或者职务上的影响，为配偶、子女及其配偶等亲属和其他特定关系人从事经营活动谋取利益，情节较轻的，给予警告或者严重警告处分；情节较重的，给予撤销党内职务或者留党察看处分；情节严重的，给予开除党籍处分。

【纪法适用】

《中国共产党纪律处分条例》第一百零六条第一款：

离职或者退（离）休后利用原职权或者职务上的影响，为配偶、子女及其配偶等亲属和其他特定关系人从事经营活动谋取利益，情节较轻的，给予警告或者严重警告处分；情节较重的，给予撤销党内职务或者留党察看处分；情节严重的，给予开除党籍处分。

廉政提醒

LIANZHENG TIXING

近年来，公职人员离职或者退（离）休后被查处的案例并不少见，特别是部分党员领导干部离职或者退（离）休后利用原在职期间的职权影响和掌握的公共资源为他人谋利，该行为本质仍是利用公权力为他人谋利，仍然构成违纪违法。大家一定要牢记这条禁令。

禁令 80

严禁亲属违规从业

【违纪案例】

陆某，中共党员，某市市长。2010 年至 2018 年，其妻沈某开办的广告公司在某市经济开发区共承揽了 700 余万元的广告业务，陆某对此知情。

【禁令解析】

对亲属违规从业拒不纠正行为，指党员领导干部的配偶、子女及其配偶，违反有关规定在该党员领导干部管辖的地区和业务范围内从事可能影响其公正执行公务的经营活动，或者有其他违反经商办企业禁业规定的行为。

《关于新形势下党内政治生活的若干准则》规定，“领导干部特别是高级干部必须注重家庭、家教、家风，教育管理好亲属和身边工作人员。严格执行领导干部个人有关事项报告制度，进一步规范领导干部配偶子女从业行为”。《领导干部配偶、子女及其配偶经商办企业管理规定》，对经商办企业的范围和要求作出统一规定，关于领导干部的配偶、子女及其配偶经商办企业情形，主要是投资开办企业、担任私营企业或外资企业等高级职务、私募股权基金投资及从业、从事有偿社会中介的法律服务等行为。实践中，一些单位和地区根据本单位、本地区实际细化了完善党员领导干部配偶、子女及其配偶经商办企业禁业的适用范围。《中国共产党纪律处分条例》第一百零七条规定，党员领导干部的配偶、子女及其配偶，违反有关规定在该党员领导干部管辖的地区和业务范围内从事可能影响其公正执行公务的经营活动，或者有其他违反经商办企业禁业规定行为的，该党员领导干部应当按照规定予以纠正；拒不纠正的，其本人应当辞去现任职务或者由组织予以调整职务；不辞去现任职务或者不服从组织调整职务的，给予撤销党内职务处分。

【纪法适用】

《中国共产党纪律处分条例》第一百零七条：

党员领导干部的配偶、子女及其配偶，违反有关规定在该党员领导干部管辖的地区和业务范围内从事可能影响其公正执行公务的经营活动，或者有其他违反经商办企业禁业规定行为的，该党员领导干部应当按照规定予以纠正；拒不纠正的，其本人应当辞去现任职务或者由组织予以调整职务；不辞去现任职务或者不服从组织调整职务的，给予撤销党内职务处分。

廉政提醒

LIANZHENG TIXING

领导干部家风不是个人小事、家庭私事，领导干部能否管好“身边人”不仅关乎自己的作风，而且关乎党风政风。领导干部家属违规经商办企业，严重扰乱经济秩序、营商环境，破坏社会公平正义，人民群众对此深恶痛绝，必须坚决清理。

禁令 81

严禁违规谋求特殊生活待遇

【违纪案例】

李某，某区一卫生部门党组织负责人。李某在工作生活待遇上喜欢讲“排场”，乘坐高铁到外地出差，经常坐商务座；其母亲生病住院期间，他安排多名医护人员全程陪护，造成了不良影响。

【禁令解析】

违规谋求特殊生活待遇行为，是指党员领导干部违反工作、生活保障制度，在交通、医疗、警卫等方面为本人、亲属和其他特定关系人谋求特殊待遇，情节较重的行为。

党和国家对党员领导干部的生活待遇标准是有明确规定的，党员领导干部已经享有一定的待遇保障，应当保持清正廉洁的政治本色，不搞特殊化。《关于新形势下党内政治生活的若干准则》明确要求禁止违反规定提高干部待遇标准。

【纪法适用】

1.《中国共产党纪律处分条例》第一百零九条：

党员领导干部违反工作、生活保障制度，在交通、医疗、警卫等方面为本人、配偶、子女及其配偶等亲属、身边工作人员和其他特定关系人谋求特殊待遇，情节较重的，给予警告或者严重警告处分；情节严重的，给予撤销党内职务或者留党察看处分。

2.《中华人民共和国公职人员政务处分法》第三十五条第二项：

有下列行为之一，情节较重的，予以警告、记过或者记大过；情节严重的，予以降级或者撤职：

（二）违反规定，在公务接待、公务交通、会议活动、办公用房以及其他工作生活保障等方面超标准、超范围的。

廉政提醒

LIANZHENG TIXING

“中国共产党党员永远是劳动人民的普通一员。除了法律和政策规定范围内的个人利益和工作职权以外，所有共产党员都不得谋求任何私利和特权。”这是党章明确规定的，也是我们党百年来赢得群众拥护和支持的宝贵经验。每名党员干部都应时时躬身自省、规范言行，和人民想在一起、干在一起，绝不做脱离群众的特权者。

禁令 82

严禁在分配、购买住房中侵犯国家、集体利益

【违纪案例】

刘某，中共党员，某学院应急管理培训中心副主任。刘某违规领取住房补贴、多占住房，受到党内严重警告处分，并责令其对违规多占住房问题予以纠正，调查期间刘某已将违规领取的住房补贴退还学院。

【禁令解析】

在分配、购买住房中侵犯国家、集体利益行为，主要是指党员违反国家住房分配、购买有关规定，借房改之机多占住房、重复享受福利分房政策多买房改房、违反规定买卖经济适用房、廉租住房等保障性住房，侵犯国家、集体利益，依照规定应当受到党纪责任追究的行为。

这里的“多占住房”，主要是指超过现职级面积标准之意，如虽有两处以上住房，但总面积未超标不宜视为多占。“经济适用房”，主要是指政府提供政策优惠，限定套型面积和销售价格，按照合理标准建设，面向符合条件的家庭供应，具有保障性质的政策性住房。“廉租住房”，主要是指政府以租金补贴或者实物配租的方式，向符合条件的城市低收入住房困难家庭提供的社会保障性质的住房。对于违反规定低价购买住房，重复享受福利分房政策超标准多买住房等，均属违纪行为，应当依照《中国共产党纪律处分条例》第一百一十条规定给予党纪处分。

【纪法适用】

1.《中国共产党纪律处分条例》第一百一十条：

在分配、购买住房中侵犯国家、集体利益，情节较轻的，给予警告或者严重警告处分；情节较重的，给予撤销党内职务或者留党察看处分；情节严重的，给予开除党籍处分。

2.《中华人民共和国公职人员政务处分法》第三十五条第二项：

有下列行为之一，情节较重的，予以警告、记过或者记大过；情节严重的，予以降级或者撤职：

（二）违反规定，在公务接待、公务交通、会议活动、办公用房以及其他工作生活保障等方面超标准、超范围的。

廉政提醒

LIANZHENG TIXING

随着公务人员住房制度的改革和房地产市场的快速发展，购买住房成为每个家庭最重要的生活支出。在这个问题上，党员领导干部、公职人员都不例外，于是有些干部利用职务便利和影响力，或违规低价购房，或在购买政策性住房、福利房时违反政策规定支付较低价款或多贪多占。这种行为不仅严重违纪，也严重影响了党在人民群众中的形象，必须惩处。

禁令 83

严禁侵占公私财物

【违纪案例】

李某，中共党员，某市住建局副局长。李某住在本市某房地产老板柳某开发的小区，李某让柳某为其提供一个停车位，并长期无偿使用，造成不良影响。

【禁令解析】

侵占公私财物行为，是指党员利用职权或者职务上的影响，侵占非本人经管的公私财物的行为，或者以象征性地支付钱款等方式侵占公私财物的行为，或者无偿、象征性地支付报酬接受服务、使用劳务的行为。

要区分本行为与贪污行为的界限。本行为中，党员侵占的是非本人经管的公私财物，而贪污行为的行为人占有的是本人主管、管理和经手的公共财物。“象征性地支付钱款”，主要是指购买物品时以明显低于同类同等物品当时当地市场零售价的价格付款的行为。如果同等同类物品在当时当地市场上的零售价高低不一，则以国家定价或者比较适中的价格为准。“象征性地支付报酬接受服务、使用劳务”，主要是指行为人在接受服务、使用劳务后所支付的费用，明显低于实际发生的应当支付的服务费、劳务费。应付钱款减去已付钱款，即为违规占有的数额。

【纪法适用】

《中国共产党纪律处分条例》第一百一十一条第一款：

利用职权或者职务上的影响，侵占非本人经管的公私财物，或者以象征性地支付钱款等方式侵占公私财物，或者无偿、象征性地支付报酬接受服务、使用劳务，情节较轻的，给予警告或者严重警告处分；情节较重的，给予撤销党内职务或者留党察看处分；情节严重的，给予开除党籍处分。

廉政提醒

LIANZHENG TIXING

少数党员干部长期将单位相机据为己有，无偿接受酒店提供的蔬菜、水果以及劳务服务……表面看是个别党员干部觉悟不高、顺手牵羊、贪便宜，本质上却是纪法意识不强，觉得拿点公物、蹭点好处、捞点油水不算什么大事。殊不知，许多贪腐行为正是从这样细微之处的失节开始的，置之不理，就容易坠入严重违纪违法的深渊。“莫伸手，伸手必被捉。”对侵占公家财物和私人财物的人和事，一方面，必须严肃对待，认真处理；另一方面，要织密财物管理规章制度，用制度管住任性行为。

禁令 84

严禁安排他人支付应由本人及亲属支付的费用

【违纪案例】

王某，中共党员，某市卫健委主任。王某儿子因参加考试需提供相关体检资料。王某给市中心医院医务科科长李某打招呼，让李某为其儿子安排体检。王某要求李某带其儿子做全套体检项目，费用约为 5000 元。王某对李某说，体检费用你想办法处理一下。

【禁令解析】

安排他人支付应由本人及亲属支付的费用行为，是指党和国家工作人员或者其他从事公务的人员中的党员，利用职权或者职务上的影响，将本应由本人及亲属支付的费用安排下属单位、其他单位或者他人支付的行为。

这里的“下属单位”，一般是指与党员干部本人所在单位有上下级隶属关系且财务相互独立的单位。如果只是业务指导关系而没有行政隶属关系，则不属于下属单位。这里的“其他单位”，是指除党员干部所在单位的下属单位以外的其他单位，一般是指与党员干部本人所在单位没有隶属关系的单位，但是由于双方有工作联系或业务联系，党员干部也能够在这些单位产生一定的职务影响。这里所称的“他人”，是指与行为人没有亲属关系，而有职务上、工作上关系的其他人。行为人的亲属为行为人支付的应由个人支出费用，应视为亲属间的互相帮助，一般不宜认定为违纪行为。

【纪法适用】

《中国共产党纪律处分条例》第一百一十一条：

利用职权或者职务上的影响，侵占非本人经管的公私财物，或者以象征性地支付钱款等方式侵占公私财物，或者无偿、象征性地支付报酬接受服务、使用劳务，情节较轻的，给予警告或者严重警告处分；情节较重的，给予撤销党内职务或者留党察看处分；情节严重的，给予开除党籍处分。

利用职权或者职务上的影响，将应当由本人、配偶、子女及其配偶等亲属、身边工作人员和其他特定关系人个人支付的费用，由下属单位、其他单位或者他人支付、报销的，依照前款规定处理。

廉政提醒

LIANZHENG TIXING

现实生活中，有些领导干部公私不分，将应由个人承担的费用“转嫁”给下属单位或他人埋单。也有的尝到以权谋私的滋味后，更加恣意妄为，逐渐走向违法犯罪的深渊，最终受到刑事追究。党员干部一定要以身作则，以上率下，绝不能让下属单位或别人为自己的私欲埋单。

禁令 85

严禁利用职权违规占用公物

【违纪案例】

李某，某镇党委书记。李某指使办公室主任将价值 1 万元的打印复印一体机借给其子李小某使用，获利数万元。一年后李小某将该一体机还回镇办公室。

【禁令解析】

利用职权违规占用公物行为，是指党和国家工作人员或者其他从事公务的人员中的党员利用职权或者职务上的影响，违反有关规定占用公物归个人使用，时间超过六个月，情节较重的行为。

“违规”，主要是指违反关于公物管理和使用方面的规定，如 2013 年 11 月中共中央、国务院印发的《党政机关厉行节约反对浪费条例》等。“归个人使用”，包括供自己使用和供家人或者朋友等个人使用。“公物”，包括动产和不动产。

【纪法适用】

《中国共产党纪律处分条例》第一百一十二条：

利用职权或者职务上的影响，违反有关规定占用公物归个人使用，时间超过六个月，情节较重的，给予警告或者严重警告处分；情节严重的，给予撤销党内职务处分。

占用公物进行营利活动的，给予警告或者严重警告处分；情节较重的，给予撤销党内职务或者留党察看处分；情节严重的，给予开除党籍处分。

将公物借给他人进行营利活动的，依照前款规定处理。

廉政提醒

LIANZHENG TIXING

公私之间，如同楚河汉界，理应泾渭分明，这是为官从政的基本要求。党员干部只要坚守共产党人的价值观、矢志提升自我觉悟，在面对公与私的选择时就能看得清、想得透，在处理公与私的纠葛时就会知敬畏、守底线。

禁令 86

严禁违规组织、参加公款消费

【违纪案例】

王某，中共党员，某市财政局副局长。春节前，王某组织分管部门干部 15 人前往高尔夫会所打高尔夫球，并将 5 万元相关费用另立名目报销，在社会上造成严重不良影响。

【禁令解析】

违规组织、参加公款消费行为，是指党和国家机关、人民团体、国有企业、事业单位违反有关规定组织、参加用公款支付的宴请、高消费娱乐、健身活动的行为。

党中央历来强调不得违规进行公款消费。习近平总书记指出，公款姓公，一分一厘都不能乱花；公权为民，一丝一毫都不能私用。从党的十八大以来查处的典型案例看，违反中央八项规定精神行为存在隐形变异的现象。比如，通过项目资金等专项工作经费支付吃喝费用；假借研究交流工作为名吃喝；将大额消费拆分为小额发票报销或长期挂账；在内部食堂、培训中心吃喝；虚列开支公款购买高档酒水；以办公用品、会议费等虚假名义报销餐费；将违规吃喝费用混入食堂正常开支；转移到农家乐或相邻地区吃喝；在高档小区或写字楼内的隐蔽“一桌餐”吃喝等。对于上述新表现，如果所用为公款，都属于违反有关规定组织、参加用公款支付的宴请等活动。规定本行为的目的，就是要通过严格的纪律约束，切实加强公款管理和使用，严防“四风”反弹回潮。

【纪法适用】

1.《中国共产党纪律处分条例》第一百一十三条：

违反有关规定组织、参加用公款支付的宴请、娱乐、健身活动，或者用公款购买赠送或者发放礼品、消费卡（券）等，对直接责任者和领导责任者，情节较轻的，给予警告或者严重警告处分；情节较重的，给予撤销党内职务或者留党察看处分；情节严重的，给予开除党籍处分。

2.《中华人民共和国公职人员政务处分法》第三十五条第三项：

有下列行为之一，情节较重的，予以警告、记过或者记大过；情节严重的，予以降级或者撤职：

（三）违反规定公款消费的。

廉政提醒

LIANZHENG TIXING

近年来，随着中央八项规定的落地生根，党员干部中享乐主义、奢靡之风蔓延之势得到有效遏制。但仍有个别党员干部不收敛、顶风违纪，想方设法公款吃喝、高消费娱乐等现象。广大党员干部、公职人员特别是一些单位的领导干部务必绷紧纪律之弦，自觉遵守中央八项规定精神，杜绝此类事件发生。

禁令 87

严禁公款送礼

【违纪案例】

毛某，中共党员，某县中学校长。毛某召开领导班子会议研究，决定送给县教育局 5 名领导干部每人 500 元购物卡，费用由学校财务报销。

【禁令解析】

公款送礼行为，是指党和国家机关、人民团体、国有企业、事业单位违反有关规定，用公款购买赠送或者发放礼品、消费卡（券）等行为。

用公款购买赠送或者发放礼品等行为，严重违反了国家的财经制度，侵害和浪费了国家财产，严重影响了党群关系，败坏了党风，带坏了社会风气，对此类行为，必须严肃处理。

【纪法适用】

《中国共产党纪律处分条例》第一百一十三条：

违反有关规定组织、参加用公款支付的宴请、娱乐、健身活动，或者用公款购买赠送或者发放礼品、消费卡（券）等，对直接责任者和领导责任者，情节较轻的，给予警告或者严重警告处分；情节较重的，给予撤销党内职务或者留党察看处分；情节严重的，给予开除党籍处分。

廉政提醒

LIANZHENG TIXING

从公开曝光的违反中央八项规定精神有关案件看，用公款购买赠送或者发放礼品、消费卡（券）等行为还时有发生。对此，广大党员干部、公职人员必须保持高度警惕，加强党性修养，不断提高自身免疫力，带头履职尽责担当，带头遵规守纪守法，使党的优良传统和作风内化于心、外化于行，成为日常习惯和自觉遵循。

禁令 88

严禁违规发放薪酬奖金

【违纪案例】

郝某，某管委会主任。2017—2019 年，在已兑现市级目标责任考核奖金的情况下，经郝某主持召开会议研究决定，以区目标责任考核为名，依据自行制定的标准，对管委会机关干部进行奖励。

【禁令解析】

违规发放薪酬奖金行为，是指党政机关、人民团体、国有企业、事业单位违反有关规定，自定薪酬或滥发津贴、补贴、奖金、福利等行为。

清理规范津贴、补贴、奖金、福利，是改革工资制度和规范收入分配秩序的一项重要措施，也是促进党风廉政建设、从源头预防和治理腐败的必然要求。近年来，党中央不断规范津贴、补贴，违规发放津贴、补贴或福利问题得到一定遏制，但问题仍较为突出，比如，通过巧立名目滥发钱物，以值班费、工作表彰为名发放普惠性质的补助或奖励，以办公用品、会议费等名义虚列开支套取费用滥发钱物，通过私设“小金库”滥发钱物，擅自扩大发放范围、提高发放标准等。要针对诸如此类的变异问题，不断减存量，遏增量。

违规自定薪酬的主体或者滥发津贴、补贴、奖金、福利等行为的主体一般不是个人，现实中往往是由党组织集体决定。进行责任认定时，对于以集体会议研究决定的方式进行集体决策的都属于责任人员。在决策过程中明确表明反对意见的人不受追究。

【纪法适用】

1.《中国共产党纪律处分条例》第一百一十四条：

违反有关规定自定薪酬或者滥发津贴、补贴、奖金、福利等，对直接责任者和领导责任者，情节较轻的，给予警告或者严重警告处分；情节较重的，给予撤销党内职务或者留党察看处分；情节严重的，给予开除党籍处分。

2.《中华人民共和国公职人员政务处分法》第三十五条第一项：

有下列行为之一，情节较重的，予以警告、记过或者记大过；

情节严重的，予以降级或者撤职：

（一）违反规定设定、发放薪酬或者津贴、补贴、奖金的。

廉政提醒

LIANZHENG TIXING

享受正常福利待遇是每一位干部职工的合法权益，然而，一些单位部门和党员领导干部心存侥幸，突破纪律底线，钻空子、玩猫腻，违反规定超标准、超范围发放津贴、补贴、福利等，助长了不正之风，损害了社会公平，将正常的“福利”变质变味成了“腐利”。广大党员领导干部要保持清醒认识，坚守党性原则，筑牢思想防线，带头落实中央八项规定及其实施细则精神，坚决杜绝违规自定薪酬、滥发津贴、补贴、福利等行为。

禁令 89

严禁公款旅游

【违纪案例】

张某，某区粮食局党组书记、局长。2019 年 3 月，张某带队到河南、湖南两地考察，具体行程和费用支出由该局下属的某公司经理梁某负责操办。张某、梁某一行 4 人在考察期间绕道去景点旅游，花费近 2.5 万元在考察费用中列支。

【禁令解析】

公款旅游行为，是指党政机关、人民团体或者国有企业、事业单位的有关人员违反有关规定，用公款旅游或改变公务行程，借机旅游的行为。

《党政机关厉行节约反对浪费条例》分章对国内差旅和因公临时出国（境）、公务接待、公务用车、会议活动、办公用房进行了规定，《中国共产党纪律处分条例》从第一百一十五条至第一百一十九条分条按照《党政机关厉行节约反对浪费条例》的章节顺序对上述行为作出规定。

党的十八大以来，落实中央八项规定精神，公款国内旅游问题得到有效遏制，但隐形变异趋势明显。有的打着单位集体活动、职工疗养休养等幌子公款旅游；有的擅自变更行程、绕道绕远借公务之机游山玩水；有的以学习培训、考察调研为名公款旅游；有的参加所管理企业、下属单位组织的考察活动，借机旅游等。公款出国（境）旅游问题也存在新的表现，比如，借延长公务行程出境旅游，通过虚报住宿天数和费用方式报销，参加论坛活动主办方安排的以文化交流为名的出国（境）旅游等。对此，要有针对性地加大查处力度。

党员有该行为，除视情节轻重给予党纪处分外，对于违规支付的旅游费用以及由此产生的其他费用应由受处分党员个人负担。

【纪法适用】

1.《中国共产党纪律处分条例》第一百一十五条：

有下列行为之一，对直接责任者和领导责任者，情节较轻的，给予警告或者严重警告处分；情节较重的，给予撤销党内职务或者留党察看处分；情节严重的，给予开除党籍处分：

（一）公款旅游或者以学习培训、考察调研、职工疗养等为名变相公款旅游；

（二）改变公务行程，借机旅游；

（三）参加所管理企业、下属单位组织的考察活动，借机旅游。

以考察、学习、培训、研讨、招商、参展等名义变相用公款出国（境）旅游的，对直接责任者和领导责任者，依照前款规定处理。

2.《中华人民共和国公职人员政务处分法》第三十五条第三项：

有下列行为之一，情节较重的，予以警告、记过或者记大过；情节严重的，予以降级或者撤职：

（三）违反规定公款消费的。

廉政提醒

LIANZHENG TIXING

公款姓公，一分一厘都不能乱花；公权为民，一丝一毫都不能私用。领导干部必须时刻清楚这一点，做到公私分明、克己奉公、严格自律。广大党员特别是党员领导干部一定要严格遵守《中国共产党纪律处分条例》规定，对公款旅游行为说“不”。

禁令 90

严禁超标准、超范围接待

【违纪案例】

任某，中共党员，某省农业农村厅副厅长。任某到某市指导工作后，接受对口联系单位安排的市农业农村局的公务接待，任某一行3人用餐后按人数支付了用餐费用，陪餐人员9人，共花费近5000元。

【禁令解析】

超标准、超范围接待行为，是指党政机关、人民团体、国有企业、事业单位，违反公务接待管理规定，超标准、超范围接待或者借机大吃大喝，情节较重的行为。

挥霍浪费不仅侵害国家和集体的财务管理制度，更严重的是背离党的艰苦奋斗的优良传统，损害党同人民群众的密切联系。违规接待、大吃大喝行为是挥霍浪费国家、集体财物的一种表现形式。

《中国共产党纪律处分条例》第一百一十六条所称“接待管理规定”，主要是指《党政机关厉行节约反对浪费条例》《党政机关国内公务接待管理规定》《关于厉行节约反对食品浪费的意见》及其他关于接待的规定。“超标准、超范围接待或者借机大吃大喝”，主要是指接待安排的迎送方式、陪同人数、活动场所、活动项目和活动方式、住宿、用餐以及出行活动的标准和范围超过了《党政机关国内公务接待管理规定》和当地公务活动接待的规定标准，或者在公务接待活动中，接待单位在安排用餐时多次宴请，或者陪餐人数过多，或者超过用餐标准，提供高档菜肴或者野生保护动物制作的菜肴，提供香烟和高档酒水，或者使用私人会所、高消费餐饮场所接待等奢侈浪费行为。这里的“规定标准”，主要是指各级党政机关公务接待管理部门按照党中央精神，结合当地或本单位实际，制定的国内公务接待标准。在规定标准范围之内的接待是允许的，这也是工作需要。超出这个范围的，都属于违纪行为。所谓的“情节较重”和“情节严重”，应当综合考虑违规接待超标准、超范围的程度，造成的浪费程度以及造成社会不良影响的程度予以确定。有该行为，情节较重的，对直接责任者和领导责任者给予党纪处分；情节较轻的，应当给予批评教育、诫勉或者组织处理等。

【纪法适用】

1.《中国共产党纪律处分条例》第一百一十六条：

违反接待管理规定，超标准、超范围接待或者借机大吃大喝，对直接责任者和领导责任者，情节较重的，给予警告或者严重警告处分；情节严重的，给予撤销党内职务处分。

2.《中华人民共和国公职人员政务处分法》第三十五条第二项：

有下列行为之一，情节较重的，予以警告、记过或者记大过；情节严重的，予以降级或者撤职：

（二）违反规定，在公务接待、公务交通、会议活动、办公用房以及其他工作生活保障等方面超标准、超范围的。

廉政提醒

LIANZHENG TIXING

违规接待带来的公款大吃大喝、奢靡浪费等现象，与党的性质宗旨格格不入，与中华民族勤俭节约的优良传统背道而驰，严重破坏党和政府在群众心目中的形象，蚕食群众获得感，侵蚀党心民心。领导干部要严格执行接待规定，既不做违规接待的“制造者”，也不做违规接待的“笑纳者”，真正使厉行勤俭节约、遵守规定要求成为接待中的自觉习惯。

禁令 91

严禁违规配备、使用公务交通工具

【违纪案例】

陈某，中共党员，某区司法局办公室副主任。陈某经常驾驶公车到学校接其儿子回家，用单位公务油卡为私家车加油共计 2000 元。

【禁令解析】

违规配备、使用公务交通工具行为，是指党政机关、人民团体和国有企业、事业单位违反有关规定配备、购买、更换、装饰、使用公务交通工具或者有其他违反公务交通工具规定，情节较重的行为。

严格公车等公务交通工具管理制度，是加强党风廉政建设、厉行节约反对浪费的重要举措。2014 年 7 月 16 日，中共中央办公厅、国务院办公厅专门印发了《关于全面推进公务用车制度改革的指导意见》，对健全公务用车管理和保障制度作出了明确部署。

"交通工具"，包括汽车、船、火车、飞机等。对于违反规定豪华装修船只，乘坐火车、飞机违反规定用公款超标准购买座位、舱位等，属于《中国共产党纪律处分条例》第一百一十七条规定的违纪行为，情节较重的，对直接责任者和领导责任者给予党纪处分；情节较轻的，应当给予批评教育、诫勉或者组织处理等。

【纪法适用】

1.《中国共产党纪律处分条例》第一百一十七条：

违反有关规定配备、购买、更换、装饰、使用公务交通工具或者有其他违反公务交通工具管理规定的行为，对直接责任者和领导责任者，情节较重的，给予警告或者严重警告处分；情节严重的，给予撤销党内职务或者留党察看处分。

2.《中华人民共和国公职人员政务处分法》第三十五条第二项：

有下列行为之一，情节较重的，予以警告、记过或者记大过；情节严重的，予以降级或者撤职：

（二）违反规定，在公务接待、公务交通、会议活动、办公用房以及其他工作生活保障等方面超标准、超范围的。

廉政提醒

LIANZHENG TIXING

严格公车等公务交通工具管理制度，是加强党风廉政建设、厉行节约反对浪费的重要举措。公车姓“公”，任何情况下都严禁“私用”，公车私用，私车公养，违规占用借用车辆等，看似方便了自己，实际是给自己“下了套”。党员干部切不可自作聪明，不管日常办公还是外出旅游，都要在用车上做个“明白人”。

禁令 92

严禁到禁止召开会议的风景名胜区开会

【违纪案例】

李某，某市文化和旅游局党组副书记、局长。该市文化和旅游局准备召开工作总结大会，当说到开会地点时，李某率先表态：某著名风景区茂林修竹、空气清新，是不二选择。其他班子成员听后很高兴，纷纷表示赞同。于是，该市文化和旅游局及有关单位 80 多人包车到该风景区开了两天会。但此著名风景区为禁止召开会议的风景名胜区，后有人将此次参会照片放到网上，造成了不良的社会影响。

【禁令解析】

到禁止召开会议的风景名胜区开会行为，是指党政机关、人民团体和参照公务员法管理的事业单位违反有关规定到禁止召开会议的风景名胜区开会，情节较重的行为。

《中国共产党纪律处分条例》第一百一十八条规定的是违反会议活动管理规定，到禁止召开会议的风景名胜区开会的行为。“会议活动管理规定”，主要是指《党政机关厉行节约反对浪费条例》《关于严禁党政机关到风景名胜区开会的通知》《中央和国家机关会议费管理办法》等关于会议活动的具体规定。“禁止召开会议的风景名胜区”，主要是指中央在厉行节约反对浪费方面出台的严禁党政机关到风景名胜区开会制度中，明令禁止作为开会地点的风景名胜区。1998 年，中共中央办公厅、国务院办公厅下发通知，规定各级党政机关禁止到 12 个风景名胜区开会。2014 年，中共中央办公厅、国务院办公厅下发的《关于严禁党政机关到风景名胜区开会的通知》规定："各级党政机关一律不得到八达岭—十三陵、承德避暑山庄外八庙、五台山、太湖、普陀山、黄山、九华山、武夷山、庐山、泰山、嵩山、武当山、武陵源（张家界）、白云山、桂林漓江、三亚热带海滨、峨眉山—乐山大佛、九寨沟—黄龙、黄果树、西双版纳、华山 21 个风景名胜区召开会议，禁止召开会议的区域范围以风景名胜区总体规划确定的核心景区地域范围为准。"

【纪法适用】

1.《中国共产党纪律处分条例》第一百一十八条第一款第一项：

违反会议活动管理规定，有下列行为之一，对直接责任者和领导责任者，情节较重的，给予警告或者严重警告处分；情节严重的，给予撤销党内职务处分：

（一）到禁止召开会议的风景名胜区开会。

2.《中华人民共和国公职人员政务处分法》第三十五条第二项：

有下列行为之一，情节较重的，予以警告、记过或者记大过；情节严重的，予以降级或者撤职：

（二）违反规定，在公务接待、公务交通、会议活动、办公用房以及其他工作生活保障等方面超标准、超范围的。

廉政提醒

LIANZHENG TIXING

尽管中央三令五申，但还是有部分党员干部违反党规党纪，借开会之机游山玩水，将此当作隐形福利。开会不是小事情，而是反映着干部作风，折射党风政风。切实转变会风，党员干部要真正把自己摆进去，严格遵守党规党纪，要把精力用在会议内容和效果上，而不是地点或场面上。

禁令 93

严禁违规举办节会、庆典活动

【违纪案例】

王某，某镇党委书记。王某在该镇综合办公楼落成后，召开班子会研究决定召开大楼落成庆典活动，并广邀 100 余名在外创业人员回乡参加落成仪式，造成严重不良影响。

【禁令解析】

违规举办节会、庆典活动行为，是指党政机关、人民团体、经国务院批准免予登记的社会团体以及上述单位所属事业单位，违反有关规定决定或者批准举办各类节会、庆典活动，情节较重的行为。

所谓“违规举办节会、庆典活动”，主要是指违反中共中央办公厅、国务院办公厅 2012 年颁布的《节庆活动管理办法（试行）》

及实施细则的规定，未按规定的审批权限、原则和程序，决定或者批准举办节会、庆典活动的行为。

【纪法适用】

1.《中国共产党纪律处分条例》第一百一十八条第一款第二项：

违反会议活动管理规定，有下列行为之一，对直接责任者和领导责任者，情节较重的，给予警告或者严重警告处分；情节严重的，给予撤销党内职务处分：

（二）决定或者批准举办各类节会、庆典活动。

2.《中华人民共和国公职人员政务处分法》第三十五条第二项：

有下列行为之一，情节较重的，予以警告、记过或者记大过；情节严重的，予以降级或者撤职：

（二）违反规定，在公务接待、公务交通、会议活动、办公用房以及其他工作生活保障等方面超标准、超范围的。

廉政提醒

LIANZHENG TIXING

近年来，一些地方热衷于组织节日庆祝及各类名目繁多的庆典活动。应当警惕的是，这些庆典活动中，有相当一部分是在互相攀比，属于“政绩工程”“形象工程”，既浪费了大量人力物力，又严重影响了党和政府的形象。对党员领导干部滥用财政资金举办活动，搞“形象工程”“政绩工程”，造成不良社会影响的，要严肃查处。

禁令 94

严禁擅自举办评比达标表彰、创建示范活动

【违纪案例】

夏某，中共党员，某市民政局局长。夏某未经批准，擅自举办评比表彰活动，对所辖六个县民政局进行表彰，发放了奖励证书，造成不良影响。

【禁令解析】

擅自举办评比达标表彰、创建示范活动行为，是指党政机关、人民团体和经国务院批准免予登记的社会团体违反有关规定，擅自举办评比达标表彰、创建示范活动或者违规收取费用，情节较重的行为。

关于评比达标表彰活动，应当依据中共中央办公厅、国务院办公厅 2018 年颁布的《评比达标表彰活动管理办法》及实施细则的规定执行。未按规定的审批权限、原则和程序批准而举办的评比达标表彰活动，均应当视作擅自举办评比达标表彰活动。根据《评比达标表彰活动管理办法》规定："主办单位应当承担开展评比达标表彰项目的全部费用，不得以任何形式向参评单位和个人收取费用。"无论评比达标表彰活动的举办是否经批准同意，任何借评比达标表彰活动之机，向参评单位和个人收取费用的行为均构成本违纪行为。

【纪法适用】

1.《中国共产党纪律处分条例》第一百一十八条：

违反会议活动管理规定，有下列行为之一，对直接责任者和领导责任者，情节较重的，给予警告或者严重警告处分；情节严重的，给予撤销党内职务处分：

（一）到禁止召开会议的风景名胜区开会；

（二）决定或者批准举办各类节会、庆典活动；

（三）其他违反会议活动管理规定行为。

擅自举办评比达标表彰、创建示范活动或者借评比达标表彰、创建示范活动收取费用的，对直接责任者和领导责任者，依照前款规定处理。

2.《中华人民共和国公职人员政务处分法》第三十五条第二项：

有下列行为之一，情节较重的，予以警告、记过或者记大过；情节严重的，予以降级或者撤职：

（二）违反规定，在公务接待、公务交通、会议活动、办公用房以及其他工作生活保障等方面超标准、超范围的。

廉政提醒

LIANZHENG TIXING

党政机关评比达标表彰、创建示范活动过多过滥，是脱离实际、脱离群众，形式主义、官僚主义的一个突出反映。党员领导干部要严格按照规定履行相应的报批程序，同时要以求真务实的态度，以精简高效、勤俭节约的原则，严格控制规模和开支，举办评比达标表彰活动不得委托社会中介组织或企业承办，不得向参评单位和被评选对象收取任何费用，不得借机乱发钱物或组织用公款旅游等活动，确保评比达标表彰、创建示范活动的严肃性，真正发挥其作用。

禁令 95

严禁违规兴建、装修楼堂馆所

【违纪案例】

蔡某，某镇党委书记。该镇在移民安置工程滞后、老百姓补偿款尚未结清、部分村民还住在临时简易棚里的情况下，花费数千万元新建一幢 11 层 5500 平方米的办公大楼。并且该项目没有获得正式批复核准，土地审批也尚未完成，甚至违规装修。

【禁令解析】

违规兴建、装修楼堂馆所行为，是指党政机关、人民团体或者参照公务员法管理的事业单位违反办公用房管理规定，决定或批准兴建、装修楼堂馆所等情节较重的行为。违规建设楼堂馆所，主要是指违反规定决定或者批准新建、改建、扩建、装修办公楼、培训中心等楼堂馆所。

从党的十八大以来查处的典型案例看，个别地方修建豪华气派的办公大楼，铺张浪费，甚至占地上百亩、耗资几个亿，富丽堂皇，吃喝玩乐一应俱全。这种大建楼堂馆所的行为不但浪费公共资财，也严重损害党在人民群众中的形象，必须坚决反对。

【纪法适用】

1.《中国共产党纪律处分条例》第一百一十九条第一项：

违反办公用房管理等规定，有下列行为之一，对直接责任者和领导责任者，情节较重的，给予警告或者严重警告处分；情节严重的，给予撤销党内职务处分：

（一）决定或者批准兴建、装修办公楼、培训中心等楼堂馆所。

2.《中华人民共和国公职人员政务处分法》第三十五条第二项：

有下列行为之一，情节较重的，予以警告、记过或者记大过；情节严重的，予以降级或者撤职：

（二）违反规定，在公务接待、公务交通、会议活动、办公用房以及其他工作生活保障等方面超标准、超范围的。

廉政提醒

LIANZHENG TIXING

从严控制党政机关楼堂馆所建设，防止铺张浪费、挥霍公款，是党中央、国务院的一贯要求。党政机关违规修建的楼堂馆所，滋生的往往是养尊处优、脱离群众、铺张浪费等不良习气，掩藏的是将个人的荣辱得失放在党和人民利益之上的错误的政绩观。各级领导干部要带头发扬艰苦奋斗、勤俭节约、密切联系群众的优良传统，始终把人民利益放在首位，履行好党和人民赋予的职责，这才是领导干部应有的政绩和光荣。

禁令 96

严禁超标准配备、使用办公用房

【违纪案例】

李某，中共党员，某市民宗局局长。李某长期使用80平方米的豪华办公室，后其豪华办公室被人拍照举报到网络上，造成了恶劣影响。

【禁令解析】

超标准配备、使用办公用房行为，是指党政机关、人民团体或者参照公务员法管理的事业单位违反办公用房管理规定，违规超标准配备、使用办公用房等情节较重的行为。

“超标准配备、使用办公用房”，主要是指违反规定，配备使用超过规定面积、装修标准的办公用房。“超标准”，主要是指超过国家发展改革委、住房和城乡建设部发布的《党政机关办公用房建设标准》及相关具体规定所规定的办公用房建筑面积、装饰装修、建筑设备等标准。“配备”，既包括单位向具体使用人配置办公用房，也包括以新建、改建、扩建、购置、置换、维修改造、租赁等方式向单位配给办公用房行为。

【纪法适用】

1.《中国共产党纪律处分条例》第一百一十九条第二项：

违反办公用房管理等规定，有下列行为之一，对直接责任者和领导责任者，情节较重的，给予警告或者严重警告处分；情节严重的，给予撤销党内职务处分：

（二）超标准配备、使用办公用房。

2.《中华人民共和国公职人员政务处分法》第三十五条第二项：

有下列行为之一，情节较重的，予以警告、记过或者记大过；情节严重的，予以降级或者撤职：

（二）违反规定，在公务接待、公务交通、会议活动、办公用房以及其他工作生活保障等方面超标准、超范围的。

廉政提醒

LIANZHENG TIXING

党员领导干部不得以任何理由或借口超标准配备、使用办公用房。党员领导干部在不同部门同时任职的，应在主要工作部门安排一处办公用房，其他任职部门不再安排办公用房；领导干部工作调动的，由调入部门安排办公用房，原单位的办公用房不再保留；领导干部已办理离退休手续的，原单位的办公用房应及时腾退。在整改工作中不得以“只加桌子不加人”、“名不副实”门牌掩饰用途、“卷土重来”整改后又搬回、“化整为零”物理隔断面积应付检查等弄虚作假方式搞整改，严防造成新的浪费。

禁令 97

严禁违规公款租用场所

【违纪案例】

徐某，中共党员，某省交通厅副厅长。徐某长期公款包租五星级大酒店，将酒店房间作为办公室，工作人员每天去酒店送文件和材料。

【禁令解析】

违规公款租用场所行为，是指党政机关、人民团体或者参照公务员法管理的事业单位违规用公款包租、占用客房或者其他场所供个人使用等情节较重的行为。

“用公款包租”，主要是指用公款将宾馆、饭店、私人会所或是其他场所的一个或者多个房间租下来，无论是否使用，该房间或者场所的使用权都归某特定人。“占用”，一般是指无偿或者支付明显低于市场价格的费用，占有和使用宾馆、饭店、私人会所或者其他场所的房间供个人使用的行为。“供个人使用”既包括供个人办公使用，也包括供个人住宿使用、堆放杂物等。

【纪法适用】

1.《中国共产党纪律处分条例》第一百一十九条第四项：

违反办公用房管理等规定，有下列行为之一，对直接责任者和领导责任者，情节较重的，给予警告或者严重警告处分；情节严重的，给予撤销党内职务处分：

（四）用公款包租、占用客房或者其他场所供个人使用。

2.《中华人民共和国公职人员政务处分法》第三十五条第二项：

有下列行为之一，情节较重的，予以警告、记过或者记大过；情节严重的，予以降级或者撤职：

（二）违反规定，在公务接待、公务交通、会议活动、办公用房以及其他工作生活保障等方面超标准、超范围的。

廉政提醒

LIANZHENG TIXING

特殊情况下，如到新的地方任职的干部或者下派挂职的干部，由于暂时难以安排住宿和办公用房，暂时用公款包租或者占用客房供领导干部个人使用是可以的。除此之外，领导干部不得利用职权或者职务上的影响用公款包租、占用客房或者其他场所供个人使用，否则就是违纪行为，应受到纪律追究。

禁令 98

严禁搞权色、钱色交易

【违纪案例】

张某，某市人大常委会原党组成员、副主任。张某身为党员领导干部，罔顾党纪国法，政治上对党不忠诚、不老实，经济上贪婪成性，将国家项目工程建设当成自己的“摇钱树”，侵吞国家特定资金，生活放纵，与多名女性搞钱色、权色交易，且在党的十八大之后仍不收敛、不收手，性质恶劣、情节严重，被开除党籍和公职。

【禁令解析】

搞权色、钱色交易行为，是指党和国家工作人员或者其他从事公务的人员中的党员利用职务便利，为他人谋取利益，与他人发生不正当的性关系或者以给付钱物为交换条件与他人发生不正当的性关系的行为。

权色交易、钱色交易往往具有利用职权或者职务上的影响为对方谋利而与之交易的情节，侵犯了党员干部职务行为的廉洁性。权色交易、钱色交易强调的是利益交换，如果双方是基于感情而发生不正当性关系，没有给予、获得不正当利益，应当适用《中国共产党纪律处分条例》第一百五十一条规定予以处理。要区分本行为与嫖娼行为的界限。嫖娼行为是发生在不特定主体之间的违法行为，属于违反《中华人民共和国治安管理处罚法》的行为，应当适用《中国共产党纪律处分条例》总则中纪法衔接条款处理；本行为是发生在特定的主体之间的，为谋取一定的利益而进行的交易行为。

【纪法适用】

1.《中国共产党纪律处分条例》第一百二十条：

搞权色交易或者给予财物搞钱色交易的，给予警告或者严重警告处分；情节较重的，给予撤销党内职务或者留党察看处分；情节严重的，给予开除党籍处分。

2.《中华人民共和国公职人员政务处分法》第四十条第一款第六项：

有下列行为之一的，予以警告、记过或者记大过；情节较重的，予以降级或者撤职；情节严重的，予以开除：

（六）其他严重违反家庭美德、社会公德的行为。

廉政提醒

LIANZHENG TIXING

党员干部搞权色、钱色交易，既严重损害党和国家的形象，侵犯党员干部的职务廉洁性，又引发社会风气败坏。在反腐败高压态势下，一些党员干部仍然守不住清廉，耐不住寂寞，抗不住诱惑，最终走上权色、钱色交易、腐化堕落的道路。党员干部要始终坚持党性原则，对权、财、色万不该逾规失矩，自陷险境。

【群众纪律】

禁令 99

严禁向群众摊派费用

【违纪案例】

李某，中共党员，某村党支部书记。某村在修建本村进村公路时，李某要求本村拥有小轿车的家庭每户多交 500 元修路费。

【禁令解析】

向群众摊派费用行为，是指党和国家工作人员或者其他从事公务的人员中的党员利用职务便利，超标准、超范围向群众筹资筹劳、摊派费用的行为。

一些地区和部门违反国家规定乱收费、乱摊派，不仅加重了企事业单位和群众的负担，造成国家财政收入的大量流失和浪费，而且背离了为人民服务的宗旨，助长了不正之风，严重损害党和政府同人民群众的血肉联系，挫伤企事业单位和群众的积极性，影响经济发展和社会稳定，必须坚决加以制止。这里的“费用”，既包括货币，也包括可以用货币计算的物品、财产性利益等。“违反规定收取财物”，主要是指在国家法律、法规和有关规定之外，任意增加收费项目，或者提高收费标准等。“违反规定摊派费用”，主要是指在国家法律、法规和有关规定之外，要求有关单位或个人无偿地、非自愿地提供财力、物力和人力的行为。

【纪法适用】

1.《中国共产党纪律处分条例》第一百二十二条第一款第一项：

有下列行为之一，对直接责任者和领导责任者，情节较轻的，给予警告或者严重警告处分；情节较重的，给予撤销党内职务或者留党察看处分；情节严重的，给予开除党籍处分：

（一）超标准、超范围向群众筹资筹劳、摊派费用，加重群众负担。

2.《中华人民共和国公职人员政务处分法》第三十八条第一款第一项：

有下列行为之一，情节较重的，予以警告、记过或者记大过；情节严重的，予以降级或者撤职：

（一）违反规定向管理服务对象收取、摊派财物的。

廉政提醒

LIANZHENG TIXING

群众纪律是党的性质和宗旨的体现，是密切党同群众血肉联系的重要保证，是我们党区别于其他政治组织的显著标志和政治优势。党员、干部一定要增强党章意识、宗旨意识，在任何时候都把群众利益放在第一位，坚持权为民所用、情为民所系、利为民所谋，绝不能脱离群众，甚至凌驾于群众之上。

禁令 100

严禁违规扣留群众款物

【违纪案例】

郑某、袁某，某村党支部书记、村文书。2017 年 8 月以来，郑某、袁某借给农户发放种子、农药、化肥等惠农物资之机，违规收取每户 200 元手续费，共计 2.2 万元，用于村其他开支。

【禁令解析】

违规扣留群众款物行为，是指党和国家工作人员或者其他从事公务的人员中的党员利用职务便利，违规扣留、收缴群众款物或者处罚群众的行为。

【纪法适用】

1.《中国共产党纪律处分条例》第一百二十二条第一款第二项：

有下列行为之一，对直接责任者和领导责任者，情节较轻的，给予警告或者严重警告处分；情节较重的，给予撤销党内职务或者留党察看处分；情节严重的，给予开除党籍处分：

（二）违反有关规定扣留、收缴群众款物或者处罚群众。

2.《中华人民共和国公职人员政务处分法》第三十八条第一款第五项：

有下列行为之一，情节较重的，予以警告、记过或者记大过；情节严重的，予以降级或者撤职：

（五）其他侵犯管理服务对象利益的行为，造成不良后果或者影响的。

廉政提醒

LIANZHENG TIXING

严明的群众纪律，是我们党先进性的具体体现。群众利益无小事，各级党组织和党员干部，必须坚持全心全意为人民服务的宗旨，时刻注意维护人民群众的利益，绝不能以任何借口、任何形式侵占和损害人民群众的利益。

禁令 101

严禁克扣群众财物或违规拖欠群众钱款

【违纪案例】

鲁某，某镇政府工作人员。2017 年 11 月，该镇某村实施小城镇景观大道建设项目。鲁某在兑付该村 8 户土地补偿款时仅兑付 6 万元，剩余的 25054.6 元迟迟未付。2018 年 1 月 5 日，在民生监督组的督促下，鲁某将剩余的土地补偿款发放到农户手中。

【禁令解析】

克扣群众财物或违规拖欠群众钱款行为，是指党和国家工作人员或者其他从事公务的人员中的党员利用职务便利，克扣群众财物或违规拖欠群众钱款的行为。

【纪法适用】

1.《中国共产党纪律处分条例》第一百二十二条第一款第三项：

有下列行为之一，对直接责任者和领导责任者，情节较轻的，给予警告或者严重警告处分；情节较重的，给予撤销党内职务或者留党察看处分；情节严重的，给予开除党籍处分：

（三）克扣群众财物，或者违反有关规定拖欠群众钱款。

2.《中华人民共和国公职人员政务处分法》第三十八条第一款第五项：

有下列行为之一，情节较重的，予以警告、记过或者记大过；情节严重的，予以降级或者撤职：

（五）其他侵犯管理服务对象利益的行为，造成不良后果或者影响的。

廉 政 提 醒

LIANZHENG TIXING

民心是最大的政治。近年来，国家出台了一系列的扶贫、惠农政策，大量扶贫项目下到基层，有的却成为党员干部觊觎的“蛋糕”，随之产生各种腐败行为。农村“微腐败”虽然层次不高，但与群众关系密切，直接危害群众的根本利益。“微腐败”严重败坏政治生态和社会风气，极大地损害党和政府形象，严重影响党的执政之基，给农村经济社会发展带来负面影响。

禁令 102

严禁违规收取费用

【违纪案例】

严某，中共党员，某镇社保所所长。严某利用帮助村民办理低保的职务便利，向每名低保户收取 10 元手续费，用于所里日常开支。

【禁令解析】

违规收取费用行为，是指党和国家工作人员或者其他从事公务的人员中的党员利用职务便利，在管理、服务活动中违规收取费用的行为。

【纪法适用】

1.《中国共产党纪律处分条例》第一百二十二条第一款第四项：

有下列行为之一，对直接责任者和领导责任者，情节较轻的，给予警告或者严重警告处分；情节较重的，给予撤销党内职务或者留党察看处分；情节严重的，给予开除党籍处分：

（四）在管理、服务活动中违反有关规定收取费用。

2.《中华人民共和国公职人员政务处分法》第三十八条第一款第五项：

有下列行为之一，情节较重的，予以警告、记过或者记大过；

情节严重的，予以降级或者撤职：

（五）其他侵犯管理服务对象利益的行为，造成不良后果或者影响的。

廉政提醒

LIANZHENG TIXING

革命战争年代，党制定了《三大纪律八项注意》，重要的一条就是不拿群众一针一线。实现、维护和发展最广大人民群众的根本利益，是党永远不变的根本目的。密切联系群众是我们党的最大优势。我们任何时候都不能削弱和丢掉这个优势，否则党的一切工作就会成为无源之水、无本之木，就会招致挫折和失败。

禁令 103

严禁刁难群众、吃拿卡要

【违纪案例】

李某，中共党员，某镇派出所所长。在返还失主被盗电动车时，李某要求失主给予其500元劳务费。

【禁令解析】

刁难群众、吃拿卡要行为，是指党和国家工作人员或者其他从事公务的人员中的党员利用职务便利，在办理涉及群众事务时刁难群众、吃拿卡要的行为。

一些公职人员不能正确对待手中的权力，把公权力异化为

“私权力”，把服务人民群众的义务当作管理人民群众的特权，甚至借机以权谋私，严重损害党和政府的形象，应当予以禁止。“故意刁难”通常是指对应当为管理服务对象办理的事项故意拖延不办，想方设法出难题、设障碍、使绊子，使本来可以按照规定程序和条件顺利办理的事项迟迟不能办结，也就是通常所说的“门难进、脸难看、事难办”。“吃拿卡要”是对公职人员在履职过程中，利用职务便利向管理服务对象索取好处行为的形象刻画。所谓“吃”，主要是接受管理服务对象的宴请；所谓“拿”，一般是凭借管理权，不管管理服务对象愿意与否，强拿硬占管理服务对象的物品；所谓“要”，通常是主动通过提要求、暗示等方式向管理服务对象要钱要物；而“卡”则是有意刁难管理服务对象，给来办事的管理服务对象制造障碍，“卡”的目的多是为了“吃、拿、要”。“吃拿卡要”的财物一般数额较小，如果索要财物数额较大，则同时也违反了廉洁纪律，甚至涉嫌受贿犯罪。

【纪法适用】

1.《中国共产党纪律处分条例》第一百二十二条第一款第五项：

有下列行为之一，对直接责任者和领导责任者，情节较轻的，给予警告或者严重警告处分；情节较重的，给予撤销党内职务或者留党察看处分；情节严重的，给予开除党籍处分：

（五）在办理涉及群众事务时刁难群众、吃拿卡要。

2.《中华人民共和国公职人员政务处分法》第三十八条第一款第二项：

有下列行为之一，情节较重的，予以警告、记过或者记大过；情节严重的，予以降级或者撤职：

（二）在管理服务活动中故意刁难、吃拿卡要的。

廉政提醒

LIANZHENG TIXING

吃一点、拿一点看似不起眼，但一些党员干部正是从小事小节上开始失守，逐渐迷失方向，积小错成大错，积小腐成大腐。有的党员干部宗旨意识淡化，认为“我替你办事，拿一点也是应该的”，对于自身吃拿卡要的行为不以为耻，反而觉得是人之常情、工作“惯例”。吃拿卡要问题严重侵害群众的切身利益，降低了群众对正风反腐的获得感。党员干部在与群众打交道时，要时刻绷紧纪律之弦，切记“莫伸手，伸手必被捉”。

禁令 104

严禁干涉生产经营自主权

【违纪案例】

李某，中共党员，某市直单位驻村扶贫第一书记。李某在挂点扶贫期间，为了作出成绩，在未做任何调研的情况下，便召集村干部开会，明确要求将村集体土地上所种的桔子树全部挖掉改种草莓。村民、村干部多次提出村里的土地不适宜种草莓，但李某不听。后来新种的草莓全部枯死，致使村民遭受重大损失。

【禁令解析】

干涉生产经营自主权行为，是指党和国家工作人员或者其他从事公务的人员中的党员利用职权，干涉生产经营自主权，致使群众财产遭受较大损失的行为。

《农村基层干部廉洁履行职责若干规定（试行）》等有关规定对干涉群众所拥有的支配使用自己的人力、物力、财力，自行组织生产经营权利的行为作出了明确规定。《中国共产党纪律处分条例》第一百二十三条规定有利于遏制此类行为的发生。根据我国农业发展政策规定，地方政府在开展农业生产规划、示范田建设、特殊农业种植、推广农业技术等工作时，应当遵循经济规律，以市场需求为导向，尊重农民意愿和经营自主权，充分调动农民的生产积极性，不得搞强迫命令和行政瞎指挥，不得搞“一刀切”和“大跃进”，否则，应当依据规定追究相关人员的党纪责任。如果干涉生产经营自主权，违反了相关法律法规的规定，应当适用《中国共产党纪律处分条例》总则中纪法衔接条款处理。例如，根据《中华人民共和国农业技术推广法》规定，向农业劳动者、农业生产经营组织推广未经试验证明具有先进性、适用性或者安全性的农业技术，造成损失的，应当承担赔偿责任。这种情况下，需要追究党纪责任的，应当适用《中国共产党纪律处分条例》总则中纪法衔接条款处理。

【纪法适用】

1.《中国共产党纪律处分条例》第一百二十三条：

干涉生产经营自主权，致使群众财产遭受较大损失的，对直接责任者和领导责任者，给予警告或者严重警告处分；情节严重的，给予撤销党内职务或者留党察看处分。

2.《中华人民共和国公职人员政务处分法》第三十八条第一款第五项：

有下列行为之一，情节较重的，予以警告、记过或者记大过；情节严重的，予以降级或者撤职：

（五）其他侵犯管理服务对象利益的行为，造成不良后果或者影响的。

廉政提醒

LIANZHENG TIXING

“群众是真正的英雄，而我们自己则往往是幼稚可笑的”。毛泽东同志的这句名言，表达朴实直白，道理深刻隽永。但少数党员干部偏偏将其抛之脑后，他们以“调整产业结构”“造福群众”等为名，擅自替群众作主、代群众决策，甚至搞强迫命令，不顾群众意愿和实际情况，干涉生产经营自主权，没有以市场需求为导向，违背了经济规律，最终给群众财产造成损失，也应受到相应处分。

禁令 105

严禁优亲厚友

【违纪案例】

李某，某镇党委书记。李某负责扶贫费发放工作。李某应其岳父请托，通过擅自提高扶贫费帮助其妻子的姑母赵某等亲属多获得扶贫款4000元，而该镇其他人员得到的扶贫款仅有赵某的一半。后有群众反映此事，并在镇政府聚集，李某态度蛮横强硬，造成不良影响。李某被给予党内严重警告处分。

【禁令解析】

优亲厚友行为，是指党和国家工作人员或者其他从事公务的人员中的党员在社会保障、社会救助、政策扶持、救灾救济款物分配等事项中优亲厚友，明显有失公平的行为。

《农村基层干部廉洁履行职责若干规定（试行）》规定，乡镇领导班子成员和基层站所负责人不准在社会保障、政策扶持、救灾救济款物分配等事项中违规办事、显失公平；村党组织领导班子成员和村民委员会成员不准在政府拨付和接受社会捐赠的各类救灾救助、补贴补助资金、物资以及退耕还林退牧还草款物、征地补偿费使用分配发放等方面违规操作、挪用、侵占，或者弄虚作假、优亲厚友。

社会保障、社会救助、政策扶持、救灾救济款物分配等事项是解决民生问题的重要内容，涉及广大群众切身利益，理应按照民主决策程序执行。但是，在相关政策具体执行过程中，一些从事社会保障、社会救助、政策扶持、救灾救济款物等事项分配的党员在执行公务过程中，不按照民主决策程序办理，不能正确处理亲属、朋友与群众的关系，厚此薄彼，侵害群众利益；不按照规定标准执行，使不该享受的人员享受了相关的待遇，应该享受的人员享受不到或者比规定的标准享受得低，明显不公平、不公正。这些行为不但损害了广大群众的利益，也破坏党群、干群关系，应当按照《中国共产党纪律处分条例》第一百二十四条规定给予相应处理；如果借机对群众吃拿卡要，则同时违反了第一百二十二条第一款第五项规定，应当合并处理，其中有在乡村振兴领域借机对群众吃拿卡要的，还要从重或者加重处分；如果存在收受或者索取他人财物的情形，涉嫌受贿的，应当适用总则中纪法衔接条款处理。

【纪法适用】

1.《中国共产党纪律处分条例》第一百二十四条：

在社会保障、社会求助、政策扶持、救灾救济款物分配等事项中优亲厚友、明显有失公平的，给予警告或者严重警告处分；情节较重的，给予撤销党内职务或者留党察看处分；情节严重的，给予开除党籍处分。

2.《中华人民共和国公职人员政务处分法》第三十八条第一款第五项：

有下列行为之一，情节较重的，予以警告、记过或者记大过；情节严重的，予以降级或者撤职：

（五）其他侵犯管理服务对象利益的行为，造成不良后果或者影响的。

廉政提醒

LIANZHENG TIXING

立党为公、执政为民是我们党的郑重承诺。习近平总书记强调："我们共产党人决不能搞封建社会那种'封妻荫子'、'一人得道，鸡犬升天'的腐败之道！否则，群众是要戳脊梁骨的！"优亲厚友现象有损群众利益与社会公平正义，广大群众极为不满，必须以零容忍态度予以纠正与惩治。

禁令 106

严禁利用宗族或者黑恶势力等欺压群众

【违纪案例】

李某，某村党支部书记。李某是横行乡里涉黑组织的头目，经常利用黑恶势力欺压群众。李某将自己的供热公司建在本村村口，村民尹某居住在供热公司旁边受到严重粉尘污染。尹某因向市有关部门反映供热公司的污染问题，遭到了李某的手下殴打。

【禁令解析】

利用宗族或者黑恶势力等欺压群众行为，是指党员利用宗族或者黑恶势力等欺压人民群众的行为。

从查处的基层腐败案件看，很多都和黑恶势力相关。比如，有的不仅不依法履行职责、打击黑恶势力，反而与黑社会性质组织头目长期交往、收受贿赂，纵容黑社会性质组织在街道辖区内从事违法犯罪活动；有的与不法企业主违规合伙采矿，存在直接利益关系，对企业主涉嫌妨害公务、敲诈勒索等犯罪行为疏于履行职责，致使企业主组织、领导的黑社会性质组织得以坐大，造成严重的社会危害和恶劣的社会影响。扫黑除恶专项斗争事关社会大局稳定和国家长治久安，事关人心向背和基层政权巩固，事关进行伟大斗争、建设伟大工程、推进伟大事业、实现伟大梦想。中共中央、国务院《关于开展扫黑除恶专项斗争的通知》强调，“把扫黑除恶与反腐败斗争和基层‘拍蝇’结合起来，深挖黑恶势力‘保护伞’”，“对黑社会性质组织犯罪组织者、领导者、骨干成员及其‘保护伞’要依法从严惩处”。当前，基层干部队伍主流是好的，但在一些地方、部门、单位，基层干部不正之风和腐败问题还易发多发、量大面广。有的执法不公，甚至成为家族势力、黑恶势力的代言人，横行乡里、欺压百姓。这些行为损害的是老百姓切身利益，啃食的是群众获得感，挥霍的是基层群众对党的信任。要依法打击村霸黑恶势力，认真纠正和严肃查处基层贪腐以及执法不公等问题，推动全面从严治党向基层延伸，维护群众切身利益，不断增强人民群众的获得感、幸福感、安全感。

贯彻党中央要求，《中国共产党纪律处分条例》第一百二十五条将利用宗族或者黑恶势力等欺压群众，或者纵容涉黑涉恶活动、为黑恶势力充当“保护伞”行为规定为违反群众纪律的行为，给予撤销党内职务或者留党察看处分；情节严重的，给予开除党籍处分。该条立足于“利用”“纵容”和充当“保护伞”的行为，如果党员直接参与黑恶势力或者有其他与黑恶势力有关的行为涉嫌违法犯罪的，应当适用总则中纪法衔接条款处理。

【纪法适用】

1.《中国共产党纪律处分条例》第一百二十五条：

利用宗族或者黑恶势力等欺压群众，或者纵容涉黑涉恶活动、为黑恶势力充当“保护伞”的，给予撤销党内职务或者留党察看处分；情节严重的，给予开除党籍处分。

2.《中华人民共和国公职人员政务处分法》第三十八条第一款第五项：

有下列行为之一，情节较重的，予以警告、记过或者记大过；

情节严重的，予以降级或者撤职：

（五）其他侵犯管理服务对象利益的行为，造成不良后果或者影响的。

廉政提醒

LIANZHENG TIXING

习近平总书记强调，“对基层贪腐以及执法不公等问题，要认真纠正和严肃查处，维护群众切身利益，让群众更多感受到反腐倡廉的实际成果”。有的党员干部平日与涉黑涉恶人员称兄道弟、勾肩搭背、沆瀣一气，为其提供“力所能及”的帮助，全然忘记了自己的身份。有的党员干部利用自身职务便利或职务影响，在黑恶势力和有关单位之间充当“掮客”或居中调节，企图掩人耳目，使黑恶势力暗中获利。更有甚者，个别党员干部直接成为黑恶组织的一员，甚至“导演”涉黑涉恶的相关活动。这些行为损害了老百姓的切身利益，必须发现一起严肃查处一起，无论什么人、处在什么职位，都将依纪依法受到严肃追究。

禁令 107

严禁为黑恶势力充当“保护伞”

【违纪案例】

许某，某村党支部原书记。许某与村民王某等 12 人，利用家族关系以及经济利益关系形成涉恶势力集团，多次以寻衅滋事、恐吓辱骂、殴打拦截、持械阻挠等形式，争夺工程地材经营权和隧道“洞渣”处理权，造成他人人身、财产损失和极其恶劣的社会影响，致使工程施工方无法正常施工，严重影响省、市重点工程施工计划，严重破坏社会正常秩序。

【禁令解析】

为黑恶势力充当“保护伞”行为，是指国家机关工作人员中的党员纵容涉黑涉恶活动，包庇黑恶势力，充当“保护伞”的行为。

所谓黑恶势力“保护伞”，主要是指国家公职人员利用手中权力，参与涉黑涉恶违法犯罪，或包庇纵容黑恶犯罪、有案不立、立案不查、查案不力，为黑恶势力违法犯罪提供便利条件，帮助黑恶势力逃避惩处，充当黑恶势力“保护伞”等行为。

【纪法适用】

1.《中国共产党纪律处分条例》第一百二十五条：

利用宗族或者黑恶势力等欺压群众，或者纵容涉黑涉恶活动、为黑恶势力充当“保护伞”的，给予撤销党内职务或者留党察看处分；情节严重的，给予开除党籍处分。

2.《中华人民共和国公职人员政务处分法》第三十八条第一款第五项：

有下列行为之一，情节较重的，予以警告、记过或者记大过；情节严重的，予以降级或者撤职：

（五）其他侵犯管理服务对象利益的行为，造成不良后果或者影响的。

廉政提醒

LIANZHENG TIXING

黑恶势力是社会毒瘤，人民群众深恶痛绝。扫黑必“打伞”，精准查处涉黑涉恶腐败和“保护伞”，才能铲除黑恶势力滋生土壤。不管党员干部是否利用其职权、地位、影响等国家工作人员之身份实行，只要其行为目的是为了帮助黑恶势力蔓延坐大，妨碍、阻止司法机关和其他国家机关对黑恶势力及其成员追究法律责任，都属于充当黑恶势力“保护伞”行为。要深挖彻查放纵、包庇黑恶势力甚至充当“保护伞”的党员干部和其他公职人员，推动扫黑除恶专项斗争深入开展，切实增强群众安全感。

禁令 108

严禁在解决涉及群众生产、生活等切身利益问题时庸懒无为、效率低下

【违纪案例】

高某，中共党员，某镇国土资源所副所长。该镇国土资源所对群众反映违规建房的举报敷衍推脱，对违建行为放任不管，执法不到位。举报人三年来多次举报，相关违建房屋一直未能拆除。

【禁令解析】

在解决涉及群众生产、生活等切身利益问题时庸懒无为、效率

低下行为，是指党和国家工作人员或者其他从事公务的人员中的党员对涉及群众切身利益的问题能解决而不及时解决，造成不良影响的行为。

“涉及群众生产、生活等切身利益的问题”主要包括企业改制、土地征用、城镇拆迁、食品药品质量、安全生产、环境保护等问题。《关于新形势下党内政治生活的若干准则》指出，一些党员、干部包括高级干部中，“理想信念不坚定、对党不忠诚、纪律松弛、脱离群众、独断专行、弄虚作假、庸懒无为”。《中国共产党纪律处分条例》将“庸懒无为、效率低下”与“对涉及群众生产、生活等切身利益的问题依照政策或者有关规定能解决而不及时解决”放在一起，使规定更加明确、易于理解。本行为是客观存在依照政策或者有关规定能解决而不解决的情形。现实中，涉及群众生产、生活等切身利益的问题有的是缺乏政策依据，或者是政策规定不允许，如果属于此类问题而没有解决的，不以违纪行为论处。

【纪法适用】

1.《中国共产党纪律处分条例》第一百二十六条第一项：

有下列行为之一，对直接责任者和领导责任者，情节较重的，给予警告或者严重警告处分；情节严重的，给予撤销党内职务或者留党察看处分：

（一）对涉及群众生产、生活等切身利益的问题依照政策或者有关规定能解决而不及时解决，庸懒无为、效率低下，造成不良影响。

2.《中华人民共和国公职人员政务处分法》第三十八条第一款第五项：

有下列行为之一，情节较重的，予以警告、记过或者记大过；

情节严重的，予以降级或者撤职：

（五）其他侵犯管理服务对象利益的行为，造成不良后果或者影响的。

廉政提醒

LIANZHENG TIXING

当前，在服务群众方面，有的单位虽然表面上“门好进、脸好看”，但还是“事难办”，将过去的“管卡压”变成了现在的“推绕拖”。尸位素餐本身就是腐败，不作为的“懒政”也是腐败，党员领导干部“无为”的直接后果就是人民群众利益的损失，要坚决纠正一些党员领导干部爱惜羽毛、回避问题、庸懒无为，一些基层干部不作为、乱作为、冷硬横推问题。

禁令 109

严禁对符合政策的群众诉求消极应付

【违纪案例】

王某，中共党员，某乡原副乡长。王某在某个工作日中午违规饮酒后，在乡政府接待来访群众时，对群众诉求消极应付，推诿扯皮，造成不良影响。

【禁令解析】

对符合政策的群众诉求消极应付行为，是指党和国家工作人员或者其他从事公务的人员中的党员对符合政策的群众诉求消极应付，推诿扯皮，损害党群、干群关系，情节较重的行为。

《关于新形势下党内政治生活的若干准则》强调：“反对官僚主义，重在解决脱离实际、脱离群众，消极应付、推诿扯皮，作风霸道、迷恋特权等问题。”中共中央《关于在全党深入开展党的群众路线教育实践活动的意见》强调：“在反对官僚主义方面，对各级党政机关特别是领导干部的勤政情况进行监督检查，坚决整治推诿扯皮、办事效率低下问题，专项治理消极应付、不作为、乱作为，门难进、脸难看、事难办以及侵害群众利益的问题。”

【纪法适用】

1.《中国共产党纪律处分条例》第一百二十六条第二项：

有下列行为之一，对直接责任者和领导责任者，情节较重的，给予警告或者严重警告处分；情节严重的，给予撤销党内职务或者留党察看处分：

（二）对符合政策的群众诉求消极应付、推诿扯皮，损害党群、干群关系。

2.《中华人民共和国公职人员政务处分法》第三十八条第一款第五项：

有下列行为之一，情节较重的，予以警告、记过或者记大过；情节严重的，予以降级或者撤职：

（五）其他侵犯管理服务对象利益的行为，造成不良后果或者影响的。

廉政提醒

LIANZHENG TIXING

近年来，一些党员干部不作为的问题较为突出，群众反映强烈。党员干部不作为，有的是因为能力问题，但更多的是因为态度问题、责任问题。在他们看来，对群众的合理诉求，拖一拖、缓一缓，哪怕是让群众多跑几趟，顶多是作风上的小事，没啥大不了的。这种行为表面上看只是工作态度问题，实质上却是官僚作风、特权思想的表现。党员干部、公职人员必须杜绝此类行为。

禁令 110

严禁对待群众态度恶劣、简单粗暴

【违纪案例】

廖某，中共党员，某县政务大厅窗口办事员。2019 年 6 月 3 日下午 3 点，县政务大厅有 3 名群众正在等候办事，廖某坐在椅子上打瞌睡。群众多次提醒其已经到上班时间了，请其办事，廖某却装作没有听见，一直呼呼大睡。其行为被群众录制成视频放到网上，造成严重不良社会影响。

【禁令解析】

对待群众态度恶劣、简单粗暴行为，是指党和国家工作人员或者其他从事公务的人员中的党员对待群众态度恶劣、简单粗暴，造成不良影响的行为。

这里的“态度恶劣、简单粗暴”，主要是指在工作中对人或事的态度冷漠、生硬、蛮横，语言粗俗，训斥甚至辱骂管理服务对象，以及独断专行，不顾及管理服务对象的想法和感受等。需要注意的是，对于公职人员在管理服务活动中态度恶劣粗暴的行为给予政务处分的，需要把握“造成不良后果或者影响”这一情节要件。

【纪法适用】

1.《中国共产党纪律处分条例》第一百二十六条第三项：

有下列行为之一，对直接责任者和领导责任者，情节较重的，给予警告或者严重警告处分；情节严重的，给予撤销党内职务或者留党察看处分：

（三）对待群众态度恶劣、简单粗暴，造成不良影响。

2.《中华人民共和国公职人员政务处分法》第三十八条第一款第三项：

有下列行为之一，情节较重的，予以警告、记过或者记大过；情节严重的，予以降级或者撤职：

（三）在管理服务活动中态度恶劣粗暴，造成不良后果或者影响的。

廉政提醒

怎么对待群众，既是政治立场、政治本色问题，也是态度问题、感情问题。党员干部，尤其是领导干部，要时刻提醒自己是服务群众的，要注意工作态度，不要以领导自居，搞门难进、脸难看、事难办那一套。对群众讲不讲感情，这是党员干部党性强不强的重要体现。作为一名党员干部，应当践行党的宗旨，把服务群众作为自身的第一职责，努力解决好群众的问题，为群众办好事、让群众好办事。

禁令 111

严禁弄虚作假，欺上瞒下

【违纪案例】

张某，中共党员，某乡乡长。2016 年 11 月，在乡政府推进各村打井建设中，将县政府拨付的 60 万元打井专项资金挪作他用，致使 3 个村饮用水问题难以解决。在上级部门要求上报打井情况时，张某向上汇报问题已经解决，对村民说打井资金还未拨付。

【禁令解析】

弄虚作假，欺上瞒下行为，是指党和国家工作人员或者其他从事公务的人员中的党员弄虚作假，欺上瞒下，损害群众利益，情节较重的行为。

根据党的十八大以来群众路线教育实践活动的工作要求，乡镇、街道领导班子和领导干部重点解决不关心群众冷暖，责任心不强，落实惠民政策缩水走样，工作方式简单粗暴、弄虚作假等问题。中共中央《关于加强和改进党的作风建设的决定》强调，正确认识和评价干部政绩，建立和完善科学的考核标准，坚决刹住弄虚作假、欺上瞒下、追名逐利的歪风。

【纪法适用】

1.《中国共产党纪律处分条例》第一百二十六条第四项：

有下列行为之一，对直接责任者和领导责任者，情节较重的，给予警告或者严重警告处分；情节严重的，给予撤销党内职务或者留党察看处分：

（四）弄虚作假，欺上瞒下，损害群众利益。

2.《中华人民共和国公职人员政务处分法》第三十八条第一款第五项：

有下列行为之一，情节较重的，予以警告、记过或者记大过；情节严重的，予以降级或者撤职：

（五）其他侵犯管理服务对象利益的行为，造成不良后果或者影响的。

廉政提醒

LIANZHENG TIXING

一些地方和干部存在政策棚架、阳奉阴违、弄虚作假、欺上瞒下、作风漂浮等问题。对说起来重要、喊起来响亮、做起来“挂空挡”的，“只听楼梯响、不见人下来”的，空谈口号、政策棚架的，爱惜羽毛、回避问题、不作为乱作为的，表态多调门高、行动少落实差等行为，要严肃查处、坚决问责。

禁令 112

严禁见危不救

【违纪案例】

唐某，中共党员，某市直单位工作人员。唐某在驾驶公车返回单位的路上看到路边发生了一起交通事故，有人躺在地上呼救，其下车看了几眼，怕说不清担责任，没有管受伤的人便走了，也未报警或叫救护车。因该条路较为偏僻，该名群众未得到救治而死亡。

【禁令解析】

见危不救行为，是指党员领导干部在遇到国家财产和群众生命财产受到严重威胁时，能救而不救，情节较重的行为。

党章第三条规定了党员的义务，其中第八项规定："发扬社会主义新风尚，带头实践社会主义核心价值观和社会主义荣辱观，提倡共产主义道德，弘扬中华民族传统美德，为了保护国家和人民的利益，在一切困难和危险的时刻挺身而出，英勇斗争，不怕牺牲。"第六条入党誓词规定了"随时准备为党和人民牺牲一切"的内容。《中国共产党纪律处分条例》第一百二十七条规定是上述义务和要求的纪律保障。

违反《中国共产党纪律处分条例》第一百二十七条的行为主要表现为消极的不作为，既适用于党员，也适用于党组织。如果党员具有特定身份、特定职责、特定义务，在履行职责过程中能救而不救，涉嫌违反有关法律规定的，构成失职、渎职，应当适用《中国共产党纪律处分条例》总则中纪法衔接条款处理。违反《中国共产党纪律处分条例》第一百二十七条规定的行为必须具备确实存在国家财产和群众生命财产受到严重威胁的情况，必须属于能救而不救的情况。如何确定党员是否具备施救或者提供帮助的能力和条件，要结合当时所处的实际情况综合判断。

【纪法适用】

1.《中国共产党纪律处分条例》第一百二十七条：

遇到国家财产和群众生命财产受到严重威胁时，能救而不救，情节较重的，给予警告、严重警告或者撤销党内职务处分；情节严重的，给予留党察看或者开除党籍处分。

2.《中华人民共和国公职人员政务处分法》第三十八条第一款第五项：

有下列行为之一，情节较重的，予以警告、记过或者记大过；情节严重的，予以降级或者撤职：

（五）其他侵犯管理服务对象利益的行为，造成不良后果或者影响的。

廉政提醒

LIANZHENG TIXING

关键时刻站得出来，危难时刻挺身而出，许许多多共产党员用生命和英勇践行着党章规定的神圣义务。勇于牺牲，乐于奉献，是高尚的共产主义道德情操，需要平时的锤炼、养成，需要日常的坚守、巩固，也需要危急时刻的检验、升华。困难和危险当前，党员干部履行义务、挺身而出，光荣；逡巡畏进、见义怯为，可耻；冷漠逃避、能救不救，造成恶劣影响，则必会受到党纪严惩。

禁令 113

严禁侵害群众知情权

【违纪案例】

余某，某村党支部书记、村委会主任。2012 年 1 月至 2019 年 1 月，余某在担任某村党支部书记、村委会主任期间，村财务不公开。2019 年 2 月，该村多名群众上访要求村务公开，造成严重不良社会影响。

【禁令解析】

侵害群众知情权行为，是指党员领导干部或党组织不按照规定公开党务、政务、厂务、村（居）务等，侵犯党员知情权，情节较重的行为。

“接受党内外群众的监督”，是党章对党员提出的具体要求。党的二十大报告指出，“必须坚定不移走中国特色社会主义政治发展道路，坚持党的领导、人民当家作主、依法治国有机统一，坚持人民主体地位，充分体现人民意志、保障人民权益、激发人民创造活力”。实行党务、政务、厂务、村（居）务等事务公开，把权力放在阳光之下，置于群众监督之中，使人们了解权力运行的规定，看清权力运行的程序和结果，切实保障人民群众的知情权、参与权、表达权、监督权，对于推进基层民主建设，密切党群、干群关系，巩固党的执政基础和执政地位，具有重要的意义。《中国共产党党务公开条例（试行）》《关于全面推进政务公开工作的意见》

《关于在国有企业、集体企业及其控股企业深入实行厂务公开制度的通知》《中共中央办公厅、国务院办公厅关于健全和完善村务公开和民主管理制度的意见》等党内法规和规范性文件等，对党务、政务、厂务、村（居）务等事务公开的内容、公开范围、程序等事项进行了规范，各级党组织和广大党员干部应当严格按照规定实行公开，保障群众知情权，接受群众监督。

《中国共产党纪律处分条例》第一百二十八条既适用于党组织，也适用于党员。除了党务、政务、厂务、村（居）务外，还存在学校校务公开、医院医务公开等事务公开制度，均有相应的规范性文件对其内容、形式进行规范。如果不按规定公开，均属于侵犯群众知情权，需要追究党纪责任的，可以依照该条规定追究党纪责任。违反《中国共产党纪律处分条例》第一百二十八条规定的行为，情节较重的，给予党纪处分。按照注重抓早抓小的要求，对于情节轻微的行为，各级党组织应当正确把握和运用监督执纪“四种形态”，坚持惩前毖后、治病救人的原则，可以运用批评教育、诫勉谈话、组织处理等方式进行处理。

【纪法适用】

1.《中国共产党纪律处分条例》第一百二十八条：

不按照规定公开党务、政务、厂务、村（居）务等，侵犯群众知情权，对直接责任者和领导责任者，情节较重的，给予警告或者严重警告处分；情节严重的，给予撤销党内职务或者留党察看处分。

2.《中华人民共和国公职人员政务处分法》第三十八条第一款第四项：

有下列行为之一，情节较重的，予以警告、记过或者记大过；

情节严重的，予以降级或者撤职：

（四）不按照规定公开工作信息，侵犯管理服务对象知情权，造成不良后果或者影响的。

廉政提醒

LIANZHENG TIXING

阳光是最好的防腐剂。深入推进党务、政务、厂务、村（居）务公开，保障群众知情权，是加强民主监督，治理群众身边的腐败和“四风”问题的重要举措。接受党内外群众的监督是党章规定的一项具体要求，没有公开就没有监督，党员干部要增强党章党规意识，切实保障群众的知情权，自觉接受社会各界的监督。

【工作纪律】

禁令 114

严禁工作不负责任或疏于管理

【违纪案例】

陈某，中共党员，某市海洋与渔业局局长。2017 年 7 月以来，市委、市政府多次召开会议部署保护生态环境、防治污染问题整改工作，并明确由市海洋与渔业局牵头整改违规养殖影响海洋生态环境问题。陈某既没有及时组织传达、部署有关工作，也没有及时有效督促落实。2017 年 11 月，该局推进这项工作不力被通报批评后，陈某仍没有按要求拿出工作方案和具体措施，也未督促相关业务科室抓落实。2017 年 12 月 13 日，上级有关部门进驻该市检查，次日该局才照搬照抄上级文件下发工作方案，且该方案没有细化目标、任务、时限和具体措施。陈某受到政务警告处分。

【禁令解析】

工作不负责任或疏于管理行为，是指党组织负责人在工作中不负责任或者疏于管理，贯彻执行、检查督促落实上级决策部署不力，给党、国家和人民利益以及公共财产造成较大损失的行为。

党的宗旨是全心全意为人民服务。党的各级组织、党员务必执政为民、尽职尽责。对一些党组织、党员存在的懒政、怠政、慢作为、不作为等行为，必须追究党纪责任。

本行为针对的是党组织负责人。这里的负责人不仅是指党组织的主要负责人，也包括其他负责人。根据领导班子内部的工作职责分工，党组织负责人分别承担直接责任、主要领导责任或者重要领导责任。具体表现为在工作中不负责任或者疏于管理，贯彻执行、检查督促落实上级决策部署不力，给党、国家和人民利益以及公共财产造成较大损失的行为。本行为是由于工作中的不负责任或者疏于管理导致的后果，是党组织负责人失职失责，用形式主义、官僚主义态度对待党的工作，不负责任，使“两个维护”流于形式，得不到具体落实，本身就是不讲政治不作为的表现，是没有自觉与党中央保持一致的表现。

【纪法适用】

1.《中国共产党纪律处分条例》第一百三十条第一款：

工作中不负责任或者疏于管理，贯彻执行、检查督促落实上级决策部署不力，给党、国家和人民利益以及公共财产造成较大损失的，对直接责任者和领导责任者，给予警告或者严重警告处分；造成重大损失的，给予撤销党内职务、留党察看或者开除党籍处分。

2.《中华人民共和国公职人员政务处分法》第三十九条第一、二项：

有下列行为之一，造成不良后果或者影响的，予以警告、记过或者记大过；情节较重的，予以降级或者撤职；情节严重的，予以开除：

（一）滥用职权，危害国家利益、社会公共利益或者侵害公民、法人、其他组织合法权益的；

（二）不履行或者不正确履行职责，玩忽职守，贻误工作的。

廉政提醒

“一语不能践，万卷徒空虚。”让上级决策部署、群众需求呼声在本地区、本部门开花结果，是检验党员干部党性和政绩观的“试金石”，也是党员干部应有的责任担当。但当前仍有部分党员干部存在形式主义、官僚主义问题，表态多调门高、行动少落实差，把说了当做了，把做了当做成了，致使工作“悬在空中，停在纸上，落实在会议上，就是落不到行动上”。党员领导干部特别是“一把手”要始终牢记这条禁令，真正把自己摆进去、把职责摆进去、把工作摆进去，强化责任担当，力戒形式主义、官僚主义，不做政治麻木、办事糊涂的昏官，不做饱食终日、无所用心的懒官，不做推诿扯皮、不思进取的庸官，不做以权谋私、蜕化变质的贪官，以实际行动忠实践行“两个维护”。

禁令 115

严禁对到任前已经存在的问题推卸责任

【违纪案例】

2019 年以来，上级环保部门多次督促某县整改存在的偷排工业废水等问题。2024 年，郑某任该县委书记后，以该问题系上一级县委班子遗留为由，对于问题整改消极应付，推卸责任，导致该问题仍然存在，给当地环境造成极大污染。

【禁令解析】

对到任前已经存在的问题推卸责任行为，是指党员领导干部对于到任前已经存在且属于其职责范围内的问题，消极回避、推卸责任，造成严重损害或者严重损害或者严重不良影响的行为。

习近平总书记强调："我们要牢记一个道理，政贵有恒。为官一方，为政一时，当然要大胆开展工作、锐意进取，同时也要保持工作的稳定性和连续性。"一个领导干部未必会在一地长久任职，但党和国家的事业是接续不断的，地方经济的发展是一任接一任干出来的。事实上，新官接替的不仅是前任的职位，更是组织的信任和重托。在其位就要谋其政，这政绩既包括抓发展的新思路或新做法，也包括对老问题的关注和解决。接力棒既然交到手上，对老问题就要想办法解决，对"硬骨头"就要主动介入，能啃下一点是一点，为问题最终解决不断夯基垒台。"新官"必须理"旧账"，是对党员干部保持政治定力、驾驭局面、防范风险能力等的检验。《中国共产党纪律处分条例》第一百三十条规定，工作中不负责任或者疏于管理，贯彻执行、检查督促落实上级决策部署不力，给党、国家和人民利益以及公共财产造成较大损失的，对直接责任者和领导责任者，给予警告或者严重警告处分；造成重大损失的，给予撤销党内职务、留党察看或者开除党籍处分。党员领导干部对于到任前已经存在且属于其职责范围内的问题，消极回避、推卸责任，造成严重损害或者严重不良影响的，依照前款规定处理。

【纪法适用】

《中国共产党纪律处分条例》第一百三十条：

工作中不负责任或者疏于管理，贯彻执行、检查督促落实上级决策部署不力，给党、国家和人民利益以及公共财产造成较大损失的，对直接责任者和领导责任者，给予警告或者严重警告处分；造成重大损失的，给予撤销党内职务、留党察看或者开除党籍处分。

党员领导干部对于到任前已经存在且属于其职责范围内的问题，消极回避、推卸责任，造成严重损害或者严重不良影响的，依照前款规定处理。

廉政提醒

LIANZHENG TIXING

对到任前已经存在的问题推卸责任就是“新官”有的抱持“旧账与我无关”的心态，打着“上届的事不清楚”的幌子，不愿接这个“烫手山芋”；有的愿意理旧账，但因为不少旧账是糊涂账乃至烂账，最终没能理出头绪，造成恶劣影响。“新官不理旧账”的行为，损害的是政府形象、公共利益，可谓因私损公、因小失大。党员领导干部在各自岗位上应尽职尽责，以高度负责的态度，把对党忠诚体现在做好本职工作的实效上。

禁令 116

严禁工作中不敢斗争、临阵退缩

【违纪案例】

邱某，中共党员，某市委书记。2024 年 2 月，该市某县发生 6.8 级地震，造成房屋大面积倒塌，通信中断，断水断电，大量群众流离失所。邱某作为市委书记，因此前未经历过地震，且担心受到余震伤害，不敢到一线靠前指挥协调，导致救援方案迟迟无法执行，救援保障迟迟无法到位，给救援工作造成极大影响，造成人员及财产严重损失。

【禁令解析】

工作中不敢斗争、不愿担当行为，是指工作中不敢斗争、不愿担当，面对重大矛盾冲突、危机困难临阵退缩，造成不良影响或严重后果的行为。

斗争精神是我们党由小到大、从弱到强的重要法宝。敢于斗争、善于斗争是中国共产党的鲜明品格。党的二十大报告指出，加强干部斗争精神和斗争本领养成。勇于担当、敢于斗争是党员干部职责所在，也是共产党人不可战胜的强大精神力量。“见小利，不能立大功；存私心，不能谋公事。”一旦“私”字为上、“畏”字当头，就会得“软骨病”，就难以担当任事、秉公办事，难以坚持原则、铁面无私。《中国共产党纪律处分条例》第一百三十一条规定，工作中不敢斗争、不愿担当，面对重大矛盾冲突、危机困难临阵退缩，造成不良影响或者严重后果的，给予警告或者严重警告处分；情节严重的，给予撤销党内职务、留党察看或者开除党籍处分。

【纪法适用】

《中国共产党纪律处分条例》第一百三十一条：

工作中不敢斗争、不愿担当，面对重大矛盾冲突、危机困难临阵退缩，造成不良影响或者严重后果的，给予警告或者严重警告处分；情节严重的，给予撤销党内职务、留党察看或者开除党籍处分。

廉政提醒

LIANZHENG TIXING

现实中，有的党员干部遇到矛盾绕道走、碰到难题往上交、面对危机往后躲，把自身责任往外推，不敢动真碰硬。历史教训告诫我们，任何时候丢掉了斗争精神、丧失了斗争意志，我们的事业就会走下坡路。党员领导干部面对大是大非应敢于亮剑，面对矛盾敢于迎难而上，面对危机敢于挺身而出，面对失误敢于承担责任，面对歪风邪气敢于坚决斗争。

禁令 117

严禁形式主义、官僚主义

【违纪案例】

在某市辖区内，仅2023年7月的22个工作日中，就先后有12名市厅级干部到区里调研，流于形式。“几点几分到哪里，参观什么、听谁介绍、停留多长时间，几点几分离开，前往下一个地方，都有完备‘脚本’。”而有些地方更是像打造旅游路线一样打造“经典调研线路”，无论什么调研主题，领导干部们走的都是同一条线，访的是同一批对象，听的是同一套说辞。

【禁令解析】

形式主义、官僚主义行为，是指党和国家工作人员或者其他从事公务的人员中的党员在工作中搞形式主义、官僚主义，造成严重损害或者严重不良影响的行为。

形式主义实质是主观主义、功利主义，根源是政绩观错位、责任心缺失，用轰轰烈烈的形式代替了扎扎实实的落实，用光鲜亮丽的外表掩盖了矛盾和问题。官僚主义实质是封建残余思想作祟，根源是官本位思想严重、权力观扭曲，做官当老爷，高高在上，脱离群众，脱离实际。

2017 年年底，习近平总书记就新华社一篇《形式主义、官僚主义新表现值得警惕》的文章作出重要指示：文章反映的情况，看似新表现，实则老问题，再次表明“四风”问题具有顽固性反复性，纠正“四风”不能止步，作风建设永远在路上。2018 年 9 月，中央纪委办公厅印发《关于贯彻落实习近平总书记重要指示精神，集中整治形式主义、官僚主义的工作意见》，全面启动集中整治形式主义、官僚主义工作，梳理出形式主义、官僚主义在贯彻落实党的路线方针政策、中央重大决策部署，联系群众、服务群众，履职尽责、服务经济社会发展，学风会风文风及检查调研四个方面的 12 类突出问题，明确了确保集中整治工作取得实效的 9 条具体举措。

《中国共产党纪律处分条例》第一百三十二条针对现实中存在的典型问题作出规定，具体表现为热衷于搞舆论造势、浮在表面的行为，或者单纯以会议贯彻会议、以文件落实文件，在实际工作中不见诸行动的行为，或者脱离实际，不作深入调查研究，搞随意决策，机械执行的行为，或者违反精文减会有关规定搞文山会海的行为，或者在督查检查考核等工作中搞层层加码、过度留痕，增加基层工作负担的行为，以及工作中其他形式主义、官僚主义的行为。存在上述行为，造成严重不良影响的，对直接责任者和领导责任者给予处分。

【纪法适用】

1.《中国共产党纪律处分条例》第一百三十二条：

有下列行为之一，造成严重损害或者严重不良影响的，对直接责任者和领导责任者，给予警告或者严重警告处分；情节较重的，给予撤销党内职务或者留党察看处分；情节严重的，给予开除党籍处分：

（一）热衷于搞舆论造势、浮在表面；

（二）单纯以会议贯彻会议、以文件落实文件，在实际工作中不见诸行动；

（三）脱离实际，不作深入调查研究，搞随意决策、机械执行；

（四）违反精文减会有关规定搞文山会海；

（五）在督查检查考核等工作中搞层层加码、过度留痕，增加基层工作负担；

（六）工作中其他形式主义、官僚主义行为。

2.《中华人民共和国公职人员政务处分法》第三十九条第三项：

有下列行为之一，造成不良后果或者影响的，予以警告、记过或者记大过；情节较重的，予以降级或者撤职；情节严重的，予以开除：

（三）工作中有形式主义、官僚主义行为的。

廉政提醒

LIANZHENG TIXING

形式主义、官僚主义严重影响高质量发展，损害党群干群关系，同我们党的性质宗旨和优良作风格格不入，是党和国家事业发展的大敌。纠治形式主义、官僚主义是一个用实招破虚功的过程。各级领导干部要身体力行，面对面、心贴心、实打实做好群众工作。纪检监察机关要坚持抓重点、抓关键，深化纠治形式主义、官僚主义，抓住领导干部这个“关键少数”，在精准上下功夫，摸清形式主义、官僚主义新动向，把握共性、突出个性，对症下药。

禁令 118

严禁餐饮浪费

【违纪案例】

龚某，中共党员，某市委书记。2024 年 3 月的一天，省委政策研究室相关人员赴该市进行调研，当晚龚某在市政府接待宾馆设宴招待调研组一行。当晚就餐人员共计 10 人，在龚某的安排下，市政府接待办按照 30 人的用餐标准准备了饭菜，导致很多菜肴入席后因无人食用被直接扔掉，造成了极大浪费。

【禁令解析】

不履行用餐管理职责，是指在公务活动用餐、单位食堂用餐管理工作中不履行或者不正确履行宣传教育、监督管理职责，导致餐饮浪费，造成严重不良影响的行为。

习近平总书记一直高度重视粮食安全和提倡“厉行节约、反对浪费”的社会风尚，多次强调要制止餐饮浪费行为。2013 年 1 月，习近平就作出重要指示，要求厉行节约、反对浪费。此后，习近平又多次作出重要指示，要求以刚性的制度约束、严格的制度执行、强有力的监督检查、严厉的惩戒机制，切实遏制公款消费中的各种违规违纪违法现象。《中国共产党纪律处分条例》第一百三十三条规定，在公务活动用餐、单位食堂用餐管理工作中不履行或者不正确履行宣传教育、监督管理职责，导致餐饮浪费，造成严重不良影响的，对直接责任者和领导责任者，给予警告或者严重警告处分；情节严重的，给予撤销党内职务处分。

【纪法适用】

《中国共产党纪律处分条例》第一百三十三条：

在公务活动用餐、单位食堂用餐管理工作中不履行或者不正确履行宣传教育、监督管理职责，导致餐饮浪费，造成严重不良影响的，对直接责任者和领导责任者，给予警告或者严重警告处分；情节严重的，给予撤销党内职务处分。

廉政提醒

LIANZHENG TIXING

党的十八大以来，各地区各部门贯彻落实习近平总书记重要指示精神，大力整治浪费之风，“舌尖上的浪费”现象有所改观，特别是群众反映强烈的公款餐饮浪费行为得到有效遏制。但一些地方在公务活动用餐、单位食堂中的餐饮浪费现象仍然存在。纪检监察机关要立足职能职责、强化监督检查，把节约粮食、制止餐饮浪费作为落实中央八项规定精神、纠治“四风”的重要方面。

禁令119

严禁擅自扩编增加领导职数

【违纪案例】

秦某，中共党员，某交通局党组书记、局长。按照2020年市政府办公室印发的市交通局“三定”方案规定，该局内设9个科室，行政编制29名，其中正科级领导职数9名，副科级领导职数5名。2024年3月，市交通局机关开展内部竞争上岗，在开展竞争上岗前，秦某在局党组会上提出为没有配备副科级领导职数的4个科室各增加1名副科长职位，以调动机关干部参与竞争上岗的积极性，局党组其他成员对此表示赞同。

【禁令解析】

擅自扩编行为，是指违反机构编制纪律，对涉及的机构设置、人员编制调整不按规定程序报批，擅自提高机构规格、调整和增设内设机构、增加人员编制和领导职数的行为。

机构编制工作是加强党的长期执政能力和国家政权建设的重要工作，党和国家的机构职能配置是否科学、内设机构是否适当、人员编制是否合理，直接影响着党治国理政的组织基础及效能发挥。党中央多次明确要求，严格控制机构编制，严格按规定职数配备领导干部，减少机构数量和领导职数。地方各级机构编制部门要坚决贯彻落实中央关于“减少领导职数”的精神，严格按照现行规定从严核定领导职数，不得通过违规核增领导职数的方式消化解决超职数、超规格配备干部问题。《中国共产党纪律处分条例》第一百三十四条规定，在机构编制工作中，擅自超出“三定”规定范围调整职责、设置机构、核定领导职数和配备人员，造成不良影响或者严重后果的，对直接责任者和领导责任者，给予警告或者严重警告处分；情节较重的，给予撤销党内职务或者留党察看处分；情节严重的，给予开除党籍处分。

【纪法适用】

《中国共产党纪律处分条例》第一百三十四条第一项：

在机构编制工作中，有下列行为之一，造成不良影响或者严重后果的，对直接责任者和领导责任者，给予警告或者严重警告处分；情节较重的，给予撤销党内职务或者留党察看处分；情节严重的，给予开除党籍处分：

（一）擅自超出“三定”规定范围调整职责、设置机构、核定领导职数和配备人员。

廉政提醒

LIANZHENG TIXING

近年来，一些地方党政机关领导职数违规超编，屡禁不止，甚至还有扩大蔓延之势，其所带来的危害堪忧。一方面，领导职数超编势必造成党政机关官多兵少、冗员增多、行政成本增加、效率低下、官僚主义盛行等问题；另一方面，超职数配备领导干部，将“官帽子”当待遇发放，更进一步强化了“权力即好处”的消极惯性，极易导致权力滥用、以权谋私的腐败问题。针对领导职数超编多次反弹的问题，必须标本兼治，及时遏制各种形式的领导职数超编现象的蔓延，并逐步彻底铲除领导职数超编的滋生土壤。

禁令 120

严禁不正确履行信访工作职责

【违纪案例】

常某，中共党员，某市公安局党委书记、局长。2024年3月，该市发生了下岗人员上访围堵某公司事件，50余名上访人员聚众闹事，封锁公司大门。常某得知此事后，安排公安局副局长李某和5名干警到达现场，李某等6人认为事态不算严重，向常某作了汇报，常某仅通过电话指挥的方式，让李某等人尽量处置，之后便未再过问此事。24小时后，上访人员仍未散去，常某这才意识到问题的严重性，遂又增派人员并亲自到达现场疏散人群。由于常某的疏忽大意、处置不当，致使大规模集体上访持续时间过长，在社会上造成恶劣影响。

【禁令解析】

不正确履行信访工作职责，是指不按照规定受理、办理信访事项；对规模性集体访等处置不力，导致事态扩大；对党委和政府信访部门提出的改进工作、完善政策等建议重视不够、落实不力，导致问题长期得不到解决；其他不履行或者不正确履行信访工作职责行为。

信访工作重在源头，源头预防重在决策、制定和落实决策重在依法合规。从信访工作实践看，信访问题大多数属于利益诉求，很多问题的产生都与不依法决策、不依法行政、人为制造或激化矛盾有关。因此，做好信访工作，必须从源头着手，督促各级部门进一步落实源头预防信访问题的责任，切实增强科学民主决策意识，严格执行群众纪律，认真履行工作职责，不断提高依法依规办事水平，这样才能从根本上有效预防和减少不作为、慢作为、乱作为而引发的社会矛盾。《中国共产党纪律处分条例》第一百三十五条规定，在信访工作中，对规模性集体访等处置不力，导致事态扩大，造成不良影响或者严重后果的，对直接责任者和领导责任者，给予警告或者严重警告处分；情节较重的，给予撤销党内职务或者留党察看处分；情节严重的，给予开除党籍处分。

【纪法适用】

《中国共产党纪律处分条例》第一百三十五条第一款：

在信访工作中，有下列行为之一，造成不良影响或者严重后果的，对直接责任者和领导责任者，给予警告或者严重警告处分；情节较重的，给予撤销党内职务或者留党察看处分；情节严重的，给予开除党籍处分：

（一）不按照规定受理、办理信访事项；

（二）对规模性集体访等处置不力，导致事态扩大；

（三）对党委和政府信访部门提出的改进工作、完善政策等建议重视不够、落实不力，导致问题长期得不到解决；

（四）其他不履行或者不正确履行信访工作职责行为。

廉政提醒

LIANZHENG TIXING

信访工作是党的群众工作的重要组成部分，是党和政府了解民情、集中民智、维护民利、凝聚民心的一项重要工作，是各级机关、单位及其领导干部、工作人员接受群众监督、改进工作作风的重要途径。做好信访工作，对服务党和国家工作大局、维护群众合法权益、促进社会安全稳定具有重要作用。党组织和党员干部要认真履行信访工作职责，把群众合理合法的利益诉求解决好，推动信访工作责任制严格执行到位。

禁令 121

严禁擅自批准尚处在被立案审查期间的党员辞职

【违纪案例】

罗某，中共党员，某市人民法院党组书记、院长。2023年年底，经批准，市纪委对市法院党组成员、政治部主任肖某违纪案立案审查调查，并对其进行谈话。2024 年年初，罗某因担心肖某被查处影响自己下一步提拔，擅自批准肖明辞职，并违规为其办理了辞职手续。辞职后，肖明藏匿于外地，拒不配合调查，给调查工作造成极大影响。

【禁令解析】

擅自批准在被立案审查期间的党员辞职行为，是指党组织在党员被立案审查期间，擅自批准其辞职，执行党纪失职，情节较重的行为。

根据工作惯例，立案审查调查本身就是一种处分，带有停职的性质，当党员干部被立案审查调查，就是一种定性，首先应该停止被审查调查人的工作，工作如果不停，案件就有可能被干预，调查无法正常进行；除停职外，更不能对其安排交流、提拔职务、晋升职级、进一步使用、奖励。《中华人民共和国公务员法》第八十六条规定，公务员正在接受审计、纪律审查、监察调查，或者涉嫌犯罪，司法程序尚未终结的，不得辞去公职。《事业单位工作人员处分规定》第二十六条规定，事业单位工作人员已经被立案调查，不宜继续履职的，可以按照干部人事管理权限，由事业单位或者有关部门暂停其职责。被调查的事业单位工作人员在案件立案调查期间，不得解除聘用合同、出境，所在单位不得对其交流、晋升、奖励或者办理退休手续。《中国共产党纪律处分条例》第一百三十六条规定，党组织在党员被立案审查期间，擅自批准其出差、出国（境）、辞职，或者对其交流、提拔职务、晋升职级、进一步使用、奖励，或者办理退休手续，对直接责任者和领导责任者，情节较重的，给予警告或者严重警告处分；情节严重的，给予撤销党内职务或者留党察看处分。

【纪法适用】

《中国共产党纪律处分条例》第一百三十六条第一项：

党组织有下列行为之一，对直接责任者和领导责任者，情节较重的，给予警告或者严重警告处分；情节严重的，给予撤销党内职务或者留党察看处分：

（一）党员被立案审查期间，擅自批准其出差、出国（境）、辞职，或者对其交流、提拔职务、晋升职级、进一步使用、奖励，或者办理退休手续。

廉政提醒

LIANZHENG TIXING

在立案审查期间，有关部门一旦同意被审查人出差、出国（境）、辞职，或者办理退休手续，被审查对象就存在外逃的可能性。因此，党员被立案审查期间，相关党组织不得批准其出差、出国（境）、辞职，或者对其交流、提拔职务、晋升职级、进一步使用、奖励，或者办理退休手续。

禁令 122

严禁不按照规定给予党纪处分

【违纪案例】

林某，中共党员，某镇工作人员。林某因犯罪被判处有期徒刑二年。该镇在收到判决书后，长达一年未给予林某党纪处分，造成不良影响。

【禁令解析】

不按照规定给予党纪处分行为，是指党组织执行纪律失职，不按规定对已经被依法判处刑罚的党员给予党纪处分，情节较重的行为。

近年来，一些地方和单位出现了纪律松弛、党纪处分执行不严的问题，严重影响管党治党成效。全面从严治党必须加强党的纪律建设，严肃执纪，在执行纪律上敢于较真，把纪律挺在前面，立起来、严起来、执行到位，而不能怕得罪人，对监督畏首畏尾，得过且过，监督缺位。

《中国共产党纪律处分条例》第一百三十六条规定的是党员被依法追究刑事责任后，党组织不按照规定给予党纪处分，或者对违反国家法律法规的行为，应当给予党纪处分而不处分的行为。包括两种情况：一种是党员免予起诉、有罪但免予刑事处罚和被依法判处刑罚后，有关党组织不按照规定给予党纪处分，即违反《中国共产党纪律处分条例》第三十三条和第三十四条的规定；另一种是党组织在纪律审查过程中发现党员有违反国家法律法规的行为，应当给予党纪处分而不处分的，即违反《中国共产党纪律处分条例》第二十九条和第三十条的规定。

【纪法适用】

1.《中国共产党纪律处分条例》第一百三十六条第二项：

党组织有下列行为之一，对直接责任者和领导责任者，情节较重的，给予警告或者严重警告处分；情节严重的，给予撤销党内职务或者留党察看处分：

（二）党员被依法追究刑事责任后，不按照规定给予党纪处分，或者对党员违反国家法律法规的行为，应当给予党纪处分而不处分。

2.《中华人民共和国公职人员政务处分法》第三十九条第一、二项：

有下列行为之一，造成不良后果或者影响的，予以警告、记过或者记大过；情节较重的，予以降级或者撤职；情节严重的，予以开除：

（一）滥用职权，危害国家利益、社会公共利益或者侵害公民、法人、其他组织合法权益的；

（二）不履行或者不正确履行职责，玩忽职守，贻误工作的。

廉政提醒

LIANZHENG TIXING

党员被依法追究刑事责任后，党组织不按照规定给予党纪处分，或者对违反国家法律法规的行为，应当给予党纪处分而不处分的行为是违反党规党纪的。党员领导干部应全面准确理解、严肃认真执行，不做违规触纪的糊涂人。

禁令 123

严禁不按照规定落实党纪处分有关事项

【违纪案例】

刘某，某县粮食局党委书记、局长。程某，某县粮食局纪委书记。该县粮食局下属单位某干部，因挪用公款受到开除党籍、开除公职处分。处分决定下发后，县粮食局没有及时安排、督促有关人员到相关单位履行停发工资等手续，致使该干部继续领取工资。因落实主体责任和监督责任不力，刘某受到党内警告处分，程某受到党内严重警告处分。

【禁令解析】

不按照规定落实党纪处分有关事项行为，是指党组织执行纪律失职，在党纪处分已经作出后，不按照有关规定落实被处分人党籍、职务、职级、待遇等事项，情节较重的行为。

该行为的责任主体除党委、纪委外，还涉及组织人事部门、后勤保障部门和受处分人所在单位等。党纪处分决定和申诉复查决定作出后，只要生效了就必须严格执行和落实，这样才能真正发挥党纪处分的威力。如果不服处分，可以根据规定申诉，但不影响已经生效的处分决定的执行。该行为包括两种情况：第一种情况是不落实党纪处分决定。党纪处分决定作出后，应当在一个月内向受处分党员所在党的基层组织中的全体党员及其本人宣布，是领导班子成员的还应当向所在党组织领导班子宣布。应当将处分决定抄送有关组织、人事部门及相关单位、部门。需要办理职务、级别、工资等相应变更手续的，要督促有关部门及时办理。对在处分决定执行工作中推诿扯皮、不抓不管、阳奉阴违、顶着不办或拒不执行的，要对有关单位及其领导进行通报、批评，直至追究纪律责任。现实中，有的党组织或者领导干部做老好人，不做得罪人的事，不落实处分决定。要针对处分决定执行工作涉及部门和工作环节众多、情况复杂、政策性强的特点，加强与组织、人事等部门和受处分人所在单位的沟通协调，明确各自在处分决定执行各个环节中的职责和分工，杜绝推诿扯皮。第二种情况是不落实申诉复查决定。要加强申诉复查决定的执行落实，特别是变更、撤销处分后相关待遇的落实。对那些维持原处分决定不变的，要耐心宣讲法规政策，做好解释说服工作；对变更和撤销原处分决定的，要积极协调有关部门，稳妥地做好善后处理工作；对个别无理缠诉的，要加强教育，严肃批评。上级纪检机关要加大对申诉复查决定，尤其是变更和撤销原处分决定案件的督办力度。

【纪法适用】

1.《中国共产党纪律处分条例》第一百三十六条第三项：

党组织有下列行为之一，对直接责任者和领导责任者，情节较重的，给予警告或者严重警告处分；情节严重的，给予撤销党内职务或者留党察看处分：

（三）党纪处分决定或者申诉复查决定作出后，不按照规定落实决定中关于被处分人党籍、职务、职级、待遇等事项。

2.《中华人民共和国公职人员政务处分法》第三十九条第一、二项：

有下列行为之一，造成不良后果或者影响的，予以警告、记过或者记大过；情节较重的，予以降级或者撤职；情节严重的，予以开除：

（一）滥用职权，危害国家利益、社会公共利益或者侵害公民、法人、其他组织合法权益的；

（二）不履行或者不正确履行职责，玩忽职守，贻误工作的。

廉政提醒

LIANZHENG TIXING

纪律处分决定执行工作是纪律审查的“最后一公里”，各级党组织必须全面及时、不折不扣地执行纪律处分决定。不按照规定落实处分决定本质上属于“四个意识”不强、“两个维护”落实不到位、全面从严治党“两个责任”履行不力。各级党组织在处分决定执行中，应杜绝出现秘而不宣、拖而不办、办而不严、归而不全等执行“打白条、打折扣”等问题。

禁令 124

严禁不按照规定对受处分党员开展教育、管理、监督

【违纪案例】

贾某，某镇党委副书记。贾某在受到留党察看一年的处分后，便常年不上班，该镇对此不闻不问，后被人网络举报，造成不良社会影响。

【禁令解析】

不按照规定对受处分党员开展教育、管理、监督行为，是指党

组织执行纪律失职，党员受到党纪处分后，不按照干部管理权限和组织关系对受处分党员开展教育、管理和监督工作，情节较重的行为。

对违纪党员不能处分完了就没事了，日常还要加强教育、管理和监督，不能对受处分党员放任不管，使其处于脱管状态。特别是对受到留党察看处分的党员，其在留党察看期间的表现是“有悔改表现”，还是“坚持不改”，甚至“又发现其他违纪行为”，直接关系到期满后如何处理，党组织要要求其定期上交思想汇报、派专人与其谈心交流，切实担负起教育、管理和监督的职责。

【纪法适用】

1.《中国共产党纪律处分条例》第一百三十六条第四项：

党组织有下列行为之一，对直接责任者和领导责任者，情节较重的，给予警告或者严重警告处分；情节严重的，给予撤销党内职务或者留党察看处分：

（四）党员受到党纪处分后，不按照干部管理权限和组织关系对受处分党员开展日常教育、管理和监督工作。

2.《中华人民共和国公职人员政务处分法》第三十九条第一、二项：

有下列行为之一，造成不良后果或者影响的，予以警告、记过或者记大过；情节较重的，予以降级或者撤职；情节严重的，予以开除：

（一）滥用职权，危害国家利益、社会公共利益或者侵害公民、法人、其他组织合法权益的；

（二）不履行或者不正确履行职责，玩忽职守，贻误工作的。

廉政提醒

LIANZHENG TIXING

党组织对受处分的违纪党员，要加强教育、管理和监督，与违纪党员谈心交心，了解其思想状况，解开思想包袱，指明努力方向。要有针对性制定落实帮教措施，加强对受处分人员的教育管理；对转化较快的，进行鼓励；对思想认识不到位、工作消极的，进行及时批评和教育。

禁令 125

严禁因失职导致管理人员叛逃出逃出走

【违纪案例】

李某，某县委书记。2019 年，李某带领本县相关部门领导干部去该县在某国的友好城市进行交流学习。在某国期间，因李某对一同出行的人员未严格管理，导致出行人员中的张某（中共党员）出走并失去联系。李某带队回国 15 天后，张某回到国内。经调查，张某到该国后，利用出行护照，去邻国旅游了一番。

【禁令解析】

因失职导致管理人员叛逃出逃出走行为，是指党和国家机关、人民团体、国有企业、事业单位党员领导干部因工作不负责任，致使所管理的人员叛逃、出逃、出走的行为。

该行为针对的是担负一定领导职务、有管理的下属人员的党员领导干部，强调的是党员领导干部不知道自己所管理的人员打算叛逃，但因为工作不负责任，为其叛逃提供了客观条件。这种失职行为与所属人员的叛逃有直接的因果关系。例如，对要求出国的人员未按有关规定进行审查或者未认真审查；对不应当派遣出国的人员却派遣出国；应当及时收回所管理的人员所持护照而未予及时收回；因被欺骗或者疏忽为打算叛逃的人员开具证明；率团（组）出国时对团（组）人员管理不严；应当及时从国外召回不可靠人员而未予及时召回；等等。“叛逃”，不仅包括《中国共产党纪律处分条例》第七十二条第一款和第二款规定的“在国（境）外、外国驻华使（领）馆申请政治避难，或者违纪后逃往国（境）外、外国驻华使（领）馆”和“在国（境）外公开发表反对党和政府的文章、演说、宣言、声明等”行为，还包括因触犯我国刑律，为逃避制裁，逃往国（境）外的行为。本行为强调，一经发现党员领导干部因工作不负责任致使所管理的人员叛逃的，即给予其警告或者严重警告处分。要与《中国共产党纪律处分条例》第七十二条第三款规定的故意为叛逃行为提供方便条件区别开来，本行为是客观上造成了叛逃的后果，主观上不是主动帮助下属人员叛逃，而第七十二条第三款是故意为叛逃提供方便条件，是一种主动为之的行为。

这里所称的“出走”，主要是指《中国共产党纪律处分条例》第九十三条规定的“驻外机构或者临时出国（境）团（组）中的党员，脱离组织出走时间不满六个月又自动回归”行为。要明确本行为与第一款不同，不是一经发现就给予处分，而是达到情节较重的程度，才给予处分；对于情节较轻的，应当给予批评教育或者组织处理。要把本行为与《中国共产党纪律处分条例》第九十三条第二款规定的故意为出走提供方便条件区别开来，本行为是客观上造成了出走的后果，主观上不是主动帮助下属人员出走，而第九十三条第二款是故意为出走提供方便条件，是一种主动为之的行为。

【纪法适用】

1.《中国共产党纪律处分条例》第一百三十八条：

因工作不负责任致使所管理的人员叛逃的，对直接责任者和领导责任者，给予警告或者严重警告处分；情节严重的，给予撤销党内职务处分。

因工作不负责任致使所管理的人员出逃、出走，对直接责任者和领导责任者，情节较重的，给予警告或者严重警告处分；情节严重的，给予撤销党内职务处分。

2.《中华人民共和国公职人员政务处分法》第三十九条第一、二项：

有下列行为之一，造成不良后果或者影响的，予以警告、记过或者记大过；情节较重的，予以降级或者撤职；情节严重的，予以开除：

（一）滥用职权，危害国家利益、社会公共利益或者侵害公民、法人、其他组织合法权益的；

（二）不履行或者不正确履行职责，玩忽职守，贻误工作的。

廉政提醒

LIANZHENG TIXING

党员领导干部应加强对所管理人员的监督管理，对要求出国的人员按有关规定进行认真审查，加强护照管理，出国时对团（组）人员加强管理。防止出现所管理人员叛逃、出逃、出走等严重损害党和国家形象的情况。

禁令 126

严禁统计造假

【违纪案例】

胡某，中共党员，某县县长。国家统计局在对该县统计执法检查时发现，该县第三次全国农业普查未严格执行农业普查方案和普查工作要求，弄虚作假严重。执法检查实地入户核查 42 户农户，发现普查员未入户普查并编造及代填代报普查数据。核查 153 个普查小区，发现 49 个普查小区没有摸底表；核查 5 个乡镇 12570 份普查表，发现有 1290 户普查表无数据，1236 户普查表没有签字，有签字的普遍存在笔迹相似问题。后胡某等人受到相应党纪处分。

【禁令解析】

统计造假行为，是指自行修改统计机构和统计人员依法搜集、整理的统计资料；要求统计机构、统计人员及其他机构、人员伪造、篡改统计资料；对依法履行职责或者拒绝、抵制统计违法行为的统计人员打击报复；非法干预统计调查对象提供统计资料等行为。

统计数据造假表面是业务问题，本质是政治问题。一方面，统计造假行为一旦得逞，可能会形成错误价值导向，进而污染政治生态，危害执政根基。另一方面，统计数据为政策制定提供重要依据和参考，虚假数据不仅影响决策部署的科学性，损害党和政府的公信力，最终也将损害群众利益。防范和惩治统计造假、弄虚作假，统计部门需要加大日常监督管理、政策执行和查处力度，纪检监察机关也应切实强化监督执纪问责，推动层层压实防范和惩治统计造假政治责任。《中国共产党纪律处分条例》第一百三十九条规定，进行统计造假，对直接责任者和领导责任者，情节较轻的，给予警告或者严重警告处分；情节较重的，给予撤销党内职务或者留党察看处分；情节严重的，给予开除党籍处分。对统计造假失察，造成严重后果的，对直接责任者和领导责任者，给予警告或者严重警告处分；情节严重的，给予撤销党内职务、留党察看或者开除党籍处分。

【纪法适用】

《中国共产党纪律处分条例》第一百三十九条第一款：

进行统计造假，对直接责任者和领导责任者，情节较轻的，给予警告或者严重警告处分；情节较重的，给予撤销党内职务或者留党察看处分；情节严重的，给予开除党籍处分。

廉 政 提 醒

LIANZHENG TIXING

统计造假背后是利益驱动，个别党员干部法治意识薄弱、政绩观错位，信奉“官出数字、数字出官”，企图通过美化数据打造发展假象；部分企业为避税、逃税、获得各类补贴优惠，刻意修饰数据。客观上，统计领域也一定程度存在制度执行不严格、数据核查存在薄弱环节、统计力量配备不足、信息化建设相对滞后以及监督执法力度不够等问题。广大党员干部要杜绝此类行为。

禁令 127

严禁瞒报和虚假汇报

【违纪案例】

莫某，某村党支部书记。童某，某村委会主任。2019年4月，莫某、童某在迎接上级检查验收过程中，为达到验收合格的目的，商量并制作了虚假票据，作为迎检资料接受检查。2020年5月23日，区纪委分别给予莫某、童某党内警告处分。

【禁令解析】

瞒报和虚假汇报行为，是指党员或党组织在上级检查、视察工作或者向上级汇报、报告工作时对应当报告的事项不报告或者不如实报告，造成严重损害或者不良影响的行为。

《关于新形势下党内政治生活的若干准则》明确要求领导机关和领导干部不准以任何理由和名义纵容、唆使、暗示或强迫下级说假话，凡因纵容、唆使、暗示或强迫下级弄虚作假、隐瞒实情的，都要依规依纪严肃问责追责。

该行为针对的是党员或党组织，具体表现为在上级检查、视察工作或者向上级汇报、报告工作时对应当报告的事项不报告或者不如实报告，造成严重损害或者严重不良影响的行为。强调的是党员或党组织明明掌握有关情况而隐瞒不报，或者明知道提供的情况、材料、数据不实而予以提供，目的是为了掩饰发生的问题、粉饰太平，隐瞒真实情况，或者为了谋取上级的肯定和赞许，上报假情况、假数字、假典型，或者为了应付检查，采取无中生有、移花接木、指鹿为马等手法，看似在表格上完成了考核指标，实际上并没有完成任务，等等。这里的“上级”，既包括上级党委、政府等，也包括党委工作部门和政府部门等，不仅仅局限于上一级。“应当报告的事项”要根据实际情况予以界定，有的是上级单位明确要求报告的事项，有的是上级单位没有明确要求，但根据自身的工作职责应当报告的事项。有本行为，造成严重损害或者严重不良影响的，要对相关责任者给予处分。

【纪法适用】

1.《中国共产党纪律处分条例》第一百四十条第一款：

在上级检查、视察工作或者向上级汇报、报告工作时对应当报告的事项不报告或者不如实报告，造成严重损害或者严重不良影响的，对直接责任者和领导责任者，给予警告或者严重警告处分；情节严重的，给予撤销党内职务或者留党察看处分。

2.《中华人民共和国公职人员政务处分法》第三十九条第四项：

有下列行为之一，造成不良后果或者影响的，予以警告、记过或者记大过；情节较重的，予以降级或者撤职；情节严重的，予以开除：

（四）工作中有弄虚作假，误导、欺骗行为的。

廉政提醒

LIANZHENG TIXING

实践中，一些党员干部存在这样一种错误认识：在上级单位检查工作时弄虚作假，糊弄应付，即便造成不良影响，也不算什么。

《中国共产党纪律处分条例》对不报告、不如实报告工作情况进行了规制，实施这类行为就违反了工作纪律。

禁令 128

严禁纵容、唆使、暗示、强迫下级说假话、报假情

【违纪案例】

秦某，中共党员，某县委书记。秦某为追求政绩，向上级隐瞒当地经济发展速度下滑的实际情况，在统计数据上做文章造假，虚报浮夸。为应付上级检查，他专门组织召开有关部门和乡镇负责人会议，向各单位下达任务指标，糊弄检查，玩起“数字游戏”，在干部群众中造成了严重不良影响。秦某因涉嫌严重违纪被组织立案审查。

【禁令解析】

纵容、唆使、暗示、强迫下级说假话、报假情行为，是指党员或党组织在上级检查、视察工作时纵容、唆使、暗示、强迫下级说假话、报假情，造成严重损害或者严重不良影响的行为。

实事求是是党的思想路线的核心。向上级单位汇报、报告工作时应当实事求是，既不夸大，也不缩小，更不得提供假情况、假数字。现实中，一些基层党组织为了所谓的“政绩工程”“面子工程”，弄虚作假，糊弄应付，造成了恶劣影响。

本行为比在向上级汇报、报告工作时对应当报告的事项不报告或者不如实报告行为更加严重，即明知情况不实，明知有问题，不但不制止、不纠正、不如实报告，还纵容、唆使、暗示、强迫下属说假话、报假情，以达到共同掩盖问题、隐瞒实情的目的，因此要从重或者加重处分。

【纪法适用】

1.《中国共产党纪律处分条例》第一百四十条：

在上级检查、视察工作或者向上级汇报、报告工作时对应当报告的事项不报告或者不如实报告，造成严重损害或者严重不良影响的，对直接责任者和领导责任者，给予警告或者严重警告处分；情节严重的，给予撤销党内职务或者留党察看处分。

在上级检查、视察工作或者向上级汇报、报告工作时纵容、唆使、暗示、强迫下级说假话、报假情的，从重或者加重处分。

2.《中华人民共和国公职人员政务处分法》第三十九条第四项：

有下列行为之一，造成不良后果或者影响的，予以警告、记过或者记大过；情节较重的，予以降级或者撤职；情节严重的，予以开除：

（四）工作中有弄虚作假，误导、欺骗行为的。

廉政提醒

LIANZHENG TIXING

党员领导干部不准以任何理由和名义纵容、唆使、暗示或强迫下级说假话，要率先垂范，树立标杆，走在前列，把讲实话、道实情作为一种责任担当，倡导之、笃行之。同时，鼓励和支持下级坚持原则，老实说话、踏实办事、诚实做人。不仅要把讲实话、道实情内化于心、外化于行，还要勇于站出来与说假话、不坦诚的歪风邪气作斗争。

禁令 129

严禁违规干预和插手市场经济活动

【违纪案例】

李某，中共党员，某市城建局局长。为帮同学王某承包棚户区改造项目中的绿化工程，李某出面向棚户区改造项目总承包单位老板打招呼。后王某获利 10 万元。

【禁令解析】

违规干预和插手市场经济活动行为，是指党员干部违规干预和插手市场经济活动，造成不良影响的行为。

市场经济是法治经济、竞争经济、信用经济，党员领导干部违反规定干预和插手市场经济活动，不仅会扰乱市场经济秩序、破坏公平竞争原则、影响经济社会发展，而且会滋生大量腐败行为。从这些年查办案件的情况看，相当一部分违纪违法案件，特别是大案要案都与领导干部利用职权违规干预、插手市场经济活动有关，领导干部干预、插手微观经济活动成为滋生腐败的一个重要原因。将干预和插手市场经济活动行为规定为违纪行为，并给予纪律处分，有利于防范公共权力与市场经济活动发生不正常联系，有利于维护社会主义市场经济秩序。通过严格执行《中国共产党纪律处分条例》第一百四十一条规定，切实解决领导干部违反规定干预和插手市场经济活动问题，同时通过深化改革和完善制度，加快政府职能转变，进一步减少和规范行政审批事项，割断行政权力和微观经济活动的利益关系，减少权力“寻租”的机会。

本行为针对的是党员干部，强调的主要是非谋私和腐败的不当使用公权干预市场经济的行为，相当于监察法所针对的职务违法、滥用公权，破坏的是市场经济正常秩序和机制，如果不当使用公权干预市场经济而背后又有谋私、腐败等其他因素，则适用廉洁纪律或廉洁与工作纪律合并违纪论处。涉嫌犯罪的，依照刑法有关规定处理。

【纪法适用】

1.《中国共产党纪律处分条例》第一百四十一条：

违反有关规定干预和插手市场经济活动，有下列行为之一，情节较轻的，给予警告或者严重警告处分；情节较重的，给予撤销党内职务或者留党察看处分；情节严重的，给予开除党籍处分：

（一）干预和插手建设工程项目承发包、土地使用权出让、政府采购、房地产开发与经营、矿产资源开发利用、中介机构服务等活动；

（二）干预和插手国有企业重组改制、兼并、破产、产权交易、清产核资、资产评估、资产转让、重大项目投资以及其他重大经营活动等事项；

（三）干预和插手批办各类行政许可和资金借贷等事项；

（四）干预和插手经济纠纷；

（五）干预和插手集体资金、资产和资源的使用、分配、承包、租赁等事项。

2.《中华人民共和国公职人员政务处分法》第三十九条第一、二项：

有下列行为之一，造成不良后果或者影响的，予以警告、记过或者记大过；情节较重的，予以降级或者撤职；情节严重的，予以开除：

（一）滥用职权，危害国家利益、社会公共利益或者侵害公民、法人、其他组织合法权益的；

（二）不履行或者不正确履行职责，玩忽职守，贻误工作的。

廉政提醒

LIANZHENG TIXING

党员干部违规干预和插手市场经济活动，是滋生腐败的一个重要原因。《中国共产党纪律处分条例》对干预和插手市场经济活动行为提出五条禁止性要求，是以严明纪律切断公共权力与微观经济之间非正常联系的重要制度举措。各级党员干部应自觉提高纪律意识，树牢“依法用权、廉洁从政”的思想观念，严格按照各项纪律要求做事，不违规，不逾矩。

禁令 130

严禁违规干预和插手司法、执纪执法活动

【违纪案例】

马某，某县政法委书记。犯罪嫌疑人胡某与受害人袁某发生争执，对袁某进行殴打并致其死亡。案发后，该县公安局以涉嫌故意伤害罪对胡某立案侦查，并移送县检察院审查

起诉。在该案办理过程中，马某收受被告人亲属贿赂，借口“保护外来投资者合法权益”，违纪违法干预司法活动，向该县多名政法干警以及县法院刑事审判庭庭长郑某打招呼。最终，胡某被重罪轻判。

【禁令解析】

违规干预和插手司法、执纪执法活动行为，是指党员干部违反有关规定，干预和插手司法、执纪执法活动的行为。

党的二十大报告指出，强化行政执法监督机制和能力建设，严格落实行政执法责任制和责任追究制度。建立党员干部干预司法活动、插手具体案件处理的记录、通报和责任追究制度。任何党政机关和领导干部都不得让司法机关做违反法定职责、有碍司法公正的事情，任何司法机关都不得执行党政机关和领导干部违法干预司法活动的要求。对干预司法机关办案的，给予党纪政务处分；造成冤假错案或者其他严重后果的，依法追究刑事责任。司法机关内部人员不得违反规定干预其他人员正在办理的案件，建立司法机关内部人员过问案件的记录制度和责任追究制度。党的十八大以来，执纪和巡视工作中发现一些党员干部出于个人利益，打招呼、批条子、递材料，以明示、暗示方式插手干预个案，甚至让执纪执法和司法机关做违反法定职责的事。

该行为是指党员干部违反有关规定干预和插手司法活动、执纪执法活动，向有关地方或者部门打听案情、打招呼、说情，或者以其他方式对司法活动、执纪执法活动施加影响的行为。根据《领导干部干预司法活动、插手具体案件处理的记录、通报和责任追究规定》规定，对司法工作负有领导职责的机关，因履行职责需要，可以依照工作程序了解案件情况，组织研究司法政策，统筹协调依法处理工作，督促司法机关依法履行职责。但该规定同时明确了党员领导干部干预司法活动的5种表现：（1）在线索核查、立案、侦查、审查起诉、审判、执行等环节为案件当事人请托说情的；（2）要求办案人员或办案单位负责人私下会见案件当事人或其辩护人、诉讼代理人、近亲属以及其他与案件有利害关系的人的；（3）授意、纵容身边工作人员或者亲属为案件当事人请托说情的；（4）为了地方利益或者部门利益，以听取汇报、开协调会、发文件等形式，超越职权对案件处理提出倾向性意见或者具体要求的；（5）其他违法干预司法活动、妨碍司法公正的行为。

党员干部干预插手司法活动、执纪执法活动主要有两种情况：一是该司法活动、执纪执法活动与党员干部本身有直接关系，他们与涉案人员形成了一个紧密的利益共同体，如果这些亲属和工作人员被查处，势必拔出萝卜带起泥，最后落得自身难保，因此，他们竭力干预、插手，甚至干扰、阻碍；二是该司法活动、执纪执法活动与这些党员领导干部并没有直接关系，但可能涉及其亲友，或者受人请托，这些党员干部出于私情，置党纪国法于不顾，进行干预、插手。这些干预、插手行为有的严重影响司法公正和执纪执法活动的公正性，人为地增添了执纪执法和司法工作的难度，甚至使一些违纪违法分子逍遥法外，得不到应有的惩罚，破坏了党纪国法的权威性，损害了党同人民群众的血肉联系。

【纪法适用】

1.《中国共产党纪律处分条例》第一百四十二条：

违反有关规定干预和插手司法活动、执纪执法活动，向有关地方或者部门打听案情、打招呼、说情，或者以其他方式对司法活动、执纪执法活动施加影响，情节较轻的，给予严重警告处分；情节较重的，给予撤销党内职务或者留党察看处分；情节严重的，给予开除党籍处分。

违反有关规定干预和插手公共财政资金分配、项目立项评审、功勋荣誉表彰奖励等活动，造成重大损失或者不良影响的，依照前款规定处理。

2.《中华人民共和国公职人员政务处分法》第三十九条第一、二项：

有下列行为之一，造成不良后果或者影响的，予以警告、记过或者记大过；情节较重的，予以降级或者撤职；情节严重的，予以开除：

（一）滥用职权，危害国家利益、社会公共利益或者侵害公民、法人、其他组织合法权益的；

（二）不履行或者不正确履行职责，玩忽职守，贻误工作的。

廉政提醒

LIANZHENG TIXING

党员干部违规干预和插手司法、执纪执法活动，是导致执法不公、司法腐败的一个顽瘴痼疾，严重损害党和政府形象和公信力，威胁社会公平正义。党员干部要牢记这条禁令，树立法治意识和法治思维，以身作则、以上率下，学法懂法守法用法，坚决杜绝心中无法、以言代法、以权压法行为，自觉维护司法和执纪执法权威。

禁令 131

严禁未按规定履行报告和登记义务

【违纪案例】

姜某，中共党员，某市市场监督管理局党组书记、局长。在查处该市市委原书记赵某严重违纪违法案中发现，赵某多次应相关企业请托，通过向姜某打招呼，为相关企业所涉案件减轻或免除处罚，赵某从中收受钱款200余万元，但对于赵某相关打招呼等情况，姜某均未按规定履行报告和登记义务。

【禁令解析】

不按规定履行报告和登记义务行为，是指按照有关规定对干预和插手行为负有报告和登记义务的受请托人，不按照规定报告或者登记的行为。

《中国共产党党内监督条例》明确规定“建立健全党的领导干部插手……干预干部选拔任用、工程建设、执纪执法、司法活动等问题，应当及时向上级党组织报告”。《关于新形势下党内政治生活的若干准则》规定，领导干部不得干预曾经工作生活过的地方、曾经工作过的单位和不属于自己分管领域的干部选拔任用工作，决不能违规干预司法，不准干预和插手组织调查。《中共中央关于加强对“一把手”和领导班子监督的意见》对严格执行领导干部插手干预重大事项记录制度提出明确要求，规定有关受请托人要及时向所在部门和单位党组织报告。重大事项是指重要决策事项、重要项目安排、重要干部任免、大额资金使用以及重大执纪执法案件等。《中国共产党纪律处分条例》第一百四十三条规定，按照有关规定对干预和插手行为负有报告和登记义务的受请托人，不按照规定报告或者登记，情节较重的，给予警告或者严重警告处分；情节严重的，给予撤销党内职务处分。

【纪法适用】

《中国共产党纪律处分条例》第一百四十三条：

按照有关规定对干预和插手行为负有报告和登记义务的受请托人，不按照规定报告或者登记，情节较重的，给予警告或者严重警告处分；情节严重的，给予撤销党内职务处分。

廉政提醒

LIANZHENG TIXING

对按照有关规定对干预和插手行为负有报告和登记义务的受请托人，不按照规定报告或者登记行为的处分规定，明确处分依据，使得对违规干预的治理链条更为完整，推进体系化纠治违规干预插手行为。

禁令 132

严禁违规干预和插手公共管理活动

【违纪案例】

李某，中共党员，某市副市长。李某利用职务便利，干预插手有关科研项目立项评审、政府表彰奖励等事务，使不符合条件的某项目通过评审，业绩和事迹一般的张某和王某得到表彰奖励。

【禁令解析】

违规干预和插手公共管理活动行为，是指党员领导干部违反有关规定，利用职权或者职务上的影响，干预和插手公共财政资金分配、项目立项评审、功勋荣誉表彰奖励等公共管理活动，造成重大损失或者不良影响的行为。

该行为是违反有关规定干预和插手公共财政资金分配、项目立项评审、功勋荣誉表彰奖励等公共管理活动的行为。上述行为，造成重大损失或者不良影响的，依照《中国共产党纪律处分条例》第一百四十二条第一款规定给予党纪处分。具体表现主要有：一是违反规定干预和插手公共财政资金分配行为。这里的“有关规定”，主要是指财政资金分配方面的相关制度规定。加强公共财政资金监管，是构建我国公共财政体制的需要，也是从源头上预防和遏制腐败的客观要求。党员领导干部不得干预、插手公共财政资金分配，要构筑有效防范财政资金流失的“防火墙”，保证财政资金规范化运行。二是违反有关规定干预和插手项目立项评审的行为。这里的“有关规定”，主要是指项目立项评审方面的相关制度规定，例如，2014 年国务院发布了《关于改进加强中央财政科研项目和资金管理的若干意见》，其中对进一步加强科研项目管理问题作了全面规范。要求进一步建立健全信息公开制度，向社会公开项目立项、验收、成果和资金安排的信息，强化对项目审批权及管理权的社会监督。三是违反有关规定干预和插手功勋荣誉表彰奖励等活动的行为。功勋荣誉表彰奖励的有效实施，树立了一大批先进典型，弘扬了正气，引导了社会良好风尚的形成，促进了各项工作的发展。但目前政府奖励表彰工作也存在一些问题，如奖励表彰机制不够明晰，部分地区和部门对表彰奖励工作的管理还不够规范等，导致有些党员领导干部干预和插手其中。

【纪法适用】

1.《中国共产党纪律处分条例》第一百四十二条：

违反有关规定干预和插手司法活动、执纪执法活动，向有关地方或者部门打听案情、打招呼、说情，或者以其他方式对司法活动、执纪执法活动施加影响，情节较轻的，给予严重警告处分；情节较重的，给予撤销党内职务或者留党察看处分；情节严重的，给予开除党籍处分。

违反有关规定干预和插手公共财政资金分配、项目立项评审、功勋荣誉表彰奖励等活动，造成重大损失或者不良影响的，依照前款规定处理。

2.《中华人民共和国公职人员政务处分法》第三十九条第一、二项：

有下列行为之一，造成不良后果或者影响的，予以警告、记过或者记大过；情节较重的，予以降级或者撤职；情节严重的，予以开除：

（一）滥用职权，危害国家利益、社会公共利益或者侵害公民、法人、其他组织合法权益的；

（二）不履行或者不正确履行职责，玩忽职守，贻误工作的。

廉政提醒

LIANZHENG TIXING

违规干预和插手公共管理活动，不仅严重扰乱社会经济秩序，也严重损害广大人民群众的根本利益。个别党员领导干部私欲膨胀、用权任性，采取批条子、打招呼、指定、强令等行为违规插手干预公共管理活动，必须受到严肃查处。广大党员干部要牢记这条禁令，端正用权心态，划清权力边界，自觉接受监督，切实管住干预公共管理活动的任性之手，让公共管理活动回归为民服务的本质上来。

禁令 133

严禁泄露、扩散、打探、窃取党组织秘密

【违纪案例】

路某，中共党员，某县纪委监委干部。在核查某问题线索过程中，路某私自将办案情况告知被调查人亲属，致使调查工作中断。

【禁令解析】

泄露、扩散、打探、窃取党组织秘密行为，是指党员泄露、扩散或者打探、窃取党组织关于干部选拔任用、纪律审查和巡视巡察等尚未公开事项或者其他应当保密的内容，或私自留存涉及上述内容的资料，情节较重的行为。

《党政领导干部选拔任用工作条例》第六十一条明确规定，选拔任用党政领导干部，“不准私自泄露动议、民主推荐、民主测评、考察、酝酿、讨论决定干部等有关情况”。对干部选拔任用中的违规违纪行为，要果断处理、严肃追究责任，用铁的纪律保证选人用人风清气正。纪检机关监督执纪工作相关规定明确要求，对纪检干部私存线索、跑风漏气、违反安全保密规定等违纪行为要严肃处理。做好纪律审查工作，是党章赋予纪律检查机关的神圣职责，打铁必须自身硬，执纪者更要守纪。《中国共产党巡视工作条例》第四十五条明确规定，巡视工作人员泄露与巡视工作有关的国家秘密、工作秘密、商业秘密和个人隐私等未公开信息的，严肃追究责任。无论是选人用人工作，纪律审查工作，还是巡视巡察等工作，都有严肃的工作纪律和保密纪律，作为党员干部，必须增强原则性和纪律性，不得泄露、扩散或者打探、窃取党组织的有关秘密，也不得私存私放有关资料。

本行为的违纪行为人一般是因工作关系能够掌握或可能接触涉及党组织关于干部选拔任用、纪律审查、巡视巡察等尚未公开事项或者其他应当保密的内容及相关资料的党员。

本行为强调的是“私自留存”，就是未经组织批准，私存私放有关干部选拔任用、纪律审查、巡视巡察等方面资料。本行为需要达到情节较重的才给予处分，对于情节较轻的应当给予批评教育或者组织处理。

【纪法适用】

1.《中国共产党纪律处分条例》第一百四十四条：

泄露、扩散或者打探、窃取党组织关于干部选拔任用、纪律审查、巡视巡察等尚未公开事项或者其他应当保密的内容的，给予警告或者严重警告处分；情节较重的，给予撤销党内职务或者留党察看处分；情节严重的，给予开除党籍处分。

私自留存涉及党组织关于干部选拔任用、纪律审查、巡视巡察等方面资料，情节较重的，给予警告或者严重警告处分；情节严重的，给予撤销党内职务处分。

2.《中华人民共和国公职人员政务处分法》第三十九条第五项：

有下列行为之一，造成不良后果或者影响的，予以警告、记过或者记大过；情节较重的，予以降级或者撤职；情节严重的，予以开除：

（五）泄露国家秘密、工作秘密，或者泄露因履行职责掌握的商业秘密、个人隐私的。

廉政提醒

LIANZHENG TIXING

严格保守党和国家的秘密，是党章规定的党员义务。对于从事组织、人事工作和纪律审查工作的党员干部及其他党员干部不得泄露、扩散、窃取与工作相关应当保密的内容，多部党内法规都有明确规定。党员干部要加强党纪国法学习，提高政治站位和政治觉悟，始终加强作风建设，正确行使权力，心有所畏、言有所戒、行有所止。纪检监察干部要从严明政治纪律和政治规矩的高度，不打探情况、跑风漏气。

禁令 134

严禁违反录取考试工作纪律

【违纪案例】

张某，中共党员，某省体育学院招生办公室成员。2020年，在该院承办全省普通高校招生体育专业测试中，张某利用负责成绩微机录入、核分、登统之便，与学院教师赵某预谋，事先设置了改分程序，将考生名单提前输入该程序中，后在招生办最后汇总核分时，张某具体操作更改了 97 名考生成绩。赵某从 29 名中间人手中收取了上述 97 名考生的"好处费"人民币 1022500 元，并将其中 58 万元交给张某，442500 元据为己有。张某严重违反了党的工作纪律，情节严重，应追究其党纪责任。

【禁令解析】

违反录取考试工作纪律行为，是指党员在考试、录取工作中泄露试题、考场舞弊、涂改考卷、违规录取等违反有关规定的行为。

能否按照公开、公平、公正、竞争、择优的原则，将真正合格的人才选拔上来，或者保证受教育培训者真正成绩合格，是关系国家未来和事业兴衰的大事。组织、参加考试、录取工作的人员及考生，必须严格遵守这些规定，对于违反规定者应当按有关规定严肃处理；对于其中的党员，还应当依照规定给予党纪处分。

该行为的行为主体主要分为两类：一类是负责、组织考试、录取工作的党员，包括出题人员、试卷保管人员、监考人员、评卷人员、负责录取的人员等；另一类是参与应试人员中的党员。所谓“泄露试题”，主要是指将考试的试题向考生或考生的家长或者其他人泄露，从而造成试题泄密。“考场舞弊”，一是指监考人员在考场上向考生告知答案，允许考生抄答案或者考生之间互相抄答案，或者为其提供掩护等行为；二是指参与考试的考生抄答案或者考生之间互相抄答案等行为。“涂改考卷”，主要是指将考生的正确答案涂改为错误答案，或者将考生的错误答案涂改为正确答案，或者涂改分数等行为。“违规录取”，主要是指违反规定的程序和条件，录用不符合条件的人员，或者使符合条件的人员不被录取等。“违反有关规定”，范围非常广，既包括违反国家、地方有关考试、录取工作的法律法规，也包括违反学校、单位有关规章制度和纪律要求。

所谓“考试、录取工作”，既包括国家统一组织的各类考试、录取工作，如普通高等学校招生全国统一考试，也包括各类学校所举办的各种国民教育的考试，如学校招收新生的考试、校内各种考试、专项选拔考试等，还包括企业等单位组织的招聘选拔考试、在职干部和职工的业务考试，等等。

【纪法适用】

1.《中国共产党纪律处分条例》第一百四十五条：

在考试、录取工作中，有泄露试题、考场舞弊、涂改考卷、违规录取等违反有关规定行为的，给予警告或者严重警告处分；情节较重的，给予撤销党内职务或者留党察看处分；情节严重的，给予开除党籍处分。

2.《中华人民共和国公职人员政务处分法》第三十九条第一、二项：

有下列行为之一，造成不良后果或者影响的，予以警告、记过或者记大过；情节较重的，予以降级或者撤职；情节严重的，予以开除：

（一）滥用职权，危害国家利益、社会公共利益或者侵害公民、法人、其他组织合法权益的；

（二）不履行或者不正确履行职责，玩忽职守，贻误工作的。

廉政提醒

LIANZHENG TIXING

考试公平、录取公平直接关系到社会公平，必须严肃考录工作纪律，以零容忍态度惩治考录工作中的消极腐败现象。党员在考试、录取工作中有徇私舞弊、弄虚作假，索取或者收受财物等行为，将被严肃追究责任。

禁令 135

严禁以不正当方式谋求公款出国（境）

【违纪案例】

张某，某银行分行营业部原党支部书记、副总经理。在张某主持营业部工作期间，同意该部组织26名员工分4批赴斯里兰卡旅游，并以奖励费的名义公款报销了10名员工共计25532元的旅游费用，其他人员旅游费用因组织调查尚未公款报销。张某受到党内严重警告和记大过政务处分，被免去现职，其他责任人受到相应处理，并责令退回公款报销的费用。

【禁令解析】

以不正当方式谋求公款出国（境）行为，是指党员以不正当方式谋求本人或者其他人用公款出国（境）的行为。

本行为是党员采取违反国家有关规定的方式和手段，谋求个人或者其他人用公款出国（境）的行为。本行为针对的是“用公款”，如果本人以不正当方式谋求自费出国（境）或者由其他人出资出国（境）则不属于本违纪行为。以不正当方式谋求本人或者其他人用公款出国（境）主要有以下表现形式：（1）虚报出国（境）公务骗取批准的；（2）购买、伪造邀请函或者编造虚假日程骗取批准的；（3）采取伪造个人身份、资料等形式，安排与出国（境）公务无关人员出国（境）的；（4）避开主管部门委托非主管部门办理因公出国（境）审核审批手续的；（5）违反因公出国（境）管理规定，将一个团（组）拆分为若干团（组）报批或者审核审批的；等等。

【纪法适用】

1.《中国共产党纪律处分条例》第一百四十六条：

以不正当方式谋求本人或者其他人用公款出国（境），情节较轻的，给予警告处分；情节较重的，给予严重警告处分；情节严重的，给予撤销党内职务处分。

2.《中华人民共和国公职人员政务处分法》第三十九条第一、二项：

有下列行为之一，造成不良后果或者影响的，予以警告、记过或者记大过；情节较重的，予以降级或者撤职；情节严重的，予以开除：

（一）滥用职权，危害国家利益、社会公共利益或者侵害公民、法人、其他组织合法权益的；

（二）不履行或者不正确履行职责，玩忽职守，贻误工作的。

廉政提醒

LIANZHENG TIXING

党员干部无论因公还是因私出国（境），都必须按照干部管理权限报批，党组织应强化监督审查，堵塞公款出国（境）旅游的漏洞，抓住任务审批、经费审核等关键环节，杜绝因公出国（境）管理中的随意性和盲目性，节约出访经费。

禁令 136

严禁擅自延长出国（境）期限、变更出国（境）路线

【违纪案例】

金某，中共党员，某市市长。金某因公率团赴德国考察，完成相关任务后，金某在未经请示批准的情况下，擅自率考察团成员前往邻近的奥地利游玩 1 天。

【禁令解析】

擅自延长出国（境）期限、变更出国（境）路线行为，是指临时出国（境）团（组）或者人员中的党员，擅自延长在国（境）外的期限，或者擅自变更路线的行为。

本行为追究的是实施行为的直接责任者和领导责任者的责任，比如提出建议的人员、作出决策的团（组）主要负责人和作出决定的其他人员等。“临时出国（境）团（组）或者人员”，是相对于“长期出国（境）人员”而言的。根据国务院和有关部门的规定，“长期出国（境）人员”，主要是指因公连续在国外、境外工作、学习一年以上的人员。“临时出国（境）团（组）或者人员”，主要是指因公临时派往国外、境外工作、学习、考察、访问不满一年的各类团（组）或者人员。其延长期限或者变更路线的目的往往是为了到风景名胜区旅游观光，个人购买物品，或者拜亲访友、办理私事等从事与工作无关的活动。

【纪法适用】

1.《中国共产党纪律处分条例》第一百四十七条：

临时出国（境）团（组）或者人员中的党员，擅自延长在国（境）外期限，或者擅自变更路线的，对直接责任者和领导责任者，给予警告或者严重警告处分；情节严重的，给予撤销党内职务处分。

2.《中华人民共和国公职人员政务处分法》第三十九条第一、二项：

有下列行为之一，造成不良后果或者影响的，予以警告、记过或者记大过；情节较重的，予以降级或者撤职；情节严重的，予以开除：

（一）滥用职权，危害国家利益、社会公共利益或者侵害公民、法人、其他组织合法权益的；

（二）不履行或者不正确履行职责，玩忽职守，贻误工作的。

廉政提醒

LIANZHENG TIXING

因公出国（境）是执行公务，不是福利待遇，要讲求实效、厉行节约、严守纪律。加强对党员干部因公出国（境）的管理，是维护党的形象和国家利益、国家安全的基本要求，是严明外事纪律的体现，也是组织对党员干部的爱护。广大党员干部切记，因公出国（境），要杜绝擅自延长出国（境）期限、变更出国（境）路线。

禁令 137

严禁在国（境）外违反当地法律、习俗

【违纪案例】

张某，中共党员，利用假期和好友出国旅游。因前往的是宗教圣地，旅行社出发前一再强调要尊重当地宗教习俗，切忌有不敬的举动。张某在神像佛龛上用小刀刻下“到此一游”的字样。外方工作人员发现后，立即阻止并控制住了他，当地警方就此将张某等人予以法律处置并通知了大使馆，造成了较大的负面影响。

【禁令解析】

在国（境）外违反当地法律、习俗行为，是指驻外机构、临时出国（境）团（组）中的党员，触犯驻在国家、地区法律、法令，情节较重的行为。

外事无小事，任何违犯纪律、不检点的行为都可能有损党和国家的尊严和形象，因此，对这些行为要给予必要的党纪处分。本行为针对两类人，一类是驻外机构中的党员，属于长期出国（境）人员；另一类是临时出国（境）团（组）中的党员。

【纪法适用】

1.《中国共产党纪律处分条例》第一百四十八条：

驻外机构或者临时出国（境）团（组）中的党员，触犯驻在国家、地区的法律、法令或者不尊重驻在国家、地区的宗教习俗，情节较重的，给予警告或者严重警告处分；情节严重的，给予撤销党内职务、留党察看或者开除党籍处分。

2.《中华人民共和国公职人员政务处分法》第三十九条第一、二项：

有下列行为之一，造成不良后果或者影响的，予以警告、记过或者记大过；情节较重的，予以降级或者撤职；情节严重的，予以开除：

（一）滥用职权，危害国家利益、社会公共利益或者侵害公民、法人、其他组织合法权益的；

（二）不履行或者不正确履行职责，玩忽职守，贻误工作的。

廉政提醒

LIANZHENG TIXING

外事工作和涉外活动，是为了发展同世界各国、各地区及人民的友好关系，广交朋友，以为我国社会主义现代化建设创造有利条件。这就要求出国或者出境人员，不论是长期的还是临时的，在国外、境外期间，应当遵守当地的法律、法令，尊重当地的宗教信仰、风俗习惯。否则，会引起驻在国家、地区的政府和人民的不满，甚至会引起纠纷，给我国的国际形象造成不良影响，也损害我国的国家利益。

【生活纪律】

禁令 138

严禁生活奢靡、铺张浪费、贪图享乐、追求低级趣味

【违纪案例】

吴某，中共党员，某市副市长。吴某喜欢追求生活“高档次”，沉迷于轻歌曼舞，频频出入桑拿房、洗脚房等场所，后被网络举报。

【禁令解析】

生活奢靡、铺张浪费、贪图享乐、追求低级趣味行为，是指党员生活奢靡、铺张浪费、贪图享乐、追求低级趣味，造成不良影响的行为。

共产党员要坚持勤俭办一切事业，坚决反对讲排场比阔气，坚决抵制享乐主义和奢靡之风。要大力弘扬中华民族勤俭节约的优秀传统，大力宣传节约光荣、浪费可耻的思想观念，努力使厉行节约、反对浪费在全社会蔚然成风。党章明确规定，党员有“吃苦在前，享受在后”的义务。《中国共产党廉洁自律准则》第三条规定：“坚持尚俭戒奢，艰苦朴素，勤俭节约。”反对享乐主义和奢靡之风是党的十八大以来全面从严治党重要实践成果，有必要通过纪律条文的方式制度化。

“生活奢靡、铺张浪费、贪图享乐”，主要是指党员背离了

“吃苦在前，享受在后”的义务和“尚俭戒奢”的要求，在日常生活中讲排场、比阔气，动辄挥金如土，正如广大群众批评的“土豪气”。“追求低级趣味”，是指党员在兴趣爱好、业余生活中不履行党章要求的“发扬社会主义新风尚，带头实践社会主义核心价值观和社会主义荣辱观，提倡共产主义道德”的义务，热衷于庸俗、低级趣味、不良嗜好。随着我国经济社会发展，人民生活水平日益提高，靠诚实劳动先富裕起来的党员、干部提高消费层次，群众完全能理解，但是崇尚奢靡生活，追求低级趣味，铺张浪费、贪图享乐，就会严重损害共产党员的形象，应当按照规定给予党纪处分。

【纪法适用】

1.《中国共产党纪律处分条例》第一百五十条：

生活奢靡、铺张浪费、贪图享乐、追求低级趣味，造成不良影响的，给予警告或者严重警告处分；情节严重的，给予撤销党内职务处分。

2.《中华人民共和国公职人员政务处分法》第四十条第一款第一、六项：

有下列行为之一的，予以警告、记过或者记大过；情节较重的，予以降级或者撤职；情节严重的，予以开除：

（一）违背社会公序良俗，在公共场所有不当行为，造成不良影响的；

（六）其他严重违反家庭美德、社会公德的行为。

廉政提醒

LIANZHENG TIXING

古人云，“历览前贤国与家，成由勤俭败由奢”，“奢靡之始，危亡之渐”。全体党员特别是党员领导干部应继续牢记“两个务必”，保持艰苦朴素、清正廉洁的政治本色，在生活中必须严以修身、严以律己，锤炼高尚品德，坚决反对享乐主义和奢靡之风，远离低级趣味。

禁令 139

严禁与他人发生不正当性关系

【违纪案例】

金某，中共党员，某市人民政府副秘书长、经济开发区管委会主任。某网络举报者自称是某市电视台员工卢某的丈夫，自2016年以来，金某与卢某两人通奸。

【禁令解析】

与他人发生不正当性关系行为，是指党员与他人发生不正当性关系，造成不良影响的行为。

《中国共产党纪律处分条例》第一百五十一条分两款。第一款规定的是与他人发生不正当性关系，造成不良影响的行为。关于第一款规定的“与他人发生不正当性关系，造成不良影响的”，一般应具备三个条件：一是双方必须发生了不正当的性关系；二是不正当的性关系必须基于双方自愿发生且不以金钱、财物为媒介；三是造成不良影响。所谓“不正当性关系”，包括双方均有配偶或者一方有配偶而自愿发生不正当性关系；或者通过诱骗或者其他手段，与一名或多名对象发生性关系等情况。之所以强调基于自愿并且不以金钱、财物为媒介，主要是将此行为与强奸、嫖娼行为和钱色交易等行为相区分。与他人发生不正当性关系行为，虽然也有送一些钱物给对方的情况，但钱物不是双方发生不正当性关系的前提条件。

第二款规定的是利用职权、教养关系、从属关系或者其他相类似关系与他人发生性关系的行为。“利用职权”，主要是指与对方有直接或间接的领导与被领导等关系，能利用本人职务范围内的权力或者与职务有关的便利条件对对方产生影响。“教养关系”，主要是指教育与养育关系，比如师生关系、师徒关系、监护人与被监护人的关系。“从属关系”，一般是指上下级关系、管理者与被管理者的关系。这里所说的“其他相类似关系”，主要是指与利用职权、教养关系、从属关系在性质上相类似的关系，如雇佣关系等。“利用特定关系与他人发生性关系”行为，严重危害了社会伦理道德，属于与他人发生不正当性关系行为中情节较重的情形。因此，对此类行为“从重处分”。

【纪法适用】

1.《中国共产党纪律处分条例》第一百五十一条：

与他人发生不正当性关系，造成不良影响的，给予警告或者严重警告处分；情节较重的，给予撤销党内职务或者留党察看处分；情节严重的，给予开除党籍处分。

利用职权、教养关系、从属关系或者其他相类似关系与他人发生性关系的，从重处分。

2.《中华人民共和国公职人员政务处分法》第四十条第一款第六项：

有下列行为之一的，予以警告、记过或者记大过；情节较重的，予以降级或者撤职；情节严重的，予以开除：

（六）其他严重违反家庭美德、社会公德的行为。

廉政提醒

LIANZHENG TIXING

党员干部要切实加强道德修养，夯实道德基础、涵养道德操守、追求道德高标准，真正在群众中树立起共产党人的光辉形象。要坚守精神追求，自觉明大德、守公德、严私德，坚持和弘扬共产党人的优良传统和价值观，以崇高的道德品行和人格力量赢得人心、引领风尚、凝聚力量。

禁令 140

严禁对家人失管失教

【违纪案例】

赵某，中共党员，某市政府办公室主任。赵某对其子赵某华一贯溺爱，且因赵某工作较忙，对赵某华疏于管教、放任纵容，赵某华逐渐染上一些恶习。2018 年 10 月至 2019 年 6 月，在赵某不知情的情况下，赵某华利用赵某之子的身份多次向该市多名私营企业主索要钱款共计 25 万余元，在当地造成恶劣影响。

【禁令解析】

对家人失管失教行为，是指党员领导干部违反规定不重视家风建设，对家属失管失教，造成不良影响或者严重后果的行为。

家风是社会风气的重要组成部分，千千万万家庭的好家风支撑起全社会的好风气。特别是各级领导干部要带头抓好家风。领导干部的家风，不仅关系自己的家庭，而且关系党风政风。毛泽东、周恩来、朱德同志等老一辈革命家都高度重视家风。各级领导干部特别是高级干部要继承和弘扬中华优秀传统文化，继承和弘扬革命前辈的红色家风，向焦裕禄、谷文昌、杨善洲等同志学习，作家风建设的表率，把修身、齐家落到实处。各级领导干部要保持高尚道德情操和健康生活情趣，严格要求亲属子女，过好亲情关，教育他们树立遵纪守法、艰苦朴素、自食其力的良好观念，明白见利忘义、贪赃枉法都是不道德的事情，要为全社会作表率。《关于新形势下党内政治生活的若干准则》规定，“领导干部特别是高级干部必须注重家庭、家教、家风，教育管理好亲属和身边工作人员”，“进一步规范领导干部配偶子女从业行为”，“禁止领导干部家属亲友插手领导干部职权范围内的工作、插手人事安排。各级领导班子和领导干部对来自领导干部家属亲友的违规干预行为要坚决抵制，并将有关情况报告党组织”。

从已查处的领导干部违纪违法案件看，一些领导干部对配偶、子女及其配偶不当言行疏于管教、放任纵容，以致养痈为患，在社会上造成不良影响。有的党员领导干部家风败坏，家庭成员见利忘义、沆瀣一气，为家族式腐败推波助澜；有的被击中“亲情不可违”的“软肋”，让居心不良者从家庭成员打开缺口，在亲情游说下放弃原则立场，在违纪违法道路上越走越远，最后沦为“阶下囚”。因此，领导干部的家风绝不是个人小事、家庭私事，而是直接影响党风、政风、民风的大事，如果家风崩毁，不仅祸害家庭，还直接损害党和政府的形象，必须用纪律要求对党员领导干部的家风建设予以规范。

“造成不良影响或者严重后果”，主要包括党员领导干部配偶、子女及其配偶利用其职权或职务上的影响谋取私利，利用家庭成员身份插手领导干部职权范围内的工作、人事安排，违反规定从业，违规领取薪酬，违反社会公序良俗以及违法犯罪等造成不良影响和严重后果的行为。

【纪法适用】

1.《中国共产党纪律处分条例》第一百五十二条：

党员领导干部不重视家风建设，对配偶、子女及其配偶失管失教，造成不良影响或者严重后果的，给予警告或者严重警告处分；情节严重的，给予撤销党内职务处分。

2.《中华人民共和国公职人员政务处分法》第四十条第一款第六项：

有下列行为之一的，予以警告、记过或者记大过；情节较重的，予以降级或者撤职；情节严重的，予以开除：

（六）其他严重违反家庭美德、社会公德的行为。

廉 政 提 醒

LIANZHENG TIXING

党员干部应当继承和弘扬中华优秀传统文化，继承和弘扬革命前辈的红色家风，作家风建设的表率，把修身、齐家的要求落到实处，夯实良好家风的文化基础。党员干部还应当修身律己，在遵纪守法方面为其他家庭成员树立良好榜样。同时，要重视家庭教育，严格要求配偶、子女。

禁令 141

严禁违背公序良俗，在公共场所有不当行为

【违纪案例】

靳某，中共党员，某县体育局局长。一日，靳某下班后在某餐厅与家人一同就餐。靳某饮用了大量白酒，在上菜问题上与他人发生激烈争吵和肢体冲突，在餐厅引起众多食客围观，影响极其恶劣。

【禁令解析】

违背公序良俗，在公共场所有不当行为，是指党员违背社会公序良俗，在公共场所有不当行为，造成不良影响的行为。

党章明确规定，党员是中国工人、农民、军人、知识分子和其他社会阶层的先进分子。在生产、工作、学习和社会生活中起先锋模范作用，发扬社会主义新风尚，带头实践社会主义核心价值观和社会主义荣辱观，提倡共产主义道德，弘扬中华民族传统美德，是党员的基本义务。党章还对党员领导干部提出加强道德修养，讲党性、重品行、作表率，做到自重、自省、自警、自励的要求。党员的党性修养和道德水准对社会具有示范引领作用，特别是党员在公共场所的言行，直接影响人民群众对党员以及党组织的评价。因此，有必要对党员违背社会公序良俗，在公共场所的不当行为进行纪律约束，维护党的形象。

“公共场所”，主要是指相对于特定的私人场所而言的社会场

所，其功能是满足社会公众工作、学习、交易、通行、文化娱乐等需要或者社会需求。这里的“造成不良影响”，一般是指由于行为人在公共场所的不当行为，引起广大群众或者社会舆论负面反映，给行为人自身名誉、行为人所在的党组织和单位造成了不好的影响，损害了党的形象。

党员在公共场所的不当行为，如果社会危害性较小，并且未造成不良影响，一般可通过社会舆论和道德的力量来调整；如果严重危害公共安全、妨害社会管理秩序或者侵犯他人权利，国家法律已将其作为违法犯罪行为规定了刑事处罚或者行政处罚，党组织可适用《中国共产党纪律处分条例》总则中纪法衔接条款处理；如果相关行为虽未构成违法犯罪，但造成不良影响，则应依据第一百五十三条进行处分。

【纪法适用】

1.《中国共产党纪律处分条例》第一百五十三条：

违背社会公序良俗，在公共场所、网络空间有不当言行，造成不良影响的，给予警告或者严重警告处分；情节较重的，给予撤销党内职务或者留党察看处分；情节严重的，给予开除党籍处分。

2.《中华人民共和国公职人员政务处分法》第四十条第一款第一项：

有下列行为之一的，予以警告、记过或者记大过；情节较重的，予以降级或者撤职；情节严重的，予以开除：

（一）违背社会公序良俗，在公共场所有不当行为，造成不良影响的。

廉政提醒

LIANZHENG TIXING

党员干部要充分认识作风建设的重大意义，坚守共产党人的精神高地，传承党的优良传统和作风，弘扬中华民族传统美德，树立崇高道德追求，充分发挥先锋模范作用。党员干部有义务发扬社会主义新风尚，带头实践社会主义荣辱观，提倡共产主义道德，必须时刻自警自省，决不能违背社会公序良俗、社会公德以及家庭美德。

下篇

法律禁令

禁令 142

严禁参与、组织赌博

【违法案例】

张某，中共党员，某镇政府财税所原负责人。张某在别人的引诱下“沾染”上了网络赌博，一发不可收拾，工作之余瞒着同事、家人将全部的精力用在了网络赌博上。后来，她在被赌博网站连续“封号”、资金周转不便的情况下，把手伸向了公款，先后挪用公款300余万元。

【禁令解析】

参与、组织赌博行为，是指党员以营利为目的，聚众参与、组织赌博或者以赌博为业，或者组织、参加赌博屡教屡犯，或者赌资很大，或者在国（境）外赌博，以及为赌博提供便利条件的行为。

赌博严重妨害社会管理秩序，腐蚀人们的思想，毒化社会风气，造成家庭纠纷，引发其他犯罪，给社会带来很大危害。特别是一些党员、干部参与、组织赌博的问题屡禁不止，更有甚者，在公共场所聚众赌博、利用赌博行贿受贿和贪污、挪用公款进行赌博，造成严重危害和恶劣影响。因此，对于参与、组织赌博的行为必须严肃处理。

【纪法适用】

1.《中国共产党纪律处分条例》第三十条第一款：

党组织在纪律审查中发现党员有刑法规定的行为，虽不构成犯罪但须追究党纪责任的，或者有其他破坏社会主义市场经济秩序、违反治安管理等违法行为，损害党、国家和人民利益的，应当视具体情节给予警告直至开除党籍处分。

2.《中华人民共和国公职人员政务处分法》第四十条第一款第三项、第二款：

有下列行为之一的，予以警告、记过或者记大过；情节较重的，予以降级或者撤职；情节严重的，予以开除：

（三）参与赌博的。

吸食、注射毒品，组织赌博，组织、支持、参与卖淫、嫖娼、色情淫乱活动的，予以撤职或者开除。

3.《中华人民共和国刑法》第三百零三条第一款：

以营利为目的，聚众赌博或者以赌博为业的，处三年以下有期徒刑、拘役或者管制，并处罚金。

4.《中华人民共和国公务员法》第五十九条第十三项：

公务员应当遵纪守法，不得有下列行为：

（十三）参与或者支持色情、吸毒、赌博、迷信等活动。

5.《中华人民共和国治安管理处罚法》第七十条：

以营利为目的，为赌博提供条件的，或者参与赌博赌资较大的，处五日以下拘留或者五百元以下罚款；情节严重的，处十日以上十五日以下拘留，并处五百元以上三千元以下罚款。

廉政提醒

LIANZHENG TIXING

赌博滋生好逸恶劳思想，严重败坏社会风气，党员参与、组织赌博更是影响恶劣。广大党员干部要进一步强化规矩和纪律意识，倡导积极向上、健康文明的生活方式，对标高线，严守底线，用纪律法律的尺子来衡量自身的行为，争当遵纪守法的模范代表。

禁令 143

严禁贩毒、吸毒

【违法案例】

李某，某村原党支部书记。李某为达到掌控、笼络手下人的目的，长期吸毒的李某，多次在自家的“李家大院”组织手下吸毒。并且对于表现好的，他免费提供毒品；表现不好的，他进行相应处罚；表现特别不好的，他会举报这些人吸毒。

【禁令解析】

贩毒行为，是指党员违反有关规定，明知是毒品或其他违禁品而非法销售或者以贩卖为目的的非法收买毒品或其他违禁品的行为。吸毒行为，是指党员违反有关规定，吸食注射毒品、精神毒品或者其他违禁品的行为。

我国与世界各国一样实行禁毒政策，严厉打击贩毒犯罪，坚决禁止吸毒行为。随着这些年的禁毒宣传，毒品对人类造成的危害，已是众所周知。这里所谓“毒品”是指鸦片、海洛因、冰毒、可卡因、大麻、吗啡以及国务院规定管理的其他能够使人形成瘾癖的麻醉药品和精神药品。违反国家有关毒品、精神药品或其他违禁品管理或管制的规定，吸食、注射、制造、运输、贩卖毒品的，都在禁止之列。这里要注意几种情形：（1）用口吸、鼻吸、吞服、饮用、皮下或静脉注射等方式使用毒品的，属于吸食、注射毒品。（2）违反国家关于毒品的管理法规，非法用毒品原料提炼、加工、配制可供人吸食、注射的毒品的，属于制造毒品。（3）明知是毒品而采取携带、邮寄、利用他人或者使用交通工具等方法将毒品从一个地方运送到另一个地方的行为，属于运输毒品。运输毒品可以是贩卖毒品集团成员的分工，也可以是图利而替别人运输毒品。（4）为销售而非法收购毒品或者明知是毒品而非法销售的行为，属于贩卖毒品。在上述行为中，对于制贩毒品的处理最重，运输的次之，吸食的再次之。每个公民都应该自觉拒绝毒品，远离毒品，党员干部、公职人员尤其要提高警惕。

【纪法适用】

1.《中国共产党纪律处分条例》第三十条第一款、第三款：

党组织在纪律审查中发现党员有刑法规定的行为，虽不构成犯罪但须追究党纪责任的，或者有其他破坏社会主义市场经济秩序、违反治安管理等违法行为，损害党、国家和人民利益的，应当视具体情节给予警告直至开除党籍处分。

党员有嫖娼或者吸食、注射毒品等丧失党员条件，严重败坏党的形象行为的，应当给予开除党籍处分。

2.《中华人民共和国公职人员政务处分法》第四十条第二款：

吸食、注射毒品，组织赌博，组织、支持、参与卖淫、嫖娼、色情淫乱活动的，予以撤职或者开除。

3.《中华人民共和国刑法》第三百四十七条第一款：

走私、贩卖、运输、制造毒品，无论数量多少，都应当追究刑事责任，予以刑事处罚。

第三百四十九条第二款：

缉毒人员或者其他国家机关工作人员掩护、包庇走私、贩卖、运输、制造毒品的犯罪分子的，依照前款的规定从重处罚。

4.《中华人民共和国公务员法》第五十九条第十三项：

公务员应当遵纪守法，不得有下列行为：

（十三）参与或者支持色情、吸毒、赌博、迷信等活动。

5.《中华人民共和国治安管理处罚法》第七十二条：

有下列行为之一的，处十日以上十五日以下拘留，可以并处二千元以下罚款；情节较轻的，处五日以下拘留或者五百元以下罚款：

（一）非法持有鸦片不满二百克、海洛因或者甲基苯丙胺不满十克或者其他少量毒品的；

（二）向他人提供毒品的；

（三）吸食、注射毒品的；

（四）胁迫、欺骗医务人员开具麻醉药品、精神药品的。

廉政提醒

LIANZHENG TIXING

当前，个别价值观念扭曲的党员干部不顾身份和地位开始吸毒，有的公职人员在吸毒的同时极易出现受贿等其他违法行为，个别公职人员价值观扭曲，受当前社会享乐主义至上、金钱至上的不良风气影响，不惜走上贩毒之路牟取暴利。党员干部、公职人员涉毒现象，严重损害了党和政府的形象和公信力，在社会上造成极其恶劣的影响，亟须每名党员干部、公职人员提高警惕。

禁令 144

严禁组织、支持、参与卖淫、嫖娼、色情淫乱活动

【违法案例】

徐某，某镇原党委书记。徐某在上海学习培训期间，未经请示报告私自外出，并到酒店嫖娼，被当地警方抓获。

【禁令解析】

卖淫嫖娼行为，是指男女双方以一方付出、一方收受金钱财物为交换条件，自愿发生不正当性关系的行为。

与卖淫嫖娼相关的一些行为，也在禁止之列，主要包括：(1) 策划、指挥、安排他人进行卖淫嫖娼活动，包括建立、设置卖淫嫖娼窝点，也包括网罗卖淫嫖娼者并为其提供卖淫嫖娼条件的行为，属于组织卖淫嫖娼；(2) 以暴力、胁迫或者其他手段，违背他人意志，迫使他人卖淫嫖娼的行为，属于强迫卖淫嫖娼；(3) 以金钱诱惑或灌输淫乱思想等手段勾引、诱使他人卖淫嫖娼的行为，属于引诱卖淫嫖娼；(4) 为他人卖淫嫖娼提供场所，如房屋、汽车、果园、林地等行为，属于容留卖淫嫖娼；(5) 明知

他人没有卖淫嫖娼意图，并使他人实施或可能实施卖淫嫖娼，属于教唆卖淫嫖娼；（6）明知他人进行卖淫嫖娼活动，而为其提供介绍、容留卖淫嫖娼以外的其他有利于卖淫嫖娼活动得以实现的条件，如为他人的卖淫嫖娼活动提供金钱、物质帮助，或交通工具等，属于故意为卖淫嫖娼提供方便条件。上述行为妨害了社会管理秩序，败坏了社会风气，同样要受到党纪国法的处罚。

【纪法适用】

1.《中国共产党纪律处分条例》第三十条第一款、第三款：

党组织在纪律审查中发现党员有刑法规定的行为，虽不构成犯罪但须追究党纪责任的，或者有其他破坏社会主义市场经济秩序、违反治安管理等违法行为，损害党、国家和人民利益的，应当视具体情节给予警告直至开除党籍处分。

党员有嫖娼或者吸食、注射毒品等丧失党员条件，严重败坏党的形象行为的，应当给予开除党籍处分。

2.《中华人民共和国公职人员政务处分法》第四十条第二款：

吸食、注射毒品，组织赌博，组织、支持、参与卖淫、嫖娼、色情淫乱活动的，予以撤职或者开除。

3.《中华人民共和国刑法》第三百五十八条：

组织、强迫他人卖淫的，处五年以上十年以下有期徒刑，并处罚金；情节严重的，处十年以上有期徒刑或者无期徒刑，并处罚金或者没收财产。

组织、强迫未成年人卖淫的，依照前款的规定从重处罚。

犯前两款罪，并有杀害、伤害、强奸、绑架等犯罪行为的，依照数罪并罚的规定处罚。

为组织卖淫的人招募、运送人员或者有其他协助组织他人卖淫行为的，处五年以下有期徒刑，并处罚金；情节严重的，处五年以上十年以下有期徒刑，并处罚金。

第三百五十九条：

引诱、容留、介绍他人卖淫的，处五年以下有期徒刑、拘役或者管制，并处罚金；情节严重的，处五年以上有期徒刑，并处罚金。

引诱不满十四周岁的幼女卖淫的，处五年以上有期徒刑，并处罚金。

第三百六十条：

明知自己患有梅毒、淋病等严重性病卖淫、嫖娼的，处五年以下有期徒刑、拘役或者管制，并处罚金。

第三百六十一条：

旅馆业、饮食服务业、文化娱乐业、出租汽车业等单位的人员，利用本单位的条件，组织、强迫、引诱、容留、介绍他人卖淫的，依照本法第三百五十八条、第三百五十九条的规定定罪处罚。

前款所列单位的主要负责人，犯前款罪的，从重处罚。

4.《中华人民共和国公务员法》第五十九条第十三项：

公务员应当遵纪守法，不得有下列行为：

（十三）参与或者支持色情、吸毒、赌博、迷信等活动。

5.《中华人民共和国治安管理处罚法》第六十六条：

卖淫、嫖娼的，处十日以上十五日以下拘留，可以并处五千元以下罚款；情节较轻的，处五日以下拘留或者五百元以下罚款。

在公共场所拉客招嫖的，处五日以下拘留或者五百元以下罚款。

第六十七条：

引诱、容留、介绍他人卖淫的，处十日以上十五日以下拘留，可以并处五千元以下罚款；情节较轻的，处五日以下拘留或者五百元以下罚款。

廉政提醒

LIANZHENG TIXING

党员干部组织、支持、参与卖淫、嫖娼、色情淫乱活动，性质恶劣、社会危害大。党员干部应认识到越轨行为对党、对家庭、对自身前途可能造成的严重后果，要树立正确的世界观、人生观、价值观，抑制奢靡享乐思想，培育积极、健康、高尚的生活情趣，让道德之魂培根固本，经得住磨炼、抗得住诱惑，做到“八小时之内、之外”一个样。

禁令 145

严禁贪污

【违法案例】

张某，中共党员，某省铁路局工会主席。张某利用职务便利，以非法占有为目的，伙同蔡某某（另案处理）在负责、参与工会物资采购中，采用虚增合同价款的方式，套取公款178万元。

【禁令解析】

贪污行为，是指党和国家工作人员或者受委托管理、经营国有财产的人员，利用职务上的便利，侵吞、窃取、骗取或者以其他手段非法占有公共财物的行为；情节严重的，构成贪污罪。

贪污罪属于一种严重的经济犯罪，不仅损害了党和国家的形象，阻碍了社会主义法治建设的进程，还降低了党政机关的工作效率，直接破坏党员干部在人民群众中的形象，造成了整个社会的信任危机。因此，对此类行为必须予以严惩。

【纪法适用】

1.《中国共产党纪律处分条例》第二十九条：

党组织在纪律审查中发现党员有贪污贿赂、滥用职权、玩忽职守、权力寻租、利益输送、徇私舞弊、浪费国家资财等违反法律涉嫌犯罪行为的，应当给予撤销党内职务、留党察看或者开除党籍处分。

2.《中华人民共和国公职人员政务处分法》第十四条第一款第一项：

公职人员犯罪，有下列情形之一的，予以开除：

（一）因故意犯罪被判处管制、拘役或者有期徒刑以上刑罚（含宣告缓刑）的。

3.《中华人民共和国刑法》第三百八十二条：

国家工作人员利用职务上的便利，侵吞、窃取、骗取或者以其他手段非法占有公共财物的，是贪污罪。

受国家机关、国有公司、企业、事业单位、人民团体委托管理、经营国有财产的人员，利用职务上的便利，侵吞、窃取、骗取或者以其他手段非法占有国有财物的，以贪污论。

与前两款所列人员勾结，伙同贪污的，以共犯论处。

4.《中华人民共和国公务员法》第五十九条第八项：

公务员应当遵纪守法，不得有下列行为：

（八）贪污贿赂，利用职务之便为自己或者他人谋取私利。

廉 政 提 醒

LIANZHENG TIXING

党员干部要常怀敬畏之心，常修从业之德，常思贪欲之害，常怀律己之心，筑牢廉洁从业、拒腐防变的思想防线，谨慎行使手中的权力，真正把权力用到诚心诚意为基层群众办实事、解难题、谋利益上来，决不能把权力变成谋取私利的资本和工具。

禁令 146

严禁私分国有资产和罚没财物

【违法案例】

黄某，中共党员，某省地震局原局长。黄某违反国家规定，以单位名义，通过冒用事业编的人员，虚列名目等方式，为该局参照公务员管理的人员发放津贴补贴，将国有资产人民币 898 万元集体私分给个人，黄某从中共获得 168.58 万元。

【禁令解析】

私分国有资产行为，是指党和国家工作人员、国家机关、国有公司、企业、事业单位、人民团体，违反国家规定，以单位名义将国有资产集体私分给个人的行为。情节严重的，可构成私分国有资产罪。

私分罚没财物行为，是指司法机关、行政执法机关违反国家规定，将应当上缴国家的罚没财物，以单位名义集体私分给个人的行为，对于该种行为按照私分国有资产罪处理。

私分国有资产和罚没财物属于变相贪污行为，在国有企业关停并转过程、国家行政机构重大调整过程、财政管理体制改革过程中，执法监督松弛时期，以及年节喜庆时期，容易出现这种行为。现实生活中，一些单位违反规定，巧立名目，以单位名义，用发“奖金”“补助”“津贴”等方式，集体私分国有资产的现象依然存在。更为恶劣的是，仍有个别执纪机关、行政执法机关、司法机关执纪违纪、执法违法，以单位名义集体私分罚没财物。对于上述行为，必须严肃处理。

【纪法适用】

1.《中国共产党纪律处分条例》第二十九条：

党组织在纪律审查中发现党员有贪污贿赂、滥用职权、玩忽职守、权力寻租、利益输送、徇私舞弊、浪费国家资财等违反法律涉嫌犯罪行为的，应当给予撤销党内职务、留党察看或者开除党籍处分。

2.《中华人民共和国公职人员政务处分法》第十四条第一款第一项：

公职人员犯罪，有下列情形之一的，予以开除：

（一）因故意犯罪被判处管制、拘役或者有期徒刑以上刑罚（含宣告缓刑）的。

3.《中华人民共和国刑法》第三百九十六条：

国家机关、国有公司、企业、事业单位、人民团体，违反国家规定，以单位名义将国有资产集体私分给个人，数额较大的，对其直接负责的主管人员和其他直接责任人员，处三年以下有期徒刑或者拘役，并处或者单处罚金；数额巨大的，处三年以上七年以下有期徒刑，并处罚金。

司法机关、行政执法机关违反国家规定，将应当上缴国家的罚没财物，以单位名义集体私分给个人的，依照前款的规定处罚。

4.《中华人民共和国公务员法》第五十九条第八项：

公务员应当遵纪守法，不得有下列行为：

（八）贪污贿赂，利用职务之便为自己或者他人谋取私利。

廉政提醒

LIANZHENG TIXING

党员领导干部要正确处理个人利益、小团体利益与国家利益、最广大人民群众的根本利益之间的关系，树立法制观念、政策观念，增强纪法意识，不能打着为干部职工谋福利的幌子，巧立名目，私分国有资产，或者以所谓经“集体研究”方式，将应当上缴国家的罚没财物私分给个人。

禁令 147

严禁受贿

【违法案例】

郑某，某国有公司（全资国有）原党委书记、董事长。郑某利用职务便利为某地产投资管理有限公司在项目合作及融资等方面提供帮助。地产投资管理有限公司实际控制人李某，多次送给郑某字画、金条等，折合人民币共计400余万元。

【禁令解析】

受贿行为，是指国家工作人员利用职务上的便利，索取他人财物，或者非法收受他人财物，为他人谋取利益的行为；情节严重的，构成受贿罪。

国家工作人员在经济往来中，违反国家规定，收受各种名义的回扣、手续费，归个人所有的，以受贿论处。

【纪法适用】

1.《中国共产党纪律处分条例》第二十九条：

党组织在纪律审查中发现党员有贪污贿赂、滥用职权、玩忽职守、权力寻租、利益输送、徇私舞弊、浪费国家资财等违反法律涉嫌犯罪行为的，应当给予撤销党内职务、留党察看或者开除党籍处分。

2.《中华人民共和国公职人员政务处分法》第十四条第一款第一项：

公职人员犯罪，有下列情形之一的，予以开除：

（一）因故意犯罪被判处管制、拘役或者有期徒刑以上刑罚（含宣告缓刑）的。

3.《中华人民共和国刑法》第三百八十五条：

国家工作人员利用职务上的便利，索取他人财物的，或者非法收受他人财物，为他人谋取利益的，是受贿罪。

国家工作人员在经济往来中，违反国家规定，收受各种名义的回扣、手续费，归个人所有的，以受贿论处。

第三百八十六条：

对犯受贿罪的，根据受贿所得数额及情节，依照本法第三百八十三条的规定处罚。索贿的从重处罚。

第三百八十八条：

国家工作人员利用本人职权或者地位形成的便利条件，通过其他国家工作人员职务上的行为，为请托人谋取不正当利益，索取请托人财物或者收受请托人财物的，以受贿论处。

4.《中华人民共和国公务员法》第五十九条第八项：

公务员应当遵纪守法，不得有下列行为：

（八）贪污贿赂，利用职务之便为自己或者他人谋取私利。

廉政提醒

LIANZHENG TIXING

受贿行为是一种典型的职务违法犯罪行为，它给党和政府的形象造成了严重损害。党员领导干部要坚持理想信念宗旨，坚守纪律法律底线，增强拒腐防变、对抗“围猎”的思想和行动自觉，自觉抵制商品交换原则对党内政治生活的侵蚀，营造风清气正的政治生态。

禁令 148

严禁单位受贿

【违法案例】

刘某，中共党员，某县委书记。钱某，中共党员，某县水利局局长。钱某找到刘某，希望县里为水利局争取点水利项目。刘某表示，争取水利项目需要给上级单位送礼。钱某应允并表示水利局可以想办法。之后，钱某找到该县某水利公司经理孙某，以争取水利项目为名，让其赞助8万元，并承诺给其部分工程。孙某拿出8万元给水利局，钱某将该钱款存放在水利局设立的“小金库”中。钱某将该款项中的2万元交给刘某，用于春节给上级单位购买礼品。刘某将该款项用于自己生活消费。

【禁令解析】

单位受贿行为，是指国家机关、国有公司、企业、事业单位、人民团体，索取、非法收受他人财物，为他人谋取利益，情节严重的行为；情节严重的，构成单位受贿罪。

随着改革开放的深入，单位受贿罪也呈现日益增长的趋势，该行为的社会危害性极大，如单位非法向内部职工收取各种集资、摊派费用。国有单位如学校、企业等利用其垄断地位乱收费等行为，都可以构成单位受贿罪。

【纪法适用】

1.《中国共产党纪律处分条例》第二十七条：

党组织领导机构集体作出违犯党纪的决定或者实施其他违犯党纪的行为，对具有共同故意的成员，按共同违纪处理；对过失违纪的成员，按照各自在集体违纪中所起的作用和应负的责任分别给予处分。

第二十九条：

党组织在纪律审查中发现党员有贪污贿赂、滥用职权、玩忽职守、权力寻租、利益输送、徇私舞弊、浪费国家资财等违反法律涉嫌犯罪行为的，应当给予撤销党内职务、留党察看或者开除党籍处分。

2.《中华人民共和国公职人员政务处分法》第十四条第一款第一项：

公职人员犯罪，有下列情形之一的，予以开除：

（一）因故意犯罪被判处管制、拘役或者有期徒刑以上刑罚（含宣告缓刑）的。

3.《中华人民共和国刑法》第三百八十七条：

国家机关、国有公司、企业、事业单位、人民团体，索取、非法收受他人财物，为他人谋取利益，情节严重的，对单位判处罚金，并对其直接负责的主管人员和其他直接责任人员，处三年以下有期徒刑或者拘役；情节特别严重的，处三年以上十年以下有期徒刑。

前款所列单位，在经济往来中，在帐外暗中收受各种名义的回扣、手续费的，以受贿论，依照前款的规定处罚。

4.《中华人民共和国公务员法》第五十九条第八项：

公务员应当遵纪守法，不得有下列行为：

（八）贪污贿赂，利用职务之便为自己或者他人谋取私利。

廉政提醒

LIANZHENG TIXING

单位受贿行为严重损害了党政机关和领导干部应有的形象，失去的是威信，失去的是民心，既侵害了国家机关及其工作人员职务行为的不可收买性，也侵犯了公私财产的所有权。单位受贿案件中，根据《中国共产党纪律处分条例》及《中华人民共和国公职人员政务处分法》《事业单位工作人员处分规定》等相关规定，对涉案单位主要责任人予以相应党纪政务处分。

禁令 149

严禁利用影响力受贿

【违法案例】

吴某某，系某省原副省长兼某厅厅长秦某某之妻的堂妹。吴某某通过自己同事介绍结识了主要从事刑事技术设备销售业务的某公司老板王某，后二人来往频繁。2020 年吴某某接受王某的请托，利用秦某某的职权和地位形成的便利条件，通过其他国家工作人员的职务便利，为王某在某局刑事技术设备采购中提供帮助，并通过接受现金和免除债务的方式收受王某支付的好处费共计 45 万元。

【禁令解析】

利用影响力受贿行为，是指国家工作人员的近亲属或者其他与该国家工作人员关系密切的人，通过该国家工作人员职务上的行为，或者利用该国家工作人员职权或者地位形成的便利条件，通过其他国家工作人员职务上的行为，为请托人谋取不正当利益，索取请托人财物或者收受请托人财物的行为；情节严重的，构成利用影响力受贿罪。

社会生活中经常活跃着这样一些特定的人群，他们或者利用身为国家工作人员的丈夫或者妻子的关系，或者利用身为国家工作人员的父母或者子女的关系，或者利用身为国家工作人员的其他近亲属的关系，或者利用身为国家工作人员的情夫（妇）的关系，或者利用身为国家工作人员的朋友、同学、老乡等特殊关系，为请托人谋取不正当利益并索取或收受请托人财物，社会危害性不亚于国家工作人员受贿。因此，对此类行为必须予以严惩。

【纪法适用】

1.《中国共产党纪律处分条例》第二十九条：

党组织在纪律审查中发现党员有贪污贿赂、滥用职权、玩忽职守、权力寻租、利益输送、徇私舞弊、浪费国家资财等违反法律涉嫌犯罪行为的，应当给予撤销党内职务、留党察看或者开除党籍处分。

第九十四条：

党员干部必须正确行使人民赋予的权力，清正廉洁，反对特权思想和特权现象，反对任何滥用职权、谋求私利的行为。

利用职权或者职务上的影响为他人谋取利益，本人的配偶、子女及其配偶等亲属和其他特定关系人收受对方财物，情节较重的，给予警告或者严重警告处分；情节严重的，给予撤销党内职务、留党察看或者开除党籍处分。

第九十六条第一款：

纵容、默许配偶、子女及其配偶等亲属、身边工作人员和其他特定关系人利用党员干部本人职权或者职务上的影响谋取私利，情节较轻的，给予警告或者严重警告处分；情节较重的，给予撤销党内职务或者留党察看处分；情节严重的，给予开除党籍处分。

2.《中华人民共和国公职人员政务处分法》第十四条第一款第一项：

公职人员犯罪，有下列情形之一的，予以开除：

（一）因故意犯罪被判处管制、拘役或者有期徒刑以上刑罚（含宣告缓刑）的。

第三十三条第一款第三项：

有下列行为之一的，予以警告、记过或者记大过；情节较重的，予以降级或者撤职；情节严重的，予以开除：

（三）纵容、默许特定关系人利用本人职权或者职务上的影响谋取私利的。

3.《中华人民共和国刑法》第三百八十八条之一：

国家工作人员的近亲属或者其他与该国家工作人员关系密切的人，通过该国家工作人员职务上的行为，或者利用该国家工作人员职权或者地位形成的便利条件，通过其他国家工作人员职务上的行为，为请托人谋取不正当利益，索取请托人财物或者收受请托人财物，数额较大或者有其他较重情节的，处三年以下有期徒刑或者拘役，并处罚金；数额巨大或者有其他严重情节的，处三年以上七年以下有期徒刑，并处罚金；数额特别巨大或者有其他特别严重情节的，处七年以上有期徒刑，并处罚金或者没收财产。

离职的国家工作人员或者其近亲属以及其他与其关系密切的人，利用该离职的国家工作人员原职权或者地位形成的便利条件实施前款行为的，依照前款的规定定罪处罚。

4.《中华人民共和国公务员法》第五十九条第八项：

公务员应当遵纪守法，不得有下列行为：

（八）贪污贿赂，利用职务之便为自己或者他人谋取私利。

廉政提醒

LIANZHENG TIXING

党员领导干部要做到清正廉洁，以身作则，不给投机钻营者以可乘之机，同时要有灵敏嗅觉，善于发现问题，守好自己的门，看好自己的人，严格教育约束，不搞特殊化，防止身边人打着领导旗号谋私利，杜绝“裙带腐败”“衙内腐败”等突出问题。

禁令 150

严禁行贿

【违法案例】

苏某，中共党员。苏某为竞选某县委常委、副县长，先后给予相关国家工作人员金条、美元、购物卡等财物，共计折合人民币 30 余万元。

【禁令解析】

行贿行为，是指公职人员为谋取不正当利益，给予国家工作人员以财物的行为，情节严重的，构成行贿罪。

党的二十大报告明确指出，坚持受贿行贿一起查。受贿与行贿是一对“孪生兄弟”，行贿者付出后，必然会拼命追求不正当利益，一旦达到目的，又会变本加厉谋求更大的不正当利益。这种权钱交易行为对党员干部、公职人员有着严重的腐蚀作用，它破坏了党和国家机关的正常公务活动。对于这种行为必须严惩。

【纪法适用】

1.《中国共产党纪律处分条例》第二十九条：

党组织在纪律审查中发现党员有贪污贿赂、滥用职权、玩忽职守、权力寻租、利益输送、徇私舞弊、浪费国家资财等违反法律涉嫌犯罪行为的，应当给予撤销党内职务、留党察看或者开除党籍处分。

2.《中华人民共和国公职人员政务处分法》第十四条第一款第一项：

公职人员犯罪，有下列情形之一的，予以开除：

（一）因故意犯罪被判处管制、拘役或者有期徒刑以上刑罚（含宣告缓刑）的。

3.《中华人民共和国刑法》第三百八十九条：

为谋取不正当利益，给予国家工作人员以财物的，是行贿罪。

在经济往来中，违反国家规定，给予国家工作人员以财物，数额较大的，或者违反国家规定，给予国家工作人员以各种名义的回扣、手续费的，以行贿论处。

因被勒索给予国家工作人员以财物，没有获得不正当利益的，不是行贿。

4.《中华人民共和国公务员法》第五十九条第八项：

公务员应当遵纪守法，不得有下列行为：

（八）贪污贿赂，利用职务之便为自己或者他人谋取私利。

廉政提醒

LIANZHENG TIXING

严肃查处党的十八大以来不收敛不收手，巨额行贿、多次行贿行为，让“围猎者”付出沉重代价，斩断官商勾结的利益链，破除权钱交易的关系网，营造不以贿赂获利的公平竞争环境。将情节严重的行贿人员列入信用信息“黑名单”，依法没收追缴行贿人员的非法所得，也追缴政治待遇、职务晋升、资格资质、荣誉奖励等附带性利益，坚决防止行贿人员在经济和政治上继续占便宜。

禁令 151

严禁对单位行贿

【违法案例】

陈某某，中共党员，某国有铁路公司总经理。该公司为获得上级单位在工程施工、验工计价及工程款拨付方面的照顾，陈某某决定并安排总会计师姚某某从下属公司的项目中拿走50万元的项目资金，后将该50万元现金以协调费用的名义送给上级单位使用。

【禁令解析】

对单位行贿行为，是指为谋取不正当利益，给予国家机关、国有公司、企业、事业单位、人民团体以财物的，或者在经济往来中，违反国家规定，给予各种名义的回扣、手续费的行为；情节严重的，构成对单位行贿罪。

向单位行贿与向个人行贿，其目的与表现形式都是相同的，都是为谋取不正当利益。行贿者付出的主要是财物，所不同的只是受贿者不是个人而是单位，单位包括党和国家机关、国有企业、事业单位、人民团体等。它侵犯的同样是国家公务活动的廉洁性和公正性。对于这种行为应予以严惩。

【纪法适用】

1.《中国共产党纪律处分条例》第二十九条：

党组织在纪律审查中发现党员有贪污贿赂、滥用职权、玩忽职

守、权力寻租、利益输送、徇私舞弊、浪费国家资财等违反法律涉嫌犯罪行为的，应当给予撤销党内职务、留党察看或者开除党籍处分。

2.《中华人民共和国公职人员政务处分法》第十四条第一款第一项：

公职人员犯罪，有下列情形之一的，予以开除：

（一）因故意犯罪被判处管制、拘役或者有期徒刑以上刑罚（含宣告缓刑）的。

3.《中华人民共和国刑法》第三百九十一条：

为谋取不正当利益，给予国家机关、国有公司、企业、事业单位、人民团体以财物的，或者在经济往来中，违反国家规定，给予各种名义的回扣、手续费的，处三年以下有期徒刑或者拘役，并处罚金；情节严重的，处三年以上七年以下有期徒刑，并处罚金。

单位犯前款罪的，对单位判处罚金，并对其直接负责的主管人员和其他直接责任人员，依照前款的规定处罚。

4.《中华人民共和国公务员法》第五十九条第八项：

公务员应当遵纪守法，不得有下列行为：

（八）贪污贿赂，利用职务之便为自己或者他人谋取私利。

廉政提醒

LIANZHENG TIXING

行贿是腐败行为的重要诱因，是腐败蔓延的重要推手。行贿与受贿可谓是一个藤上结出的两个“毒瓜”，是腐败犯罪的一体两面。对受贿要零容忍，对单位行贿行为也必须零容忍。无论用私财开道，还是拿公帑挥霍；无论是明目张胆，还是巧妙隐蔽，任何一种行贿行为都是对法治秩序的挑战、对公平正义的冲击，必将受到严厉的惩处。在受贿行贿一起查的持续高压下，千万莫伸手，伸手必被捉。

禁令 152

严禁对有影响力的人行贿

【违法案例】

王某，中共党员，某市妇幼保健院院长韩某某之夫。王某为使某建筑工程有限责任公司承揽到该市妇幼保健院办公楼工程，在招投标过程中，通过高某利用其妻子韩某某的影响力，指使韩某某下属陈某（时任该市妇幼保健院办公室主任）违规操作，使得该公司中标。中标后，王某为感谢高某在招投标过程中的帮助，安排出纳员张某某以现金的形式给予高某好处费人民币 40 万元。

【禁令解析】

对有影响力的人行贿行为，是指为谋取不正当利益，向国家工作人员的近亲属或者其他与该国家工作人员关系密切的人，或者向离职的国家工作人员或者其近亲属以及其他与其关系密切的人行贿的行为；情节严重的，构成对有影响力的人行贿罪。

现实社会生活中，时有发生通过贿赂国家工作人员的近亲属和与国家工作人员关系密切的人员、离职的国家工作人员及其近亲属或与离职国家工作人员关系密切的人员进行权钱交易的违法事件。因此，必须对此类行为予以严惩。

【纪法适用】

1.《中国共产党纪律处分条例》第二十九条：

党组织在纪律审查中发现党员有贪污贿赂、滥用职权、玩忽职守、权力寻租、利益输送、徇私舞弊、浪费国家资财等违反法律涉嫌犯罪行为的，应当给予撤销党内职务、留党察看或者开除党籍处分。

2.《中华人民共和国公职人员政务处分法》第十四条第一款第一项：

公职人员犯罪，有下列情形之一的，予以开除：

（一）因故意犯罪被判处管制、拘役或者有期徒刑以上刑罚（含宣告缓刑）的。

3.《中华人民共和国刑法》第三百九十条之一：

为谋取不正当利益，向国家工作人员的近亲属或者其他与该国家工作人员关系密切的人，或者向离职的国家工作人员或者其近亲属以及其他与其关系密切的人行贿的，处三年以下有期徒刑或者拘役，并处罚金；情节严重的，或者使国家利益遭受重大损失的，处三年以上七年以下有期徒刑，并处罚金；情节特别严重的，或者使国家利益遭受特别重大损失的，处七年以上十年以下有期徒刑，并处罚金。

单位犯前款罪的，对单位判处罚金，并对其直接负责的主管人员和其他直接责任人员，处三年以下有期徒刑或者拘役，并处罚金。

4.《中华人民共和国公务员法》第五十九条第八项：

公务员应当遵纪守法，不得有下列行为：

（八）贪污贿赂，利用职务之便为自己或者他人谋取私利。

廉政提醒

LIANZHENG TIXING

党的十八大以来查处的大量案件表明，行贿行为具有极强的政治腐蚀性。行贿行为是腐蚀党员领导干部的危险因素，也是影响党的先进性和纯洁性的消极因素，严重侵蚀党的肌体健康。在行贿者挖空心思地“围猎”下，一些党员领导干部，没有守牢纪法底线，逐渐被拉拢腐蚀，手中本应服务人民的权力成为谋取私利的工具，最终丧失理想信念，忘记初心使命，坠入腐败犯罪的深渊。

禁令 153

严禁介绍贿赂

【违法案例】

蔡某，中共党员，某传媒广告有限公司法定代表人。2017 年下半年，某鞋厂因涉嫌商标侵权被工商所查获，该厂负责人请蔡某帮忙向时任工商所副所长的任某说情，蔡某答应了，并告诉对方此事要现金 3 万元。对方通过蔡某将 3 万元送给了任某，此后该鞋厂的违法行为未被当地工商部门处罚。

【禁令解析】

介绍贿赂行为，是指向国家工作人员介绍贿赂的行为；情节严重的，构成介绍贿赂罪。

所谓“介绍贿赂”，就是在行贿人和受贿人之间进行沟通、撮合，促使行贿与受贿得以实现的行为。“中间人”充当了“同案人”的角色，其作用客观上侵犯了党和国家机关管理活动和职能活动及声誉。对这种“中间人”，不管是否得到好处，都应严肃处理。

【纪法适用】

1.《中国共产党纪律处分条例》第二十九条：

党组织在纪律审查中发现党员有贪污贿赂、滥用职权、玩忽职守、权力寻租、利益输送、徇私舞弊、浪费国家资财等违反法律涉嫌犯罪行为的，应当给予撤销党内职务、留党察看或者开除党籍处分。

2.《中华人民共和国公职人员政务处分法》第十四条第一款第一项：

公职人员犯罪，有下列情形之一的，予以开除：

（一）因故意犯罪被判处管制、拘役或者有期徒刑以上刑罚（含宣告缓刑）的。

3.《中华人民共和国刑法》第三百九十二条：

向国家工作人员介绍贿赂，情节严重的，处三年以下有期徒刑或者拘役，并处罚金。

介绍贿赂人在被追诉前主动交待介绍贿赂行为的，可以减轻处罚或者免除处罚。

4.《中华人民共和国公务员法》第五十九条第八项：

公务员应当遵纪守法，不得有下列行为：

（八）贪污贿赂，利用职务之便为自己或者他人谋取私利。

廉政提醒

LIANZHENG TIXING

不少“权力掮客”利用人脉关系，在行贿人和受贿人之间牵线搭桥，大肆进行钱权交易，并且从中捞取好处，帮助领导干部降低了直接受贿的风险，同时也加剧了领导干部腐败，败坏了党风政风和社风民风，其危害性巨大。在全面从严治党、惩治腐败零容忍的高压反腐态势下，打击介绍贿赂的“权力掮客”不能手软。

禁令 154

严禁挪用公款

【违法案例】

李某，中共党员，某县某乡出纳。2018 年 3 月，县政府拨付“下山移民工程”款 200 万元到李某所在乡政府的账户上，由李某管理。2018 年 6 月，李某看到股市行情好，股票普涨，按捺不住内心赚钱的想法，从乡政府账户上挪用“下山移民工程”款 100 万元到个人账户用于炒股。不料其后股市一路下跌，李某所购买的股票全部亏损。至案发时，共亏损 50 万元。

【禁令解析】

挪用公款行为，是国家工作人员利用职务上的便利，挪用公款归个人使用，进行非法活动，或者挪用公款数额较大、进行营利活动，或者挪用公款数额较大、超过三个月未还的行为；情节较重的，可构成挪用公款罪。

这是比较常见的经济违纪违法行为，特别是现在一些党员干部、公职人员在个人投资、理财、物业经营活动中，容易犯这一错误。挪用公款侵犯的是公共财产的不完全的所有权，其核心是对公款的使用，在一定程度上也侵犯了国家的财经管理制度。对于这种行为必须严肃处理。

【纪法适用】

1.《中国共产党纪律处分条例》第二十九条：

党组织在纪律审查中发现党员有贪污贿赂、滥用职权、玩忽职守、权力寻租、利益输送、徇私舞弊、浪费国家资财等违反法律涉嫌犯罪行为的，应当给予撤销党内职务、留党察看或者开除党籍处分。

第三十条：

党组织在纪律审查中发现党员有刑法规定的行为，虽不构成犯罪但须追究党纪责任的，或者有其他破坏社会主义市场经济秩序、违反治安管理等违法行为，损害党、国家和人民利益的，应当视具体情节给予警告直至开除党籍处分。

违反国家财经纪律，在公共资金收支、税务管理、国有资产管理、政府采购管理、金融管理、财务会计管理等财经活动中有违法行为的，依照前款规定处理。

党员有嫖娼或者吸食、注射毒品等丧失党员条件，严重败坏党的形象行为的，应当给予开除党籍处分。

2.《中华人民共和国公职人员政务处分法》第十四条第一款第一项：

公职人员犯罪，有下列情形之一的，予以开除：

（一）因故意犯罪被判处管制、拘役或者有期徒刑以上刑罚（含宣告缓刑）的。

3.《中华人民共和国刑法》第三百八十四条：

国家工作人员利用职务上的便利，挪用公款归个人使用，进行非法活动的，或者挪用公款数额较大、进行营利活动的，或者挪用公款数额较大、超过三个月未还的，是挪用公款罪，处五年以下有期徒刑或者拘役；情节严重的，处五年以上有期徒刑。挪用公款数额巨大不退还的，处十年以上有期徒刑或者无期徒刑。

挪用用于救灾、抢险、防汛、优抚、扶贫、移民、救济款物归个人使用的，从重处罚。

4.《中华人民共和国公务员法》第五十九条第八项：

公务员应当遵纪守法，不得有下列行为：

（八）贪污贿赂，利用职务之便为自己或者他人谋取私利。

廉政提醒

挪用公款给党和国家造成巨大的经济损失，在社会上产生了极为恶劣的影响。挪用者处心积虑套取国家资金，无不是为了满足个人贪婪的私欲和异想天开的“发财”迷梦，最终导致人财两空、身败名裂。要加强对重要职能部门、重点岗位、重要环节等监督，注重抓早抓小抓细，对违纪违法行为，实行“一案双责”，既给予当事人相关党纪政务处分，又要追究单位主要领导的责任。

禁令 155

严禁单位行贿

【违法案例】

张某某，中共党员，某投资管理有限公司工作人员。该公司在与某市第一人民医院合作开办肿瘤治疗中心时，向该医院借款 400 万元用于生产治疗中心所需的陀螺旋转式钴 60 放射外科治疗系统。为感谢该院院长熊某某的帮助，张某某受公司指派，先后两次代表其公司按借款数额 10%送给熊某某回扣共计人民币 40 万元。熊某某将该款用于江西老家盖房。

【禁令解析】

单位行贿行为，是指单位为谋取不正当利益而行贿，或者违反国家规定，给予国家工作人员以回扣、手续费，情节严重的行为；情节严重的，可构成单位行贿罪。违反国家规定，是指违反全国人民代表大会及其常务委员会制定的法律和决定，国务院制定的行政法规、规定的行政措施、发布的决定和命令。

单位行贿不仅冲击公平竞争的市场经济秩序，腐蚀意志薄弱的国家工作人员，而且会危害国家的公有财产权制度，具有双重的社会危害性。

【纪法适用】

1.《中国共产党纪律处分条例》第二十九条：

党组织在纪律审查中发现党员有贪污贿赂、滥用职权、玩忽职

守、权力寻租、利益输送、徇私舞弊、浪费国家资财等违反法律涉嫌犯罪行为的，应当给予撤销党内职务、留党察看或者开除党籍处分。

2.《中华人民共和国公职人员政务处分法》第十四条第一款第一项：

公职人员犯罪，有下列情形之一的，予以开除：

（一）因故意犯罪被判处管制、拘役或者有期徒刑以上刑罚（含宣告缓刑）的。

3.《中华人民共和国刑法》第三百九十三条：

单位为谋取不正当利益而行贿，或者违反国家规定，给予国家工作人员以回扣、手续费，情节严重的，对单位判处罚金，并对其直接负责的主管人员和其他直接责任人员，处三年以下有期徒刑或者拘役，并处罚金；情节特别严重的，处三年以上十年以下有期徒刑，并处罚金。因行贿取得的违法所得归个人所有的，依照本法第三百八十九条、第三百九十条的规定定罪处罚。

4.《中华人民共和国公务员法》第五十九条第八项：

公务员应当遵纪守法，不得有下列行为：

（八）贪污贿赂，利用职务之便为自己或者他人谋取私利。

廉政提醒

LIANZHENG TIXING

单位行贿是以单位名义进行的利益输送，这种行贿行为往往披着合规合法的外衣，具有高度隐蔽性，对政治生态以及经济社会发展带来的危险性更大，导致公共资源配置的严重失衡，从而影响党和国家事业的发展。单位行贿犯罪已经成为被打击的重点经济犯罪之一，对此类行为必须予以严惩。

禁令 156

严禁对非国家工作人员行贿

【违法案例】

张某某，中共党员，某公司总经理。张某某在与某船业有限公司发生业务往来时，为谋取不正当利益，先后向该船业有限公司原董事长程某某、原副总经理梅某某行贿，总金额共计 565 万元。

【禁令解析】

对非国家工作人员行贿行为，是指为谋取不正当利益，给予公司、企业或者其他单位的工作人员以财物的行为；情节严重的，可构成对非国家工作人员行贿罪。

对非国家机关工作人员行贿罪首次规定在我国现行刑法第一百六十四条中。其客体是公平竞争的市场交易秩序和公司、企业或者其他单位的工作人员职务行为的不可交换性。所谓“财物”，包括一般意义的财物和财产性利益。

【纪法适用】

1.《中国共产党纪律处分条例》第二十九条：

党组织在纪律审查中发现党员有贪污贿赂、滥用职权、玩忽职守、权力寻租、利益输送、徇私舞弊、浪费国家资财等违反法律涉嫌犯罪行为的，应当给予撤销党内职务、留党察看或者开除党籍处分。

2.《中华人民共和国公职人员政务处分法》第十四条第一款第一项：

公职人员犯罪，有下列情形之一的，予以开除：

（一）因故意犯罪被判处管制、拘役或者有期徒刑以上刑罚（含宣告缓刑）的。

3.《中华人民共和国刑法》第一百六十四条第一、二款：

为谋取不正当利益，给予公司、企业或者其他单位的工作人员以财物，数额较大的，处三年以下有期徒刑或者拘役，并处罚金；数额巨大的，处三年以上十年以下有期徒刑，并处罚金。

为谋取不正当商业利益，给予外国公职人员或者国际公共组织官员以财物的，依照前款的规定处罚。

4.《中华人民共和国公务员法》第五十九条第八项：

公务员应当遵纪守法，不得有下列行为：

（八）贪污贿赂，利用职务之便为自己或者他人谋取私利。

廉政提醒

LIANZHENG TIXING

行贿与受贿是腐败犯罪的一体两面，行贿不查，受贿不止。对非国家工作人员行贿行为，严重破坏公平竞争的市场交易秩序，恶化营商环境，对经济社会发展环境的破坏不容小觑。企业员工要合规合法经营，公平参与市场竞争，公职人员更要彻底打消侥幸心理和投机心态，坚决反对腐败、共同抵制贿赂。

禁令 157

严禁隐瞒巨额财产和境外存款

【违法案例】

洪某某，某市原市委书记。洪某某的家庭财产、支出明显超过合法收入，差额特别巨大，经责令说明来源，不能说明来源的财产折合人民币共计 3700 余万元。

【禁令解析】

隐瞒巨额财产行为，是国家工作人员的财产或者支出明显超过合法收入，差额巨大的，责令说明来源，但本人不能说明其来源是合法的行为；情节严重的，可构成巨额财产来源不明罪。

隐瞒境外存款行为，是指国家工作人员违反有关规定，隐瞒境外存款的行为。该行为是隐瞒巨额财产行为的特殊情况，情节严重的，依照刑法等有关规定可认定为巨额财产来源不明罪。

隐瞒巨额财产或说不清其来源的，多数为非法所得。隐瞒境外存款的性质更为严重，不仅不利于国家主管部门和人民群众监督，还破坏了国家的货币管理秩序。因此，党和国家把隐瞒巨额财产和境外存款定为违纪违法行为是非常必要的，符合全面从严治党的要求。

【纪法适用】

1.《中国共产党纪律处分条例》第二十九条：

党组织在纪律审查中发现党员有贪污贿赂、滥用职权、玩忽职

守、权力寻租、利益输送、徇私舞弊、浪费国家资财等违反法律涉嫌犯罪行为的，应当给予撤销党内职务、留党察看或者开除党籍处分。

2.《中华人民共和国公职人员政务处分法》第十四条第一款第一项：

公职人员犯罪，有下列情形之一的，予以开除：

（一）因故意犯罪被判处管制、拘役或者有期徒刑以上刑罚（含宣告缓刑）的。

3.《中华人民共和国刑法》第三百九十五条：

国家工作人员的财产、支出明显超过合法收入，差额巨大的，可以责令该国家工作人员说明来源，不能说明来源的，差额部分以非法所得论，处五年以下有期徒刑或者拘役；差额特别巨大的，处五年以上十年以下有期徒刑。财产的差额部分予以追缴。

国家工作人员在境外的存款，应当依照国家规定申报。数额较大、隐瞒不报的，处二年以下有期徒刑或者拘役；情节较轻的，由其所在单位或者上级主管机关酌情给予行政处分。

廉政提醒

LIANZHENG TIXING

公职人员有申报境外存款的法定义务，不管该存款的来源是否合法，不论是在境内境外的工作报酬、继承遗产或接受赠予，还是违法犯罪所得；也不论是本人亲自存在境外，还是托人辗转存于境外，都属于境外存款，应当如实申报。它是国家对公职人员设定的一项强制性义务，党规党纪和法律法规都有相关具体规定。不论是完全不报，还是故意少报漏报，到了东窗事发那天，都是要按隐瞒的数额、情形“拉清单”的。

禁令 158

严禁滥用职权

【违法案例】

高某，中共党员，某县原副县长。高某在担任副县长期间，滥用职权，违规转让探矿权，造成国有权益损失合计人民币 29 亿元。

【禁令解析】

滥用职权行为，是指国家机关工作人员滥用职权或者玩忽职守，致使公共财产、国家和人民利益遭受重大损失的行为；情节严重的，可构成滥用职权罪。

作为国家机关的工作人员，代表国家执行法律、行使权力，本应在社会主义民主法律制度中，依法运用职权执行公务。但在现实生活中，有的国家机关工作人员素质不高或受到私利的驱使，知法而违法行使职权，对国家、对人民利益、对公共财产造成严重危害后果，遭受重大损失的，理应承担滥用职权罪的刑事责任。

【纪法适用】

1.《中国共产党纪律处分条例》第二十九条：

党组织在纪律审查中发现党员有贪污贿赂、滥用职权、玩忽职守、权力寻租、利益输送、徇私舞弊、浪费国家资财等违反法律涉嫌犯罪行为的，应当给予撤销党内职务、留党察看或者开除党籍处分。

2.《中华人民共和国公职人员政务处分法》第十四条第一款第一项：

公职人员犯罪，有下列情形之一的，予以开除：

（一）因故意犯罪被判处管制、拘役或者有期徒刑以上刑罚（含宣告缓刑）的。

3.《中华人民共和国刑法》第三百九十七条：

国家机关工作人员滥用职权或者玩忽职守，致使公共财产、国家和人民利益遭受重大损失的，处三年以下有期徒刑或者拘役；情节特别严重的，处三年以上七年以下有期徒刑。本法另有规定的，依照规定。

国家机关工作人员徇私舞弊，犯前款罪的，处五年以下有期徒刑或者拘役；情节特别严重的，处五年以上十年以下有期徒刑。本法另有规定的，依照规定。

廉政提醒

LIANZHENG TIXING

公职人员滥用职权，索要私利，故意以种种理由拖延、推诿、敷衍办事群众，为官不为，为官慢为，目的是为官乱为，把“为人民服务”异化成“为人民币服务”，不见利益没动力。谁不坚持全心全意为人民服务的宗旨，不珍惜人民赋予的权力，就一定会为此“付出代价”。

禁令 159

严禁国有公司、企业、事业单位人员滥用职权

【违法案例】

王某某，中共党员，某商业进出口物资接运有限公司（国有公司）原仓库保管员兼叉车司机。王某某擅自决定将某传媒公司存放于某商业进出口物资接运有限公司的 670 件 781mm 规格的新闻纸出借给某报社，该报社于 2018 年 4 月休刊，涉案新闻纸一直未归还。经价格鉴定，涉案新闻纸共价值人民币计 166 万余元。

【禁令解析】

国有公司、企业、事业单位人员滥用职权行为，是指国有公司、企业的工作人员，由于严重不负责任或者滥用职权，造成国有公司、企业破产或者严重损失，致使国家利益遭受重大损失的行为；情节严重的，可构成国有公司、企业、事业单位人员滥用职权罪。

近年来许多国有公司、企业、事业单位亏损严重，经营困难，有的甚至濒临破产、倒闭。这种局面的造成固然有许多主客观原因，但与许多国有公司、企业、事业单位领导人或者上级主管部门的领导人责任心不强，工作不力，缺少起码的经营管理素质不无关系。有的国有公司、企业的法定代表人或者上级主管部门领导人工作严重不负责任，致使公司、企业、事业单位严重亏损或者破产，更有甚者，个别国有公司、企业领导人或者上级主管部门领导人利

用职权，损公肥私，化公有为私有，对造成国有公司、企业严重亏损或者破产，致使国家利益遭受重大损失的危害后果，不管不问，甚至采取完全放任的态度。为了促进企业的改革、发展，调动广大工人群众投身企业改革和发展的积极性，对于玩忽职守、损公肥私致使国有企业、公司严重亏损或破产倒闭的领导人必须予以必要的法律制裁，直至予以刑事处罚。

【纪法适用】

1.《中国共产党纪律处分条例》第二十九条：

党组织在纪律审查中发现党员有贪污贿赂、滥用职权、玩忽职守、权力寻租、利益输送、徇私舞弊、浪费国家资财等违反法律涉嫌犯罪行为的，应当给予撤销党内职务、留党察看或者开除党籍处分。

2.《中华人民共和国公职人员政务处分法》第十四条第一款第一项：

公职人员犯罪，有下列情形之一的，予以开除：

（一）因故意犯罪被判处管制、拘役或者有期徒刑以上刑罚（含宣告缓刑）的。

3.《中华人民共和国刑法》第一百六十八条：

国有公司、企业的工作人员，由于严重不负责任或者滥用职权，造成国有公司、企业破产或者严重损失，致使国家利益遭受重大损失的，处三年以下有期徒刑或者拘役；致使国家利益遭受特别重大损失的，处三年以上七年以下有期徒刑。

国有事业单位的工作人员有前款行为，致使国家利益遭受重大损失的，依照前款的规定处罚。

国有公司、企业、事业单位的工作人员，徇私舞弊，犯前两款罪的，依照第一款的规定从重处罚。

廉政提醒

LIANZHENG TIXING

部分国有公司、企业、事业单位人员滥用职权暴露出国有企业、公司在治理和责任监管等方面存在的漏洞和不足。国有公司、企业、事业单位人员要把守纪律、讲规矩摆在更加重要的位置，强化党性修养、党纪观念和组织意识。要加强党纪国法教育，深入推进“廉洁国企”建设，紧盯重点项目、重大工程中项目审批、资金使用等环节，加大监督检查力度。

禁令 160

严禁滥用管理公司、证券职权

【违法案例】

许某，中共党员，某县市场监督管理局个体私营经济监督科科长。许某应金某（因伪造国家机关证件罪被判刑）的请求，违反法律法规的相关规定，为金某不符合法律规定条件的某船舶培训服务有限公司进行注册登记。金某为谋取非法利益，以该公司的名义收集一些船员的相关资料及办证费用后，伙同叶某等人多次大量伪造应由国家机关依法颁发的船员适任证书等。

【禁令解析】

滥用管理公司、证券职权行为，是指国家有关主管部门的国家机关工作人员，徇私舞弊，滥用职权，对不符合法律规定条件的公司设立、登记申请或者股票、债券发行、上市申请，予以批准或者登记，致使公共财产、国家和人民利益遭受重大损失的行为；情节严重的，可构成滥用管理公司、证券职权罪。

法律、法规赋予市场监督管理部门、国务院证券委员会审查、批准的权力，其目的就是为了防止在公司设立、运行中有违法行为的发生，保障社会经济健康地发展，保障公共财产、国家和广大人民群众的利益不受侵害。如果市场监督管理部门、国务院证券委员会及其工作人员，不履行法律、法规赋予的职责，徇私舞弊，滥用职权，就会使公司法对公司设立、登记和股票、债券发行、上市的有关规定得不到落实，使法律形同虚设，使违法犯罪分子有机可乘。同时，由于这些机关的工作人员是代表国家行使法律、法规所赋予的权力，他们的玩忽职守行为必然严重损害国家机关的威信，破坏国家机关的形象，破坏国家机关正常的管理活动或管理秩序。所以，对这类行为必须予以刑事处罚。

【纪法适用】

1.《中国共产党纪律处分条例》第二十九条：

党组织在纪律审查中发现党员有贪污贿赂、滥用职权、玩忽职守、权力寻租、利益输送、徇私舞弊、浪费国家资财等违反法律涉嫌犯罪行为的，应当给予撤销党内职务、留党察看或者开除党籍处分。

2.《中华人民共和国公职人员政务处分法》第十四条第一款第一项：

公职人员犯罪，有下列情形之一的，予以开除：

（一）因故意犯罪被判处管制、拘役或者有期徒刑以上刑罚

(含宣告缓刑)的。

3.《中华人民共和国刑法》第四百零三条：

国家有关主管部门的国家机关工作人员，徇私舞弊，滥用职权，对不符合法律规定条件的公司设立、登记申请或者股票、债券发行、上市申请，予以批准或者登记，致使公共财产、国家和人民利益遭受重大损失的，处五年以下有期徒刑或者拘役。

上级部门强令登记机关及其工作人员实施前款行为的，对其直接负责的主管人员，依照前款的规定处罚。

廉政提醒

LIANZHENG TIXING

个别国家机关工作人员，徇私舞弊，滥用职权，对不符合法律规定条件的公司设立、登记申请或者股票、债券发行、上市申请，予以批准或者登记，严重损害政府权威性和公信力，严重侵蚀公共财产、国家和人民利益。市场监督管理部门、国务院证券委员会及其工作人员，代表国家行使法律、法规所赋予的权力，要牢记这条禁令，时刻心存敬畏、手握戒尺，严守规矩、不逾底线，依规依纪依法履职尽责，确保权力始终用来为人民服务、为社会经济发展保驾护航。

禁令 161

严禁泄露国家秘密

【违法案例】

李某，中共党员。李某在借调工作期间，将尚处于内部征求意见阶段的文件及起草说明，在明知该文件首页写有“机密”字样的情况下，用手机对文件中的36处拍照后，通过微信发给某银行法律合规部总经理兼资产保全部经理郑某。

【禁令解析】

泄露国家秘密行为，是指国家机关工作人员违反保守国家秘密法的规定，故意或者过失泄露国家秘密的行为；情节严重的，可构成故意泄露国家秘密罪或过失泄露国家秘密罪。

保密制度是指国家关于保守国家秘密的法律、法规和各项规章、制度的总和。泄露国家秘密必然使保密制度遭受破坏。保守国家秘密，同侵犯国家保密制度的违法犯罪行为作斗争，对于维护国家的安全和利益，保障改革开放和社会主义市场经济建设事业的顺利进行，具有重要的意义。因此，对于泄露国家秘密的行为，必须予以严惩。

【纪法适用】

1.《中国共产党纪律处分条例》第二十九条：

党组织在纪律审查中发现党员有贪污贿赂、滥用职权、玩忽职

守、权力寻租、利益输送、徇私舞弊、浪费国家资财等违反法律涉嫌犯罪行为的，应当给予撤销党内职务、留党察看或者开除党籍处分。

2.《中华人民共和国公职人员政务处分法》第十四条第一款第一项：

公职人员犯罪，有下列情形之一的，予以开除：

（一）因故意犯罪被判处管制、拘役或者有期徒刑以上刑罚（含宣告缓刑）的。

3.《中华人民共和国刑法》第三百九十八条：

国家机关工作人员违反保守国家秘密法的规定，故意或者过失泄露国家秘密，情节严重的，处三年以下有期徒刑或者拘役；情节特别严重的，处三年以上七年以下有期徒刑。

非国家机关工作人员犯前款罪的，依照前款的规定酌情处罚。

廉政提醒

LIANZHENG TIXING

公职人员应增强安全保密意识，强化“安全保密无小事”“安全保密人人有责”的思想，加强安全保密法律法规学习，注重保密习惯养成，时刻绷紧安全保密这根弦，努力从自身做起、从点滴做起，确保不出任何问题。

禁令 162

严禁报复陷害

【违法案例】

张某，某区委原书记。张某为报复举报其违纪违法问题的房地产开发公司董事长李某，编造举报李某存在经济犯罪等问题的信件，指使时任该区人民检察院检察长的汪某借用该信件，指令下属人员立案侦办，并以贪污、受贿等罪名对李某逮捕和提起公诉。

【禁令解析】

报复陷害行为，是指国家机关工作人员滥用职权、假公济私，对控告人、申诉人、批评人、举报人实行报复陷害的行为；情节严重的，可构成报复陷害罪。

宪法第四十一条规定，“中华人民共和国公民对于任何国家机关和国家工作人员，有提出批评和建议的权利；对于任何国家机关和国家工作人员的违法失职行为，有向有关国家机关提出申诉、控告或者检举的权利，但是不得捏造或者歪曲事实进行诬告陷害。对于公民的申诉、控告或者检举，有关国家机关必须查清事实，负责处理。任何人不得压制和打击报复……”报复陷害与国家工作人员滥用职权、假公济私相联系，不仅侵犯了公民的民主权利，也损害了国家机关的声誉，破坏了国家机关的正常活动。因此，对于此类行为必须予以严惩。

【纪法适用】

1.《中国共产党纪律处分条例》第二十九条：

党组织在纪律审查中发现党员有贪污贿赂、滥用职权、玩忽职守、权力寻租、利益输送、徇私舞弊、浪费国家资财等违反法律涉嫌犯罪行为的，应当给予撤销党内职务、留党察看或者开除党籍处分。

2.《中华人民共和国公职人员政务处分法》第十四条第一款第一项：

公职人员犯罪，有下列情形之一的，予以开除：

（一）因故意犯罪被判处管制、拘役或者有期徒刑以上刑罚（含宣告缓刑）的。

3.《中华人民共和国刑法》第二百五十四条：

国家机关工作人员滥用职权、假公济私，对控告人、申诉人、批评人、举报人实行报复陷害的，处二年以下有期徒刑或者拘役；情节严重的，处二年以上七年以下有期徒刑。

廉政提醒

LIANZHENG TIXING

诬告陷害不仅是歪风邪气，更触碰了纪法底线。从党规党纪到法律法规，均对处理诬告陷害作出明确规定。要依规依纪依法严肃查处报复陷害行为，让报复诬告者“搬起石头砸自己的脚”。

禁令 163

严禁挪用特定款物

【违法案例】

叶某某，某村党支部书记。该村申请省“造福工程”指标成功，领取补助资金共 967500 元。按照规定，此款项属于扶贫专项资金，必须专款专用，按人头下达发放到户。在此期间，叶某某作为村党支部书记主持召开了村“两委”扩大会议，决定将部分补助资金挪作村务开支。补助资金到位后，在叶某某的授意下，村报账员郑某将其中的 49 万元补助资金挪作村务开支。

【禁令解析】

挪用特定款物行为，是指挪用用于救灾、抢险、防汛、优抚、扶贫、移民、救济款物，情节严重，致使国家和人民群众利益遭受重大损害的行为。

我国人口众多、地域辽阔，各种自然灾害频繁，加之全国各地区经济发展水平不平衡，一部分群众生活尚有困难，全国还有大量的农村贫困人口和城市下岗待业人员需要国家的救济。党和政府对灾区人民和军属、烈属以及荣誉军人、复员军人、残疾人等非常关心，国家在财政支出中专门设立了救灾、抢险、防汛、优抚、扶贫、移民、救济款物项目，专门用于社会援救工作。这是国家和政府职能的一个重要体现，对实现社会安定团结，调动广大人民群众参加社会主义现代化建设的积极性，恢复和发展生产，有着十分重大的意义。使用这七项援救款物必须坚持专款专用的原则，保证将其用在应该用和急需用的专门地方，而不能将这些“救命物”“救急款”当作“万能款”“机动款”以任何理由挪作他用。否则，就会对国家和人民群众的利益造成严重损害，进而疏远党和政府同人民群众的血肉联系，影响国家和政府的威信。

【纪法适用】

1.《中国共产党纪律处分条例》第二十九条：

党组织在纪律审查中发现党员有贪污贿赂、滥用职权、玩忽职守、权力寻租、利益输送、徇私舞弊、浪费国家资财等违反法律涉嫌犯罪行为的，应当给予撤销党内职务、留党察看或者开除党籍处分。

2.《中华人民共和国公职人员政务处分法》第十四条第一款第一项：

公职人员犯罪，有下列情形之一的，予以开除：

（一）因故意犯罪被判处管制、拘役或者有期徒刑以上刑罚（含宣告缓刑）的。

3.《中华人民共和国刑法》第二百七十三条：

挪用用于救灾、抢险、防汛、优抚、扶贫、移民、救济款物，情节严重，致使国家和人民群众利益遭受重大损害的，对直接责任人员，处三年以下有期徒刑或者拘役；情节特别严重的，处三年以上七年以下有期徒刑。

廉 政 提 醒

LIANZHENG TIXING

近年来，我国在灾害救援方面下拨了不少专项资金，这部分资金在保障民生、改善人民生活、维护社会公平正义等方面起到了重要作用。从制度上捍卫"专款专用"的原则，坚决遏制挪用侵吞的"黑手"，在操作中保证资金在阳光下运行，在问责上对违法违规行为严惩不贷，才能防止救灾资金"跑冒滴漏"，真正把钱用在群众最需要的地方。

禁令 164

严禁打击报复会计、统计人员

【违法案例】

李某，某国有公司总经理。李某通过篡改会计凭证，隐匿销售事项等活动挪用公款，被该单位会计张某发现，并将李某的行为向上级管理部门进行报告。为此，李某对张某怀恨在心，在没有任何理由的情况下，将张某调离会计岗位，让其从事仓库保管工作，随后，李某又借口张某年龄较大，不能胜任仓库保管工作，强行解聘了张某。

【禁令解析】

打击报复会计、统计人员行为，是指公司、企业、事业单位、机关、团体的领导人员，对依法履行职责，抵制违反会计法、统计法行为的会计、统计人员实行打击报复，情节恶劣的行为；情节严重的，可构成打击报复会计、统计人员罪。

根据我国会计法的有关规定，各单位根据会计业务的需要设置会计机构，或者在有关机构中设置会计人员并指定会计主管人员。

会计机构、会计人员的主要职责是进行会计核算、会计监督等会计事务。这里所规定的“违反会计法”行为，主要是指伪造、变造、故意毁灭会计凭证、会计账簿、会计报表和其他会计资料；利用虚假的会计凭证、会计账簿、会计报表和其他会计资料偷税或者损害国家利益、社会公众利益；对不真实、不合法的原始凭证予以受理；对违法的收支不提出书面意见或者不报告；等等。根据我国统计法的有关规定，各级人民政府设立独立的统计机构或者统计员，各级人民政府的各部门、企业事业组织根据统计任务的需要设立统计机构或者在有关机构中设置统计人员，并指定统计负责人。统计的基本职责是对国民经济和社会发展情况进行统计调查、统计分析，提供统计资料和统计咨询意见，实行统计监督。这里的“违反统计法”行为，主要是指虚报、瞒报统计资料；伪造、篡改统计资料；编造虚假数据等。这里所说的“打击报复”，主要是对依法履行职责，抵制违反会计法、统计法行为的会计、统计人员，通过调动其工作、撤换其职务、进行处罚以及其他方法进行打击报复的行为。

【纪法适用】

1.《中国共产党纪律处分条例》第二十九条：

党组织在纪律审查中发现党员有贪污贿赂、滥用职权、玩忽职守、权力寻租、利益输送、徇私舞弊、浪费国家资财等违反法律涉嫌犯罪行为的，应当给予撤销党内职务、留党察看或者开除党籍处分。

2.《中华人民共和国公职人员政务处分法》第十四条第一款第一项：

公职人员犯罪，有下列情形之一的，予以开除：

（一）因故意犯罪被判处管制、拘役或者有期徒刑以上刑罚

（含宣告缓刑）的。

3.《中华人民共和国刑法》第二百五十五条：

公司、企业、事业单位、机关、团体的领导人，对依法履行职责、抵制违反会计法、统计法行为的会计、统计人员实行打击报复，情节恶劣的，处三年以下有期徒刑或者拘役。

廉政提醒

LIANZHENG TIXING

会计、统计是重要的经济管理工作，充分发挥会计、统计的职能，有利于促进经济效益的提高，有利于全体人民共同富裕的实现。各级领导干部要牢记这条禁令，自觉遵守法律法规，支持会计、统计人员依法履行职责，积极主动接受监督，营造能使会计、统计人员依法办事的环境，绝不允许对坚持原则的会计、统计人员进行刁难和打击报复，推动会计、统计工作实现发现问题、带动管理、促进发展。

禁令 165

严禁国有公司、企业、事业单位人员失职

【违法案例】

吴某，中共党员，某物流公司运贸分公司（国有公司）经理。吴某在没有报上级部门审批，没有做充分市场调查的基础上，两次代表公司与某有限公司签订铁精粉、球团矿贸易合同。在合同约定货到付款情况下，吴某提前支付 2400 万元货款，最终造成公司损失 2040 万元。

【禁令解析】

国有公司、企业、事业单位人员失职行为，是指国有公司、企业、事业单位的工作人员，由于严重不负责任或者滥用职权，造成国有公司、企业、事业单位破产或者严重损失，致使国家利益遭受重大损失的行为；情节严重的，可构成国有公司、企业、事业单位人员失职罪。

近年来许多国有公司、企业、事业单位亏损严重，经营困难，有的甚至濒临破产、倒闭。这种局面的造成固然有许多主客观原因，但许多国有公司、企业、事业单位领导人或者上级主管部门的领导人责任心不强、工作不力，缺少起码的经营管理素质是重要因素之一。有的国有公司、企业的法定代表人或者上级主管部门领导人工作严重不负责任，致使公司、企业、事业单位严重亏损或者破产。更有甚者，个别国有公司企业领导人或者上级主管部门领导人利用职权，损公肥私、化公有为私有，对造成国有公司、企业严重亏损或者破产，致使国家利益遭受重大损失的危害后果，不管不问，甚至采取完全放任的态度。党中央一再强调，在国有企业改革过程中，一定要加强领导班子建设，使企业有一个好的领导班子，带领广大工人以积极的热情全面投身企业的改革和发展，促进企业深化改革、转换经营机制以适应社会主义市场经济发展的艰巨任务。为了促进企业的改革、发展，调动广大工人群众投身企业改革和发展的积极性，对于玩忽职守、损公肥私致使国有企业、公司严重亏损或破产倒闭的领导人必须予以必要的法律制裁，直至予以刑事处罚。

【纪法适用】

1.《中国共产党纪律处分条例》第二十九条：

党组织在纪律审查中发现党员有贪污贿赂、滥用职权、玩忽职守、权力寻租、利益输送、徇私舞弊、浪费国家资财等违反法律涉嫌犯罪行为的，应当给予撤销党内职务、留党察看或者开除党籍处分。

2.《中华人民共和国公职人员政务处分法》第十四条第一款第一项：

公职人员犯罪，有下列情形之一的，予以开除：

（一）因故意犯罪被判处管制、拘役或者有期徒刑以上刑罚（含宣告缓刑）的。

3.《中华人民共和国刑法》第一百六十八条：

国有公司、企业的工作人员，由于严重不负责任或者滥用职权，造成国有公司、企业破产或者严重损失，致使国家利益遭受重大损失的，处三年以下有期徒刑或者拘役；致使国家利益遭受特别重大损失的，处三年以上七年以下有期徒刑。

国有事业单位的工作人员有前款行为，致使国家利益遭受重大损失的，依照前款的规定处罚。

国有公司、企业、事业单位的工作人员，徇私舞弊，犯前两款罪的，依照第一款的规定从重处罚。

廉政提醒

LIANZHENG TIXING

国有公司、企业、事业单位人员要增强纪律和规矩意识，加强党性锻炼，筑牢思想防线，要坚定理想信念，正确对待手中权力。通过加强和完善党对国有企业的领导、加强和改进国有企业党的建设，使国有企业成为党和国家最可信赖的依靠力量，成为坚决贯彻执行党中央决策部署的重要力量，成为贯彻新发展理念、全面深化改革的重要力量。

禁令 166

严禁签订、履行合同失职

【违法案例】

王某，中共党员，某国有宾馆总经理、法定代表人。王某私自以宾馆的名义两次为某工艺品有限公司向银行申请贷款人民币 600 万元提供担保，并签订了担保合同。该两笔贷款到期后，该公司没有还银行的本金及利息，也因没有年检被吊销执照，其法定代表人因涉嫌贷款诈骗在逃。

【禁令解析】

签订、履行合同失职行为，是指国有公司、企业、事业单位直接负责的主管人员或国家机关工作人员，在签订、履行合同过程中，因严重不负责任被诈骗，致使国家利益遭受重大损失的行为；情节严重的，可构成签订、履行合同失职被骗罪或国家机关工作人员签订、履行合同失职被骗罪。

国有公司、企业是根据国家授权经营、管理国有资产，确保国有资产保值、增值的法定主体，具有经营资格的国有事业单位，亦同样担负着这一经济使命，因此国有单位的主管人员代表其所在的国有单位进行经济合同的签订与履行行为，是此类国有单位中最为普遍的业务活动内容。为确保经济合同的合法有效，《中华人民共和国民法典》《中华人民共和国企业国有资产法》等相关法律，对经济合同的审查、报批、监管、履行均规定了明确的制度、规范与要求。具体表现为，严格审查合同当事人的主体资格、资信情况、履约能力，以及对合同主要条款所列义务与条件，在履行必要报批或者集体研究决定义务的基础上签订合同后，严格根据工作职责要求，履行特定的监督合同责任。

一些国家机关单位内部管理制度不够健全，一些不法分子利用经济管理工作上的薄弱环节和单位主管人员经济合同法律知识欠缺、法制观念淡薄，乘虚而入，图谋非法谋取国家资产，打着合法的幌子，以签订经济合同为名，行经济诈骗之术。而一些国家机关工作人员的领导人员和其他经营人员，因长期以来受传统经济体制的影响而缺乏应有的责任心，在营销过程中，经营思想偏执、急功近利、有章不循、有法不依、丧失警惕、把关不严，缺乏必要的调查研究，盲目、草率签订、履行经济合同，以致上当受骗，使公共财产、国家利益遭受重大损失。有鉴于此，为保护国有资产，保障改革和现代化建设顺利进行，必须对此类行为予以严惩。

【纪法适用】

1.《中国共产党纪律处分条例》第二十九条：

党组织在纪律审查中发现党员有贪污贿赂、滥用职权、玩忽职守、权力寻租、利益输送、徇私舞弊、浪费国家资财等违反法律涉嫌犯罪行为的，应当给予撤销党内职务、留党察看或者开除党籍处分。

2.《中华人民共和国公职人员政务处分法》第十四条第一款第一项：

公职人员犯罪，有下列情形之一的，予以开除：

（一）因故意犯罪被判处管制、拘役或者有期徒刑以上刑罚（含宣告缓刑）的。

3.《中华人民共和国刑法》第一百六十七条：

国有公司、企业、事业单位直接负责的主管人员，在签订、履行合同过程中，因严重不负责任被诈骗，致使国家利益遭受重大损失的，处三年以下有期徒刑或者拘役；致使国家利益遭受特别重大损失的，处三年以上七年以下有期徒刑。

第四百零六条：

国家机关工作人员在签订、履行合同过程中，因严重不负责任被诈骗，致使国家利益遭受重大损失的，处三年以下有期徒刑或者拘役；致使国家利益遭受特别重大损失的，处三年以上七年以下有期徒刑。

廉政提醒

LIANZHENG TIXING

缺乏责任心是造成签订、履行合同受骗的重要原因。现实中，有些国有公司、企业、事业单位直接负责的主管人员或国家机关工作人员，在签订、履行合同过程中，违反工作职责与制度规范，疏于工作职责，擅自越权签订或者履行合同，致使国家利益遭受重大损失。对此类行为，必须予以严惩。相关人员应当以认真、负责、恳切的态度，及时咨询专业人员，进行资信调查、主体资格审查、市场行情预测，或者请懂得签订和履行合同的专门人士如律师协助或帮助，否则很容易上一些不法分子的当而被骗。

禁令 167

严禁徇私舞弊低价折股、出售国有资产

【违法案例】

陈某，中共党员，某国有公司总经理。陈某在组织并参与下属子公司改制过程中，徇私舞弊，违反有关规定，令其校友吴某在认购股权时，适用只有内部职工才能享受的下浮20%的优惠和一次性付款再享受10%的优惠，直接造成国有资产损失人民币620万元。

【禁令解析】

徇私舞弊低价折股、出售国有资产行为，是指国有公司、企业或者其上级主管部门直接负责的主管人员，徇私舞弊，将国有资产低价折股或者低价出售，致使国家利益遭受重大损失的行为；情节严重的，可构成徇私舞弊低价折股、出售国有资产罪。

近年来，许多国有企业纷纷改建为股份有限公司或有限责任公司的形式，以增强国有企业活力，提高竞争力，适应市场经济的发展。然而在这一过程中，许多原国有企业负责人或其上级主管部门直接负责的主管人员却违反国家法律、行政法规的规定，擅自决定将原企业的国有资产低价折股或者低价出售，造成国有资产大量流失，严重损害国家利益。

【纪法适用】

1.《中国共产党纪律处分条例》第二十九条：

党组织在纪律审查中发现党员有贪污贿赂、滥用职权、玩忽职守、权力寻租、利益输送、徇私舞弊、浪费国家资财等违反法律涉嫌犯罪行为的，应当给予撤销党内职务、留党察看或者开除党籍处分。

2.《中华人民共和国公职人员政务处分法》第十四条第一款第一项：

公职人员犯罪，有下列情形之一的，予以开除：

（一）因故意犯罪被判处管制、拘役或者有期徒刑以上刑罚（含宣告缓刑）的。

3.《中华人民共和国刑法》第一百六十九条：

国有公司、企业或者其上级主管部门直接负责的主管人员，徇私舞弊，将国有资产低价折股或者低价出售，致使国家利益遭受重大损失的，处三年以下有期徒刑或者拘役；致使国家利益遭受特别重大损失的，处三年以上七年以下有期徒刑。

其他公司、企业直接负责的主管人员，徇私舞弊，将公司、企业资产低价折股或者低价销售，致使公司、企业利益遭受重大损失的，按照前款的规定处罚。

廉政提醒

LIANZHENG TIXING

监察法实施后，徇私舞弊低价折股、出售国有资产行为不仅是违纪行为，考虑到纪法贯通、法法衔接的问题，徇私舞弊低价折股、出售国有资产行为也涉嫌职务违法犯罪。为保护国有资产，对在国有企业改制过程中将国有资产低价折股或者低价出售造成国有资产大量流失的直接责任人员，必须给予严惩。

禁令 168

严禁枉法仲裁

【违法案例】

梁某，某县仲裁办仲裁员。胡某，某县人力资源和社会保障局干部、劳动争议仲裁委员会仲裁员。梁某和胡某在参与审理某件劳动仲裁案时，收受一方当事人请托，明知该案已超过仲裁时效、所提供的材料系虚假证据，没有依法驳回仲裁申请，也没有依照法定程序进行合议，对伪造的证据予以采信，作出枉法裁决。

【禁令解析】

枉法仲裁行为，是指依法承担仲裁职责的人员，在仲裁活动中故意违背事实和法律作出枉法裁决的行为；情节严重的，可构成枉法仲裁罪。

本行为只能发生在仲裁活动中。并且，这里的仲裁必须是依照法律法规的规定设立的仲裁机构，依照相关实体法律规定、按照法定程序对争议进行裁决，并作出具有法律约束力裁决的活动。至于民间自行组织的机构对相关争议作出裁决，由于法律不赋予这些裁决有强制执行的效力，不属于本行为中的裁决活动。

所谓“违背事实”，是指明知存在某种事实而认定为不存在，或明知某种情况不存在却认定存在某种情况。具体到实践中，一般表现为：对有充分证据证明的事实，认定为证据不足而否认该事实成立；对证据明显不足的主张予以支持，确定某种情况存在；故意捏造、毁灭证据，歪曲事实等。

所谓“违背法律”，是指故意曲解法律、滥用法律。这里的法律一般多表现为实体性的法律。违背法律一般表现为：故意违反法律的真实含义进行裁决；违反立法目的滥用法律进行裁决；故意引用已失效或尚未生效的法律进行裁决；在法律冲突时故意引用位阶较低或不应当引用的法律进行裁决；在涉外裁决时，故意对某一法律作错误翻译，因而作出错误裁决等。

【纪法适用】

1.《中国共产党纪律处分条例》第二十九条：

党组织在纪律审查中发现党员有贪污贿赂、滥用职权、玩忽职守、权力寻租、利益输送、徇私舞弊、浪费国家资财等违反法律涉嫌犯罪行为的，应当给予撤销党内职务、留党察看或者开除党籍处分。

2.《中华人民共和国公职人员政务处分法》第十四条第一款第一项：

公职人员犯罪，有下列情形之一的，予以开除：

（一）因故意犯罪被判处管制、拘役或者有期徒刑以上刑罚（含宣告缓刑）的。

3.《中华人民共和国刑法》第三百九十九条之一：

依法承担仲裁职责的人员，在仲裁活动中故意违背事实和法律作枉法裁决，情节严重的，处三年以下有期徒刑或者拘役；情节特别严重的，处三年以上七年以下有期徒刑。

廉政提醒

仲裁裁决与法院裁判一样，具有强制执行的效力，对当事人的民事实体权利义务具有重大影响。枉法仲裁是对法律严肃性权威性的破坏和对当事人合法权益的损害，具有严重的社会危害性。从事仲裁工作的人员，要以增强公信力为生命线，以法律公正作为信念，谨慎、独立行使仲裁权，莫让仲裁变“独裁”，做出违纪违法的荒唐事。

禁令 169

严禁非法批准征收、征用、占用土地

【违法案例】

吴某，中共党员，某县国土资源局发证办工作人员。吴某在为其同学支某的私营企业办理土地使用权证的过程中，明知该企业不符合国有土地划拨的条件规定，却碍于同学关系和私人感情，以帮助制作虚假证明材料，请托相关审批人员等非法手段，为该企业办理了国有土地划拨使用权证，造成国有土地出让金人民币 94.45 万元的直接经济损失。

【禁令解析】

非法批准征收、征用、占用土地行为，是指国家机关工作人员徇私舞弊，违反土地管理法规，滥用职权，非法批准征收、征用、占用土地，或者非法低价出让国有土地使用权的行为；情节严重的，可构成非法批准征收、征用、占用土地罪。

土地是国家的重要资源，是人们赖以生活、生存的物质基础。我国政府历来十分重视对土地的保护，重视对土地的合理开发和利用。我国很早就颁布了《中华人民共和国土地管理法》，并且国务院相继颁布实施了许多相关法规，来调整解决土地问题。我国法律对国有土地、集体所有土地的所有权和使用权，以及如何利用和保护土地作了详细的规定，无疑对土地资源的利用和保护起到了重要作用。然而，近年来，随着改革开放的深入发展，随着市场经济体制的逐步建立，一些单位和个人在短期经济利益和私利的驱使下，违反土地管理法规，滥用职权，非法批准征收、征用、占用土地的现象大量发生，严重损害了国家集体利益，社会危害后果十分严重。对于这些行为必须予以严厉处罚。

【纪法适用】

1.《中国共产党纪律处分条例》第二十九条：

党组织在纪律审查中发现党员有贪污贿赂、滥用职权、玩忽职守、权力寻租、利益输送、徇私舞弊、浪费国家资财等违反法律涉嫌犯罪行为的，应当给予撤销党内职务、留党察看或者开除党籍处分。

2.《中华人民共和国公职人员政务处分法》第十四条第一款第一项：

公职人员犯罪，有下列情形之一的，予以开除：

（一）因故意犯罪被判处管制、拘役或者有期徒刑以上刑罚（含宣告缓刑）的。

3.《中华人民共和国刑法》第四百一十条：

国家机关工作人员徇私舞弊，违反土地管理法规，滥用职权，非法批准征收、征用、占用土地，或者非法低价出让国有土地使用权，情节严重的，处三年以下有期徒刑或者拘役；致使国家或者集体利益遭受特别重大损失的，处三年以上七年以下有期徒刑。

廉政提醒

LIANZHENG TIXING

土地是国家稀缺珍贵资源、城市发展必备要素，也是公权深度介入、设租寻租多发的重点领域。要通过加强权力监督制约，推动健全制度、堵塞漏洞，着力发现土地征收、出让、使用和项目招投标管理中的薄弱环节，打造“一触即跳”的带电笼子。

禁令 170

严禁非法低价出让国有土地使用权

【违法案例】

马某，中共党员，某市国土资源局原局长。马某根据其高中同学陆某请托，为其房地产开发公司的数个房地产项目，以远远低于该市依法确定的当年城市土地价格出让国有土地使用权，造成国有土地使用权出让金损失达1200万余元。

【禁令解析】

非法低价出让国有土地使用权行为，是指国家机关工作人员徇私舞弊，违反土地管理法规，滥用职权，非法批准征收、征用、占用土地，或者非法低价出让国有土地使用权的行为；情节严重的，可构成非法低价出让国有土地使用权罪。

非法低价出让国有土地使用权的行为主体是国家机关工作人员，包括各级政府中的主管人员、土地管理部门的工作人员等，这些人员拥有土地征用、占用审批权，可以决定出让土地使用权和出让价格。主观表现为故意，即行为人明知违反土地管理法规而滥用职权非法低价出让国有土地的使用权。

【纪法适用】

1.《中国共产党纪律处分条例》第二十九条：

党组织在纪律审查中发现党员有贪污贿赂、滥用职权、玩忽职守、权力寻租、利益输送、徇私舞弊、浪费国家资财等违反法律涉嫌犯罪行为的，应当给予撤销党内职务、留党察看或者开除党籍处分。

2.《中华人民共和国公职人员政务处分法》第十四条第一款第一项：

公职人员犯罪，有下列情形之一的，予以开除：

（一）因故意犯罪被判处管制、拘役或者有期徒刑以上刑罚（含宣告缓刑）的。

3.《中华人民共和国刑法》第四百一十条：

国家机关工作人员徇私舞弊，违反土地管理法规，滥用职权，非法批准征收、征用、占用土地，或者非法低价出让国有土地使用权，情节严重的，处三年以下有期徒刑或者拘役；致使国家或者集体利益遭受特别重大损失的，处三年以上七年以下有期徒刑。

廉政提醒

违反土地管理法规，非法低价出让国有土地使用权，造成国有土地资产流失，构成滥用职权行为。实践中，存在一些领导干部违反土地市场公开的原则，规避“招拍挂”，低价出让国有土地使用权，帮助用地单位节约用地成本，从而收取“好处费”。

禁令 171

严禁在安全生产中失职渎职

【违法案例】

郝某，中共党员，某县乡镇副镇长，负责该镇安全生产工作。该县开展打非治违专项整治行动期间，其在对全镇非法违法企业排查过程中，没有按照该县、乡关于打非治违专项整治行动工作方案要求进行排查整治，未认真履行安全生产监督管理职责，没有将该镇耐水涂料黑加工点排查出来上报并监督。该黑加工点非法改造锅炉，发生爆炸，造成恶劣社会影响。

【禁令解析】

在安全生产中失职渎职行为，是指在生产、作业中负有组织、指挥或者管理职责的负责人等，违反有关安全管理的规定，因而发生重大伤亡事故或者造成其他严重后果的行为；情节严重的，可构成重大责任事故罪。

近年来，一些工厂、矿山、林场、建筑企业以及其他企业事业单位的职工在生产活动过程中，由于不服管理，违反规章制度或者强令工人违章冒险作业，最终造成重大责任事故。这些事故给人们的正常生活及生命安全和对国家、企业和个人经济造成了巨大的损失，在政治上产生极坏的影响，严重影响社会秩序、生产和工作秩序及生活秩序，增加了社会的不安定因素，已引起党和政府的高度重视。因此，对此类行为必须予以严惩。

【纪法适用】

1.《中国共产党纪律处分条例》第二十九条：

党组织在纪律审查中发现党员有贪污贿赂、滥用职权、玩忽职守、权力寻租、利益输送、徇私舞弊、浪费国家资财等违反法律涉嫌犯罪行为的，应当给予撤销党内职务、留党察看或者开除党籍处分。

2.《中华人民共和国公职人员政务处分法》第十四条第一款第一项：

公职人员犯罪，有下列情形之一的，予以开除：

（一）因故意犯罪被判处管制、拘役或者有期徒刑以上刑罚（含宣告缓刑）的。

3.《中华人民共和国刑法》第一百三十四条：

在生产、作业中违反有关安全管理的规定，因而发生重大伤亡事故或者造成其他严重后果的，处三年以下有期徒刑或者拘役；情节特别恶劣的，处三年以上七年以下有期徒刑。

强令他人违章冒险作业，或者明知存在重大事故隐患而不排除，仍冒险组织作业，因而发生重大伤亡事故或者造成其他严重后果的，处五年以下有期徒刑或者拘役；情节特别恶劣的，处五年以上有期徒刑。

廉政提醒

一些重特大生产安全责任事故举国关注，相关案件处理不好，不仅起不到应有的警示作用，不利于生产安全责任事故的防范，也损害党和国家形象，影响社会和谐稳定。要对失职渎职造成重大责任事故的人予以严惩，创造良好安全生产环境。

禁令 172

严禁不报、谎报安全事故

【违法案例】

某日，某钢铁公司因安装公司承建的煤气管道工程发生煤气泄漏事故。次日8时，该公司提供事故死亡7人、伤9人。经调查组核实，至次日8时，该企业死亡人数为21人，伤9人。

【禁令解析】

不报、谎报安全事故行为，是指在安全事故发生后，负有报告职责的人员不报或者谎报事故情况，贻误事故抢救的行为；情节严重的，可构成不报、谎报安全事故罪。

当前，全国安全生产状况呈现总体稳定、持续好转的发展态势，但形势依然严峻，企业安全生产基础依然薄弱；非法、违法生产，忽视生产安全的现象仍然十分突出；重特大生产安全责任事故时有发生，个别地方和行业重特大责任事故上升。特别是安全事故发生后，负有报告职责的国家工作人员不报或者谎报事故情况，贻误事故抢救时机，此种行为性质更加恶劣，必须予以严惩。

【纪法适用】

1.《中国共产党纪律处分条例》第二十九条：

党组织在纪律审查中发现党员有贪污贿赂、滥用职权、玩忽职守、权力寻租、利益输送、徇私舞弊、浪费国家资财等违反法律涉嫌犯罪行为的，应当给予撤销党内职务、留党察看或者开除党籍处分。

2.《中华人民共和国公职人员政务处分法》第十四条第一款第一项：

公职人员犯罪，有下列情形之一的，予以开除：

（一）因故意犯罪被判处管制、拘役或者有期徒刑以上刑罚（含宣告缓刑）的。

3.《中华人民共和国刑法》第一百三十九条之一：

在安全事故发生后，负有报告职责的人员不报或者谎报事故情况，贻误事故抢救，情节严重的，处三年以下有期徒刑或者拘役；情节特别严重的，处三年以上七年以下有期徒刑。

廉政提醒

LIANZHENG TIXING

发生安全事故或事件后，要严肃客观开展事故事件调查工作，认真做好追责问责和整改通报，既要追究直接责任，也要追究领导责任；既要追究主体责任，也要追究监督责任，让失责必问、问责必严成为常态。

禁令 173

严禁破坏选举

【违法案例】

陈某，中共党员，某镇党政办传真员。陈某担任传真员14年，一直想解决行政编制。某镇第五届人大一次会议召开之前，陈某发现该镇副镇长候选人有一个是外乡镇的，萌生拉票贿选当副镇长来解决行政编制的想法，于是伙同其母高某联系龙某等4位镇人大代表进行协商，商定由龙某等4位代表每人联系10位镇人大代表投陈某赞成票，每个代表发300元，待选举后由陈某一方支付。龙某等4位镇人大代表先后向周某等31位镇人大代表每人送去300元，并向另外8位镇人大代表承诺事后付300元。某镇人大、政府换届选举中，非候选人陈某得到副镇长赞成票超过半数，县委提名的副镇长候选人落选。陈某等人无视法纪，在社会上造成了恶劣影响，经县纪委常委会研究，报县委常委会批准，对陈某等人进行了严肃处理。

【禁令解析】

破坏选举行为，是指在选举各级人民代表大会代表和国家机关领导人员时，以暴力、威胁、欺骗、贿赂、伪造选举文件、虚报选举票数等手段破坏选举或者妨害选民和代表自由行使选举权和被选举权的行为；情节严重的，可构成破坏选举罪。

选举权和被选举权，是公民基本的政治权利，是我国人民当家作主行使国家权力的重要标志。我国宪法第三十四条规定：年满十八周岁的公民，不分民族、种族、性别、职业、家庭出身，宗教信仰、教育程度，财产状况、居住期限，都有选举权和被选举权；但是依照法律被剥夺政治权利的人除外。公民通过选举，把自己最满意的人选到各级国家机关，代表人民的利益来管理国家，这对于巩固和加强人民民主专政，具有十分重要的意义。为了切实地维护我国的选举制度，保障公民自由地行使选举权利，对于破坏公民选举的行为必须予以严惩。

【纪法适用】

1.《中国共产党纪律处分条例》第二十九条：

党组织在纪律审查中发现党员有贪污贿赂、滥用职权、玩忽职守、权力寻租、利益输送、徇私舞弊、浪费国家资财等违反法律涉嫌犯罪行为的，应当给予撤销党内职务、留党察看或者开除党籍处分。

2.《中华人民共和国公职人员政务处分法》第十四条第一款第一项：

公职人员犯罪，有下列情形之一的，予以开除：

（一）因故意犯罪被判处管制、拘役或者有期徒刑以上刑罚（含宣告缓刑）的。

3.《中华人民共和国刑法》第二百五十六条：

在选举各级人民代表大会代表和国家机关领导人员时，以暴力、威胁、欺骗、贿赂、伪造选举文件、虚报选举票数等手段破坏选举或者妨害选民和代表自由行使选举权和被选举权，情节严重的，处三年以下有期徒刑、拘役或者剥夺政治权利。

廉政提醒

党的十八大以来，对湖南衡阳破坏选举案、四川南充拉票贿选案、辽宁拉票贿选案等破坏党内选举制度和人大选举制度重大案件的严肃查处，充分体现了坚持全面从严治党的鲜明态度，有力维护了党纪国法的权威和尊严。中共中央2020年7月印发的《中国共产党基层组织选举工作条例》规定，“落实全面从严治党责任，严禁拉帮结派、拉票贿选、跑风漏气等非组织行为”。中共中央2020年12月印发的《中国共产党地方组织选举工作条例》规定，“落实全面从严治党责任，严禁拉帮结派、拉票贿选、说情打招呼、违规用人、跑风漏气、干扰换届等违规违纪违法行为”。

禁令 174

严禁玩忽职守

【违法案例】

平某某，中共党员，某市财政局原局长。平某某基于使财政资金增值的动机，违反国家有关规定，将财政资金5000万元存入某信托公司，造成142.3万元公款未能收回；疏于对国库券交易部管理，致使该单位进行违规违法经营活动，造成国债资金巨额损失。

【禁令解析】

玩忽职守行为，是指国家机关工作人员滥用职权或者玩忽职守，致使公共财产、国家和人民利益遭受重大损失的行为；情节严重的，构成玩忽职守罪。

目前，在各项工作中，尤其是在生产建设和经济活动中，不断发生国家工作人员玩忽职守的犯罪案件，造成公共财产的损失动辄数十万元甚至数百万元，有的还危及公民的生命安全。法律之所以规定玩忽职守者的刑事责任，是为了贯彻权力和责任相一致、权利和义务相一致的原则。任何一个国家工作人员都不能只行使权力和享受待遇，而不对自己在职务上的罪过担负责任。

【纪法适用】

1.《中国共产党纪律处分条例》第二十九条：

党组织在纪律审查中发现党员有贪污贿赂、滥用职权、玩忽职守、权力寻租、利益输送、徇私舞弊、浪费国家资财等违反法律涉嫌犯罪行为的，应当给予撤销党内职务、留党察看或者开除党籍处分。

2.《中华人民共和国公职人员政务处分法》第十四条第一款第一项：

公职人员犯罪，有下列情形之一的，予以开除：

（一）因故意犯罪被判处管制、拘役或者有期徒刑以上刑罚（含宣告缓刑）的。

3.《中华人民共和国刑法》第三百九十七条：

国家机关工作人员滥用职权或者玩忽职守，致使公共财产、国家和人民利益遭受重大损失的，处三年以下有期徒刑或者拘役；情节特别严重的，处三年以上七年以下有期徒刑。本法另有规定的，依照规定。

国家机关工作人员徇私舞弊，犯前款罪的，处五年以下有期徒刑或者拘役；情节特别严重的，处五年以上十年以下有期徒刑。本法另有规定的，依照规定。

廉政提醒

LIANZHENG TIXING

玩忽职守罪表现为放弃职守，不履行应当履行的职责；严重不负责任，在履行职责过程中，马虎草率、敷衍塞责。严重不负责任，有的是不以职守为己任，思想上不重视，态度上不严肃；有的是擅离职守，不坚守岗位，逃避职责义务；有的是不认真执行职责权限或者不认真履行职责义务；有的是不完全执行职责权限或者不完全履行职责义务；等等。有的公职人员玩忽职守、滥用职权、徇私舞弊，严重失职渎职，这种“不装腰包的腐败”，致使公共财产损失、破坏社会主义市场经济秩序、损害人民群众利益、破坏社会公平正义，必须加以严惩。

禁令 175

严禁徇私枉法

【违法案例】

崔某，中共党员，某县公安局工作人员。崔某接受律师孙某的请托，为孙某代理的侯某涉嫌危险驾驶罪一案提供立功材料，以减轻对侯某的处罚。

【禁令解析】

徇私枉法行为，是指司法工作人员徇私枉法、徇情枉法，对明知是无罪的人而使他受追诉、对明知是有罪的人而故意包庇不使他受追诉，或者在刑事审判活动中故意违背事实和法律作枉法裁判的行为，情节严重的，构成徇私枉法罪。

我国司法机关是人民民主专政的重要工具。人民司法机关通过各项司法活动，惩办一切犯罪分子，维护社会主义法制，保护公共财产和公民的合法权益。司法工作人员是人民的公仆，他们在代表国家处理各种刑事、民事案件时，必须以事实为根据，以法律为准绳，对于一切公民，在适用法律上一律平等，做到有法必依、执法必严、违法必究，绝对不允许利用人民赋予的权力徇私枉法，陷害好人，放纵坏人。

我国司法工作人员绝大多数都是忠于人民，忠于事实，忠于法律，刚正不阿，廉洁奉公的。但是，也有极少数司法工作人员在处理案件时利用职权，徇私枉法，隐瞒、掩饰犯罪事实；有的利用职权，千方百计阻挠对犯罪分子的追究；有的枉法裁判，陷害无辜。特别是对明知是无罪的人而使他受刑事追究，对明知是有罪的人而故意包庇不使他受刑事追究，或者故意颠倒黑白、枉法裁判的行为，必须予以严惩。

【纪法适用】

1.《中国共产党纪律处分条例》第二十九条：

党组织在纪律审查中发现党员有贪污贿赂、滥用职权、玩忽职守、权力寻租、利益输送、徇私舞弊、浪费国家资财等违反法律涉嫌犯罪行为的，应当给予撤销党内职务、留党察看或者开除党籍处分。

2.《中华人民共和国公职人员政务处分法》第十四条第一款第一项：

公职人员犯罪，有下列情形之一的，予以开除：

（一）因故意犯罪被判处管制、拘役或者有期徒刑以上刑罚（含宣告缓刑）的。

3.《中华人民共和国刑法》第三百九十九条：

司法工作人员徇私枉法、徇情枉法，对明知是无罪的人而使他受追诉、对明知是有罪的人而故意包庇不使他受追诉，或者在刑事审判活动中故意违背事实和法律作枉法裁判的，处五年以下有期徒刑或者拘役；情节严重的，处五年以上十年以下有期徒刑；情节特别严重的，处十年以上有期徒刑。

在民事、行政审判活动中故意违背事实和法律作枉法裁判，情节严重的，处五年以下有期徒刑或者拘役；情节特别严重的，处五年以上十年以下有期徒刑。

在执行判决、裁定活动中，严重不负责任或者滥用职权，不依法采取诉讼保全措施、不履行法定执行职责，或者违法采取诉讼保全措施、强制执行措施，致使当事人或者其他人的利益遭受重大损失的，处五年以下有期徒刑或者拘役；致使当事人或者其他人的利益遭受特别重大损失的，处五年以上十年以下有期徒刑。

司法工作人员收受贿赂，有前三款行为的，同时又构成本法第三百八十五条规定之罪的，依照处罚较重的规定定罪处罚。

廉政提醒

LIANZHENG TIXING

党员领导干部、公职人员要增强法治观念、法律意识，坚持有法必依，善于运用法治方式开展工作，让人民群众在日常生产生活中都能感受到公平正义。对有法不依、执法不严、徇私枉法的要严肃问责、依法惩治。

禁令 176

严禁挪用资金

【违法案例】

江某，中共党员，某国有企业的业务人员。江某在2019年4月至10月期间，擅自将收取的公司货款60万元归还个人贷款。在公司的催要下，江某在10月给公司出具了上述挪用资金的欠条，并制订了还款计划，截至2020年10月，江某仍未归还上述挪用资金。公司随后向有关部门举报，法院审理后判处江某挪用资金罪。

【禁令解析】

挪用资金行为，是指公司、企业或者其他单位中的非国家工作人员，利用职务上的便利，挪用本单位资金归个人使用或者借贷给他人，超过三个月未还的，或者进行营利活动的，或者进行非法活动的行为；情节严重的，构成挪用资金罪。

挪用资金罪包括以下三种情形：

一是挪用本单位资金归个人使用或者借贷给他人，数额较大、超过三个月未还。行为人利用职务上主管、经手本单位资金的便利条件挪用本单位资金，用于归个人使用，或者借贷给他人使用，但未用于从事不正当的经济活动，而且挪用数额较大，超过三个月未还。

二是挪用本单位资金归个人使用或者借贷给他人，虽未超过三个月，但数额较大，进行营利活动。不受挪用时间是否超过三个月及超过三个月是否退还的限制，只要数额较大且进行营利活动就构成犯罪。“营利活动”主要是指进行经商、投资、购买股票或债券等活动。

三是挪用本单位资金归个人使用或者借贷给他人，虽未超过三个月，但数额较大，进行非法活动。不受挪用时间是否超过三个月及超过三个月是否退还的限制，只要数额较大且进行非法活动就构成犯罪。“非法活动”是指将挪用来的资金用来进行走私、赌博等活动。

【纪法适用】

1.《中国共产党纪律处分条例》第二十九条：

党组织在纪律审查中发现党员有贪污贿赂、滥用职权、玩忽职守、权力寻租、利益输送、徇私舞弊、浪费国家资财等违反法律涉嫌犯罪行为的，应当给予撤销党内职务、留党察看或者开除党籍处分。

2.《中华人民共和国公职人员政务处分法》第十四条第一款第一项：

公职人员犯罪，有下列情形之一的，予以开除：

（一）因故意犯罪被判处管制、拘役或者有期徒刑以上刑罚（含宣告缓刑）的。

3.《中华人民共和国刑法》第二百七十二条第一、二款：

公司、企业或者其他单位的工作人员，利用职务上的便利，挪用本单位资金归个人使用或者借贷给他人，数额较大、超过三个月未还的，或者虽未超过三个月，但数额较大、进行营利活动的，或者进行非法活动的，处三年以下有期徒刑或者拘役；挪用本单位资金数额巨大的，处三年以上七年以下有期徒刑；数额特别巨大的，处七年以上有期徒刑。

国有公司、企业或者其他国有单位中从事公务的人员和国有公司、企业或者其他国有单位委派到非国有公司、企业以及其他单位从事公务的人员有前款行为的，依照本法第三百八十四条的规定定罪处罚。

廉政提醒

LIANZHENG TIXING

公司的腐败主要有非国家工作人员受贿、职务侵占、挪用资金等多种方式。企业在日常管理中应规范财务管理，健全完善监督管理制度，堵塞诱发犯罪的漏洞，从机制上防范犯罪。同时，可定期对员工开展法治教育，以法律宣讲、警示教育等方式进一步提升员工的守法意识，从源头上预防犯罪。作为公司、企业或其他单位的员工，对因职务便利拿到好处，切莫伸手，伸手必被抓。挪用资金触红线，私心切勿放上头。胆大妄为把手伸，人财两空牢里蹲。

禁令 177

严禁在股票交易中违规

【违法案例】

李某，中共党员，某省证监局处长。李某在筹划一上市公司定向增发事项的过程中，利用内幕信息与其妻黄某分别用相关账户买入该公司股票，共获利 700 余万元。

【禁令解析】

在股票交易中违规行为，是指党员及公职人员违反有关规定买卖股票的行为。

随着我国证券市场制度的逐步健全，特别是证券法的颁布实施，证券市场的发展已经走上了法制化轨道。党政机关工作人员将其合法财产以合法的方式投资于证券市场，买卖股票和证券投资基金，是对国家建设的支持。因此，党中央、国务院规定党政机关工作人员个人可以买卖股票和证券投资基金。但是，不得出现违反证券法和相关法律法规的行为，特别是严禁利用职权或职务上的影响，采取不正当的手段进行股票证券交易；对从事与股票证券交易管理相关业务的岗位工作人员及亲属，对掌握内幕信息的党政机关工作人员及有关人员，不得买卖与这些机构有业务关系的上市股票。对于利用参与企业管理投资等决策审批过程掌握的信息买卖股票，利用职权的影响购买信托产品和基金非正常获利的，情节较轻的，给予警告或者严重警告处分；情节较重的，给予撤销党内职务或者留党察看处分；情节严重的，给予开除党籍处分。

【纪法适用】

1.《中国共产党纪律处分条例》第二十九条：

党组织在纪律审查中发现党员有贪污贿赂、滥用职权、玩忽职守、权力寻租、利益输送、徇私舞弊、浪费国家资财等违反法律涉嫌犯罪行为的，应当给予撤销党内职务、留党察看或者开除党籍处分。

第一百零三条第一款第二、三项、第二款：

违反有关规定从事营利活动，有下列行为之一，情节较轻的，给予警告或者严重警告处分；情节较重的，给予撤销党内职务或者留党察看处分；情节严重的，给予开除党籍处分：

（二）拥有非上市公司（企业）的股份或者证券；

（三）买卖股票或者进行其他证券投资。

利用参与企业重组改制、定向增发、兼并投资、土地使用权出让等工作中掌握的信息买卖股票，利用职权或者职务上的影响通过购买信托产品、基金等方式非正常获利的，依照前款规定处理。

2.《中华人民共和国证券法》第五条：

证券的发行、交易活动，必须遵守法律、行政法规；禁止欺诈、内幕交易和操纵证券市场的行为。

3.《关于党政机关工作人员个人证券投资行为若干规定》第三条：

党政机关工作人员个人可以买卖股票和证券投资基金。在买卖股票和证券投资基金时，应当遵守有关法律、法规的规定，严禁下列行为：

（一）利用职权、职务上的影响或者采取其他不正当手段，索取或者强行买卖股票、索取或者倒卖认股权证；

（二）利用内幕信息直接或者间接买卖股票和证券投资基金，或者向他人提出买卖股票和证券投资基金的建议；

（三）买卖或者借他人名义持有、买卖其直接业务管辖范围内的上市公司的股票；

（四）借用本单位的公款，或者借用管理和服务对象的资金，或者借用主管范围内的下属单位和个人的资金，或者借用其他与其行使职权有关系的单位和个人的资金，购买股票和证券投资基金；

（五）以单位名义集资买卖股票和证券投资基金；

（六）利用工作时间、办公设施买卖股票和证券投资基金；

（七）其他违反《中华人民共和国证券法》和相关法律、法规的行为。

4.《中华人民共和国刑法》第一百八十条第一、二款：

证券、期货交易内幕信息的知情人员或者非法获取证券、期货交易内幕信息的人员，在涉及证券的发行、证券、期货交易或者其他对证券、期货交易价格有重大影响的信息尚未公开前，买入或者卖出该证券，或者从事与该内幕信息有关的期货交易，或者泄露该信息，或者明示、暗示他人从事上述交易活动，情节严重的，处五年以下有期徒刑或者拘役，并处或者单处违法所得一倍以上五倍以下罚金；情节特别严重的，处五年以上十年以下有期徒刑，并处违法所得一倍以上五倍以下罚金。

单位犯前款罪的，对单位判处罚金，并对其直接负责的主管人员和其他直接责任人员，处五年以下有期徒刑或者拘役。

廉政提醒

LIANZHENG TIXING

党员及公职人员违反有关规定买卖股票的行为是一种违反廉洁纪律的行为，本质上是以权力为资本参与商品交换和市场竞争，不仅严重损害党员干部清正廉洁的政治本色，而且严重扰乱资本市场的正常秩序，破坏社会主义市场经济的公平竞争。出现这方面违纪违法问题的思想根源在于个别党员干部既想当官、又想发财，违背了初心和宗旨。党员干部应牢记这条禁令，树立正确的价值观、权力观、金钱观，当官就不要发财，发财就不要当官，不能吃着“公家饭”还要挣“私房钱”。

禁令 178

严禁侵占本企业单位财产

【违法案例】

汪某，中共党员，重庆某装饰工程有限公司员工。2019年7月开始负责管理该公司仓库。汪某利用管理仓库的职务之便，将公司存放在重庆市渝中区某仓库内价值人民币87616元的各类服装私自卖给潘某，获赃款人民币5150元。2019年11月10日，该公司委派他人管理仓库，在进行盘点时发现物品丢失遂向公安机关报案。

【禁令解析】

侵占本企业单位财产行为，是指公司、企业或者其他单位中的非国家工作人员，利用职务上的便利，非法占有本单位财物的行为；情节严重的，可构成职务侵占罪。

民营企业具有很强的发展潜力。在这些企业发展过程中，一些企业非国家工作人员，利用自己在职务上具有主管或者管理、经手本单位财物的方便条件，采取侵吞、盗窃、骗取等各种手段，侵占企业财产。因此，对此类行为必须严惩。

【纪法适用】

1.《中国共产党纪律处分条例》第二十九条：

党组织在纪律审查中发现党员有贪污贿赂、滥用职权、玩忽职

守、权力寻租、利益输送、徇私舞弊、浪费国家资财等违反法律涉嫌犯罪行为的，应当给予撤销党内职务、留党察看或者开除党籍处分。

2.《中华人民共和国公职人员政务处分法》第十四条第一款第一项：

公职人员犯罪，有下列情形之一的，予以开除：

（一）因故意犯罪被判处管制、拘役或者有期徒刑以上刑罚（含宣告缓刑）的。

3.《中华人民共和国刑法》第二百七十一条：

公司、企业或者其他单位的工作人员，利用职务上的便利，将本单位财物非法占为己有，数额较大的，处三年以下有期徒刑或者拘役，并处罚金；数额巨大的，处三年以上十年以下有期徒刑，并处罚金；数额特别巨大的，处十年以上有期徒刑或者无期徒刑，并处罚金。

国有公司、企业或者其他国有单位中从事公务的人员和国有公司、企业或者其他国有单位委派到非国有公司、企业以及其他单位从事公务的人员有前款行为的，依照本法第三百八十二条、第三百八十三条的规定定罪处罚。

廉政提醒

LIANZHENG TIXING

侵占本企业单位财产利用的是领导信任，违背的是企业单位章程甚至法律界限，葬送的却是自己的前途。公司、企业或者其他单位中的非国家工作人员要管得住行为、守得住清白，做廉洁员工，切勿把权力和职务便利当作获取金钱的工具，那种妄图通过钻法律空子、打政策擦边球走捷径的方法不可取，往往会“拿钱一时爽，入狱一生悔”。

禁令 179

严禁国企领导人非法经营同类业务

【违法案例】

马某，中共党员，某国有水务公司原副总经理。马某利用职务便利，大肆承揽与其任职公司所经营的水务工程同类的业务。经审计，其所承揽的涉案工程金额共计人民币8330万元，可获取的非法利润共计人民币2380万元。

【禁令解析】

国企领导人非法经营同类业务行为，是指国有公司、企业的董事、经理利用职务便利，自己经营或者为他人经营与其所任职公司、企业同类的营业，获取非法利益的行为；情节严重的，可构成非法经营同类业务罪。

目前，一些企业相关制度还不健全，企业运作尚未规范。在这些企业中，一些董事、监事、厂长、经理或者其他相关的管理人员，利用职务上的便利，自己经营或者为他人经营与其所任职管理同类的业务，这种情况往往都是以损害本任职企业、公司利益作为代价，而换取其他非法利益的。有的甚至赤裸裸地把盈利项目转给自己经营的公司做，把亏损项目留在本任职的公司；有的通过泄露本任职企业的经营秘密、技术秘密，使兼职企业获得好处，换取个人私利；有的将应由自己经营的企业承担的风险和责任转嫁给任职的企业等。这些行为常常被群众怒斥为“吃里扒外”，必然使任职企业在经营中陷于不利的竞争地位，侵害股东和职工的权益，应当禁止。

【纪法适用】

1.《中国共产党纪律处分条例》第二十九条：

党组织在纪律审查中发现党员有贪污贿赂、滥用职权、玩忽职守、权力寻租、利益输送、徇私舞弊、浪费国家资财等违反法律涉嫌犯罪行为的，应当给予撤销党内职务、留党察看或者开除党籍处分。

2.《中华人民共和国公职人员政务处分法》第十四条第一款第一项：

公职人员犯罪，有下列情形之一的，予以开除：

（一）因故意犯罪被判处管制、拘役或者有期徒刑以上刑罚（含宣告缓刑）的。

3.《中华人民共和国刑法》第一百六十五条：

国有公司、企业的董事、监事、高级管理人员，利用职务便利，自己经营或者为他人经营与其所任职公司、企业同类的营业，获取非法利益，数额巨大的，处三年以下有期徒刑或者拘役，并处或者单处罚金；数额特别巨大的，处三年以上七年以下有期徒刑，并处罚金。

其他公司、企业的董事、监事、高级管理人员违反法律、行政法规规定，实施前款行为，致使公司、企业利益遭受重大损失的，依照前款的规定处罚。

廉政提醒

LIANZHENG TIXING

国企领导人非法经营同类业务是国企领域腐败的重要形式之

一，“开办私人公司，面上干工作，底下揽私活”“操控审批权谋取腐败”“纵容支持亲属或其他关系人在自己管辖范围内开办关联企业”等问题层出不穷，是典型的“靠企吃企”行为，严重破坏政治生态，扰乱市场秩序，影响十分恶劣。国企领导人必须认识到，自己不是“红顶商人”，不是私营企业主，更不是“老板”，而是党的干部；要始终牢记这条禁令，维护好全国人民的共同财富，决不做非法经营同类业务的蠢事坏事，决不让全民资产变成自己的“私人钱袋”。

禁令 180

严禁为亲友非法牟利

【违法案例】

王某，中共党员，某国有 A 公司经理。2018 年，王某在工作过程中发现本公司将从 B 公司购进的货物转手卖给某公司便可获利 300 万元。王某遂产生利用职务便利牟利念头，暗中指使妻子陈某注册成立 C 公司，并利用其身份便利促使 B 公司与 A 公司解除合同，并将货物卖给 C 公司，C 公司由此获利 300 万元。此暗箱操作行为持续三年之久，后经他人举报，王某被检察机关立案侦查。

【禁令解析】

为亲友非法牟利行为，是指国有公司、企业、事业单位的工作人员，利用职务便利，将本单位的盈利业务交由自己的亲友进行经营；以明显高于市场的价格从自己的亲友经营管理的单位采购商品或者以明显低于市场的价格向自己的亲友经营管理的单位销售商品；从自己的亲友经营管理的单位采购不合格商品，使国家利益遭受重大损失的行为；情节严重的，可构成为亲友非法牟利罪。

要使国有公司、企业、事业单位良性运转，其中关键的一条，便是国有公司、企业、事业单位的工作人员必须遵守现代企业的内部管理制度，尽职尽责，勤勉工作。如果他们徇私舞弊，以权谋私，损公肥私，违背自己的职责，将本单位的盈利业务交由自己的亲友进行经营或者为其经营提供其他便利，其危害是十分严重的，必然影响本公司、企业、事业单位的正常经营活动，损害国家利益，导致国有资产的大量流失，必然会造成不正当竞争，妨害对公司、企业、事业单位的管理秩序。因此，对此行为必须予以严惩。

【纪法适用】

1.《中国共产党纪律处分条例》第二十九条：

党组织在纪律审查中发现党员有贪污贿赂、滥用职权、玩忽职守、权力寻租、利益输送、徇私舞弊、浪费国家资财等违反法律涉嫌犯罪行为的，应当给予撤销党内职务、留党察看或者开除党籍处分。

2.《中华人民共和国公职人员政务处分法》第十四条第一款第一项：

公职人员犯罪，有下列情形之一的，予以开除：

（一）因故意犯罪被判处管制、拘役或者有期徒刑以上刑罚（含宣告缓刑）的。

3.《中华人民共和国刑法》第一百六十六条：

国有公司、企业、事业单位的工作人员，利用职务便利，有下列情形之一，致使国家利益遭受重大损失的，处三年以下有期徒刑或者拘役，并处或者单处罚金；致使国家利益遭受特别重大损失的，处三年以上七年以下有期徒刑，并处罚金：

（一）将本单位的盈利业务交由自己的亲友进行经营的；

（二）以明显高于市场的价格从自己的亲友经营管理的单位采购商品、接受服务或者以明显低于市场的价格向自己的亲友经营管理的单位销售商品、提供服务的；

（三）从自己的亲友经营管理的单位采购、接受不合格商品、服务的。

其他公司、企业的工作人员违反法律、行政法规规定，实施前款行为，致使公司、企业利益遭受重大损失的，依照前款规定处罚。

廉政提醒

LIANZHENG TIXING

个别党员领导干部利用职权将本人可支配和控制的公共利益转移给自己的近亲属及其他特定关系人。实践中，该种利益输送行为具有较强的隐蔽性，不易被发现和查处。违纪层面可能构成利用职权为亲属、特定关系人在工程招投标、公共财政支出等方面谋利等违反廉洁纪律的行为；职务违法层面可能构成利用职权或职务影响为他人谋取私利，纵容默许特定关系人利用本人职权或职务影响谋取私利等职务违法行为；犯罪层面可能构成为亲友非法牟利罪、滥用职权罪等犯罪行为。

禁令 181

严禁违法向关系人发放贷款

【违法案例】

段某，中共党员，某银行支行负责人。段某明知其同学王某不符合贷款条件，违反有关规定，利用职务便利，通过该支行信贷员为王某发放贷款共计500万元。此后贷款本金没有追回，给银行造成特别重大损失。

【禁令解析】

违法向关系人发放贷款行为，是指银行或者其他金融机构的工作人员以及单位违反法律、行政法规的规定，向关系人发放信用贷款或者发放担保贷款的条件优于其他借款人同类贷款的条件，造成较大损失的行为；情节严重的，可构成违法向关系人发放贷款罪。

贷款是银行或者其他金融机构通过一定的程序，将资金附条件地借给单位和个人使用的一种金融活动，是资本运营的一种特殊形式。在商品社会，生产和流通活动都必须通过资金进行，将社会闲散资金通过银行的信用机制组织起来，以贷款的形式进行适当分配，支持生产和商品流通，就成为社会经济发展的需要。贷款的合理发放和使用，能够集中资金投向于社会最需要的部门，促进社会生产和国民经济发展，反之就会浪费社会的资金，给国家和人民利益造成损失。国家还可以根据形势发展的需要，通过对贷款的扩大和收缩的控制，来调节货币的供应量，保证国民经济的良性循环。世界上任何国家都通过一定的法律和行政法规对贷款活动进行有效的管理，对贷款的管理是国家经济管理的重要组成部分。在我国进行改革开放，建立社会主义市场经济，致力于社会主义经济建设的过程中，加强信贷管理，对搞活经济，加强宏观调控都显得十分重要。国家对金融机构贷款活动的管理主要是通过适应国家政治、经济状况制定的法律、法规的调整来实现的。

近年来，一些银行或者其他金融机构的工作人员，违反国家法律、法规，发放人情贷款、关系贷款，甚至以权谋私、收取贿赂的情况十分严重，还有的银行或者其他金融机构的工作人员极端不负责任，在工作中疏忽大意，不审查或者不认真审查贷款申请人的有关文件和资信状况就盲目发放贷款。这些行为往往给金融机构和国家造成重大经济损失，而且严重扰乱了国家正常的金融秩序，危害很大。对于此类行为，必须严厉打击。

【纪法适用】

1.《中国共产党纪律处分条例》第二十九条：

党组织在纪律审查中发现党员有贪污贿赂、滥用职权、玩忽职守、权力寻租、利益输送、徇私舞弊、浪费国家资财等违反法律涉嫌犯罪行为的，应当给予撤销党内职务、留党察看或者开除党籍处分。

2.《中华人民共和国公职人员政务处分法》第十四条第一款第一项：

公职人员犯罪，有下列情形之一的，予以开除：

（一）因故意犯罪被判处管制、拘役或者有期徒刑以上刑罚（含宣告缓刑）的。

3.《中华人民共和国刑法》第一百八十六条：

银行或者其他金融机构的工作人员违反国家规定发放贷款，数额巨大或者造成重大损失的，处五年以下有期徒刑或者拘役，并处一万元以上十万元以下罚金；数额特别巨大或者造成特别重大损失的，处五年以上有期徒刑，并处二万元以上二十万元以下罚金。

银行或者其他金融机构的工作人员违反国家规定，向关系人发放贷款的，依照前款的规定从重处罚。

单位犯前两款罪的，对单位判处罚金，并对其直接负责的主管人员和其他直接责任人员，依照前两款的规定处罚。

关系人的范围，依照《中华人民共和国商业银行法》和有关金融法规确定。

廉政提醒

LIANZHENG TIXING

目前，我国商业银行的经营风险逐步从隐性走向显性，此时更应强调“阳光金融”，加强银行的内控管理和透明监督，警惕银行业成为新一轮腐败“重灾区”。要杜绝违法发放贷款、骗贷等各类金融犯罪案件的发生，降低商业银行的信贷风险，关键在于完善决策层面的制衡机制，对银行的重大经营决策、重大贷款的发放应集体研究，不断提高决策透明度。

禁令 182

严禁非法出具金融票证

【违法案例】

李某，中共党员，某农村商业银行支行行长。在该行未开通商业承兑汇票业务和保兑业务的情况下，擅自在王某提供的保兑保函和授信书上签名并加盖支行的公章，违规为王某出具四张保兑保函及一份授信书。此四张承兑汇票保兑保函金额为 6000 万元，授信书金额为 5000 万元。同年 9 月，王某带赵某乙等人到某支行核实保兑保函的真假，李某明知保兑保函是违规出具，仍在确认函上签名、盖章，予以确认。

【禁令解析】

非法出具金融票证行为，是指银行或者其他金融机构及其工作人员，违反规定为他人出具信用证或者其他保函、票据、存单、资信证明，造成较大损失的行为；情节严重的，可构成非法出具金融票证罪。

近几年来，有些银行和其他金融机构及其工作人员违反国家规定，出具信用证明文件，使犯罪分子能够在社会上进行金融诈骗犯罪活动。无论个人还是单位的上述行为都具有严重的社会危害性。因此，对于此类行为必须严惩。

【纪法适用】

1.《中国共产党纪律处分条例》第二十九条：

党组织在纪律审查中发现党员有贪污贿赂、滥用职权、玩忽职守、权力寻租、利益输送、徇私舞弊、浪费国家资财等违反法律涉嫌犯罪行为的，应当给予撤销党内职务、留党察看或者开除党籍处分。

2.《中华人民共和国公职人员政务处分法》第十四条第一款第一项：

公职人员犯罪，有下列情形之一的，予以开除：

（一）因故意犯罪被判处管制、拘役或者有期徒刑以上刑罚（含宣告缓刑）的。

3.《中华人民共和国刑法》第一百八十八条：

银行或者其他金融机构的工作人员违反规定，为他人出具信用证或者其他保函、票据、存单、资信证明，情节严重的，处五年以下有期徒刑或者拘役；情节特别严重的，处五年以上有期徒刑。

单位犯前款罪的，对单位判处罚金，并对其直接负责的主管人员和其他直接责任人员，依照前款的规定处罚。

廉政提醒

LIANZHENG TIXING

对银行或者其他金融机构的工作人员从事账外经营，出具与事实不符的金融票证行为，要对直接负责的主管人员和管理人员给予相应的处罚；情节严重的，责令金融机构进行停业整顿或吊销经营金融业务许可证；构成犯罪的，依法追究刑事责任。

禁令 183

严禁违法提供出口退税凭证

【违法案例】

胡某，中共党员，某出口公司经理。2020 年 8 月，胡某为骗取国家出口退税，在一批出口至牙买加货物的出口报关单上虚列了 11000 部电话机（价值 77000 美元，实际只装箱了 2 部电话机）。后该单货物在申报出口时被海关布控查验，胡某得知该情况后，联系海关查验一科副科长贺某，告知贺某该单货物有骗取退税意图，以承诺给好处费的方式请求贺某帮忙放行。2020 年 8 月 21 日，贺某告知当班查验的杨某相关情况并指使其对该批货物违规放行。杨某明知该批货物涉及骗取退税，仍以重量不符为名移送通关处理，后该批货物被改单放行。胡某因此获得报关单的退税联，后向税务部门骗取出口退税，造成国家税款损失人民币 79623.94 元。

【禁令解析】

违法提供出口退税凭证行为，是指税务机关工作人员以外的其他国家机关工作人员违反国家规定，在提供出口货物报关单、出口收汇核销单等出口退税凭证工作中，徇私舞弊，致使国家利益遭受重大损失的行为；情节严重的，可构成违法提供出口退税凭证罪。

随着国家税制改革，增值税成为工商企业的主要税种，增值税的征收成为国家向工商企业征税的主要形式，与此同时，增值税专用发票也成为国家依法征收增值税的主要凭据。由于增值税专用发票直接决定纳税人抵扣税款的多少，对纳税人追求的经济利益的影响重大，因此，近年来围绕增值税专用发票犯罪的案件大量发生，涉案金额逐年递增。与此同时，由于国家鼓励出口创汇，实行出口退税制度，于是围绕以增值税专用发票为主的各种发票进行出口退税诈骗的犯罪愈演愈烈，严重损害了国家税收收入，影响国家税制改革的顺利进行。因此，对此类行为必须予以严惩。

【纪法适用】

1.《中国共产党纪律处分条例》第二十九条：

党组织在纪律审查中发现党员有贪污贿赂、滥用职权、玩忽职守、权力寻租、利益输送、徇私舞弊、浪费国家资财等违反法律涉嫌犯罪行为的，应当给予撤销党内职务、留党察看或者开除党籍处分。

2.《中华人民共和国公职人员政务处分法》第十四条第一款第一项：

公职人员犯罪，有下列情形之一的，予以开除：

（一）因故意犯罪被判处管制、拘役或者有期徒刑以上刑罚（含宣告缓刑）的。

3.《中华人民共和国刑法》第四百零五条：

税务机关的工作人员违反法律、行政法规的规定，在办理发售发票、抵扣税款、出口退税工作中，徇私舞弊，致使国家利益遭受重大损失的，处五年以下有期徒刑或者拘役；致使国家利益遭受特别重大损失的，处五年以上有期徒刑。

其他国家机关工作人员违反国家规定，在提供出口货物报关单、出口收汇核销单等出口退税凭证的工作中，徇私舞弊，致使国家利益遭受重大损失的，依照前款的规定处罚。

廉政提醒

LIANZHENG TIXING

违法提供出口退税凭证绝不仅仅是一个环节出现了问题造成的，有的银行或者其他金融机构的工作人员甚至甘心与“硕鼠”为伍，与犯罪分子内外勾结，为其骗取出口退税大开方便之门。这种行为严重损害了国家税收收入，必须予以严惩。

禁令 184

严禁放纵走私

【违法案例】

卢某，中共党员，某海关旅检三科副主任科员。卢某利用对机场的进出境旅客及其行李物品的查验、核对的职务便利，接受王某甲的请托，在明知王某甲伙同王某乙、蔡某某从菲律宾马尼拉大量走私洋酒及干海马制品等物品入境的情况下，不履行其查验通关货物的监管职责，多次纵容王某甲等人的走私行为。

【禁令解析】

放纵走私行为，是指海关工作人员徇私舞弊，违反法律规定，明知是走私行为而予以放纵，使之不受查究的行为；情节严重的，可构成放纵走私罪。

走私、贩私违法犯罪严重侵害了我国对外贸易的管制和关税征收制度，使国家关税大量流失，市场经济的正常发展受到严重冲击，秩序被严重破坏。为加强对国家关税的征收，保护和维护市场经济秩序，必须对放纵走私行为予以严惩。

【纪法适用】

1.《中国共产党纪律处分条例》第二十九条：

党组织在纪律审查中发现党员有贪污贿赂、滥用职权、玩忽职守、权力寻租、利益输送、徇私舞弊、浪费国家资财等违反法律涉嫌犯罪行为的，应当给予撤销党内职务、留党察看或者开除党籍处分。

2.《中华人民共和国公职人员政务处分法》第十四条第一款第一项：

公职人员犯罪，有下列情形之一的，予以开除：

（一）因故意犯罪被判处管制、拘役或者有期徒刑以上刑罚（含宣告缓刑）的。

3.《中华人民共和国刑法》第四百一十一条：

海关工作人员徇私舞弊，放纵走私，情节严重的，处五年以下有期徒刑或者拘役；情节特别严重的，处五年以上有期徒刑。

廉 政 提 醒

LIANZHENG TIXING

海关应该把住关口，守住国门，成为让党中央放心的国门之盾。然而，当前海关一线执法权力寻租风险问题不容忽视，个别海关人员对自己肩负的神圣职责熟视无睹，甚至将国家与人民赋予的责任作为筹码，放纵走私，从“守门人”沦落为“放水人”。每名海关工作人员都要明白，对走私的放纵，就是对合法经营者的伤害、对党性人格的践踏。要牢记这条禁令，点亮遵规守纪“启明灯”，筑牢廉政从业“防护墙”。

禁令 185

严禁放纵他人制售伪劣商品

【违法案例】

董某，中共党员，某镇工商管理所所长。董某的妻弟、个体工商户张某，从该镇酒精厂多次购买食用酒精，然后在自家的厂房内调制成白酒到市场销售，获利 10 万元。后被群众举报，司法机关决定对张某立案侦查。张某得到消息后立即向姐夫董某寻求帮助。董某问明情况后，立即命该镇的酒精厂派车到张某家中将制造假酒的材料和工具一并拉到酒精厂，企图掩盖张某制造假酒的事实，包庇张某。

【禁令解析】

放纵他人制售伪劣商品行为，是指对生产、销售伪劣商品犯罪行为负有追究责任的国家及各级市场监督管理、质量技术监督等机关工作人员徇私舞弊，不履行法律规定的追究职责的行为；情节严重的，可构成放纵制售伪劣商品犯罪行为罪。

人们常说市场经济是信用经济，但是总有一些不法商人为了追求利润，不择手段，甚至不惜人民群众的生命安全，因此对于这些不法商贩，必须给予严厉的打击，这样才能维护一个良好的市场秩序，为我国经济发展创造一个好的环境。而国家工作人员在打击犯罪的过程中，有些工作人员工作不认真，甚至有的人员与不法商贩合谋来欺骗消费者。对于这些公职人员的行为，必须予以严惩。

【纪法适用】

1.《中国共产党纪律处分条例》第二十九条：

党组织在纪律审查中发现党员有贪污贿赂、滥用职权、玩忽职守、权力寻租、利益输送、徇私舞弊、浪费国家资财等违反法律涉嫌犯罪行为的，应当给予撤销党内职务、留党察看或者开除党籍处分。

2.《中华人民共和国公职人员政务处分法》第十四条第一款第一项：

公职人员犯罪，有下列情形之一的，予以开除：

（一）因故意犯罪被判处管制、拘役或者有期徒刑以上刑罚（含宣告缓刑）的。

3.《中华人民共和国刑法》第四百一十四条：

对生产、销售伪劣商品犯罪行为负有追究责任的国家机关工作人员，徇私舞弊，不履行法律规定的追究职责，情节严重的，处五年以下有期徒刑或者拘役。

廉政提醒

LIANZHENG TIXING

市场监管是保障人民群众食品安全、药品安全和生产资料质量的重要关口，要严肃查处负有市场监管职责的行政执法人员严重渎职，危害市场管理秩序的渎职犯罪案件。

禁令 186

严禁环境监管失职

【违法案例】

李某，中共党员，某环保所所长，负责辖区内企业的环保日常检查工作。对本辖区内公司进行日常检查时，未能依照相关规定操作，未认真履行岗位职责，导致该公司非法向该县坑塘水面倾倒废盐酸 407.52 吨。经鉴定，非法倾倒废盐酸造成生态环境损害数额巨大，导致当地环境污染严重。

【禁令解析】

环境监管失职行为，是指负有环境保护监督管理职责的国家机关工作人员严重不负责任，导致发生重大环境污染事故的行为；情节严重的，可构成环境监管失职罪。

近年来，一部分地区、部门、企业不注意对环境的保护，甚至不顾对环境的污染破坏，盲目追求经济发展速度、短期效益，重大环境污染事故时有发生，致使公私财产遭受重大损失，造成重大人员伤亡。因此，对此类行为必须严惩。

【纪法适用】

1.《中国共产党纪律处分条例》第二十九条：

党组织在纪律审查中发现党员有贪污贿赂、滥用职权、玩忽职

守、权力寻租、利益输送、徇私舞弊、浪费国家资财等违反法律涉嫌犯罪行为的，应当给予撤销党内职务、留党察看或者开除党籍处分。

2.《中华人民共和国公职人员政务处分法》第十四条第一款第一项：

公职人员犯罪，有下列情形之一的，予以开除：

（一）因故意犯罪被判处管制、拘役或者有期徒刑以上刑罚（含宣告缓刑）的。

3.《中华人民共和国刑法》第四百零八条：

负有环境保护监督管理职责的国家机关工作人员严重不负责任，导致发生重大环境污染事故，致使公私财产遭受重大损失或者造成人身伤亡的严重后果的，处三年以下有期徒刑或者拘役。

廉政提醒

LIANZHENG TIXING

当前，少数环保工作人员缺乏事业心和责任感，在工作中不认真履行管理职责，认为只要不贪污不受贿就不是犯罪的思想比较突出。特别是在对群众反映强烈的污染问题查处上，工作不够细致，对群众举报事件查处不及时，一罚了之，或以罚代管，对治污不力、恶意排污企业的整改落实不予跟踪检查的情况都不同程度存在，致使国家、社会、人民利益遭受重大损失。

禁令 187

严禁招收公务员、学生徇私舞弊

【违法案例】

梁某，中共党员，某市人力资源和社会保障局原副局长。梁某在负责全市公务员招考工作期间，违背其职责和法律、法规的规定，在招收公务员过程中徇私舞弊，使其不符合录取条件的儿子梁某成获得公务员录取资格。

【禁令解析】

招收公务员、学生徇私舞弊行为，是指国家机关工作人员在招收公务员、学生工作中徇私舞弊的行为；情节严重的，可构成招收公务员、学生徇私舞弊罪。

在招收公务员、学生工作中徇私舞弊，严重破坏了国家招收公务员、学生工作的正常秩序。一些严重徇私舞弊案件被揭露出来以后，引起群众强烈不满，对此类行为必须予以严惩。

【纪法适用】

1.《中国共产党纪律处分条例》第二十九条：

党组织在纪律审查中发现党员有贪污贿赂、滥用职权、玩忽职守、权力寻租、利益输送、徇私舞弊、浪费国家资财等违反法律涉嫌犯罪行为的，应当给予撤销党内职务、留党察看或者开除党籍处分。

2.《中华人民共和国公职人员政务处分法》第十四条第一款第一项：

公职人员犯罪，有下列情形之一的，予以开除：

（一）因故意犯罪被判处管制、拘役或者有期徒刑以上刑罚（含宣告缓刑）的。

3.《中华人民共和国刑法》第四百一十八条：

国家机关工作人员在招收公务员、学生工作中徇私舞弊，情节严重的，处三年以下有期徒刑或者拘役。

廉政提醒

LIANZHENG TIXING

在招录公务员、学生工作过程中，必须把权力关进制度的笼子里。继续完善招考制度设计，进一步缩小招考单位的自由裁量权；对于那些通过权力寻租“混进”公务员队伍的要坚决清退，对滥用权力者须严厉惩戒。案件一经查实，不但要追究直接责任人的责任，还要对相关领导进行严肃问责。对涉嫌犯罪的，移送司法机关处理。

禁令 188

严禁刑讯逼供

【违法案例】

苟某，中共党员，某市公安局民警。苟某在对涉嫌犯罪的吕某立案侦查期间，采取刑讯手段逼取吕某口供。经鉴定，吕某损伤程度为轻伤。

【禁令解析】

刑讯逼供行为，是指司法工作人员对犯罪嫌疑人、被告人使用肉刑或变相肉刑逼取口供的行为；情节严重的，可构成刑讯逼供罪。

刑讯逼供罪有两个特征，即“刑讯”和“逼供”，“刑讯”是手段，“逼供”是目的，缺一不可。其中，“刑讯”是指采用肉刑或者变相肉刑，对被审讯的犯罪嫌疑人、被告人进行肉体和精神摧残、折磨。刑讯的方法主要有捆绑、吊打、非法戴械具、不让休息、蹲伏、长时间挨冻挨饿等。也有以残酷肉刑相威胁或对被审讯人及其家属不利的事件相威胁的。“逼供”是指审讯人用刑讯的方法逼迫审讯对象作有罪供述。

【纪法适用】

1.《中国共产党纪律处分条例》第二十九条：

党组织在纪律审查中发现党员有贪污贿赂、滥用职权、玩忽职守、权力寻租、利益输送、徇私舞弊、浪费国家资财等违反法律涉嫌犯罪行为的，应当给予撤销党内职务、留党察看或者开除党籍处分。

2.《中华人民共和国公职人员政务处分法》第十四条第一款第一项：

公职人员犯罪，有下列情形之一的，予以开除：

（一）因故意犯罪被判处管制、拘役或者有期徒刑以上刑罚（含宣告缓刑）的。

3.《中华人民共和国刑法》第二百四十七条：

司法工作人员对犯罪嫌疑人、被告人实行刑讯逼供或者使用暴力逼取证人证言的，处三年以下有期徒刑或者拘役。致人伤残、死亡的，依照本法第二百三十四条、第二百三十二条的规定定罪从重处罚。

廉政提醒

LIANZHENG TIXING

确定尊重人权，刑事司法打击、保护和调整功能并重的现代刑事司法理念已是时代精神的必然要求。要经常性、多形式地在司法工作人员中开展严禁刑讯逼供的宣传和教育，特别是一些易发多发刑讯逼供的重点单位和部门，更要做到警钟长鸣、常抓不懈；要加大对刑讯逼供案件查处力度，拓宽刑讯案件的受理渠道，做到早发现、早取证、早查处。对包庇刑讯逼供者，要给予其单位负责人党纪、政务处分，直至追究刑事责任。

禁令 189

严禁暴力取证

【违法案例】

周某，中共党员，某派出所民警。周某在对涉嫌犯罪嫌疑人许某之妻鲁某取证过程中，因鲁某称制作的笔录中某些记载与其叙述不一致而拒绝捺指印，辱骂鲁某，同时用脚踢鲁某腹部。

【禁令解析】

暴力取证行为，是指司法工作人员使用暴力逼取证人证言的行为；情节严重的，可构成暴力取证罪。

证人的证言，是重要证据之一，属于人证的范围。我国的法律和司法实践，对于刑事案件的审判，一般十分重视包括人证、物证等在内的证据对于定案的作用。刑事诉讼法规定，只有被告人供述，证据充分确实的，可以认定被告人有罪和处以刑罚。作为证据来源之一的证人证言，必须真实才有助于正确定案。司法实践中不仅存在对犯罪人进行刑讯逼供的犯罪行为，同时还存在大量以暴力方法逼取证人证言的行为。这种现象的存在一方面与司法工作人员的司法素质有关，同时也与法律对此类行为少有惩处有密切联系。这种行为败坏了司法机关的声誉，干扰了司法机关的正常活动，侵犯了受害人的人身权利。因此，对此类行为必须予以严惩。

【纪法适用】

1.《中国共产党纪律处分条例》第二十九条：

党组织在纪律审查中发现党员有贪污贿赂、滥用职权、玩忽职守、权力寻租、利益输送、徇私舞弊、浪费国家资财等违反法律涉嫌犯罪行为的，应当给予撤销党内职务、留党察看或者开除党籍处分。

2.《中华人民共和国公职人员政务处分法》第十四条第一款第一项：

公职人员犯罪，有下列情形之一的，予以开除：

（一）因故意犯罪被判处管制、拘役或者有期徒刑以上刑罚（含宣告缓刑）的。

3.《中华人民共和国刑法》第二百四十七条：

司法工作人员对犯罪嫌疑人、被告人实行刑讯逼供或者使用暴力逼取证人证言的，处三年以下有期徒刑或者拘役。致人伤残、死亡的，依照本法第二百三十四条、第二百三十二条的规定定罪从重处罚。

廉政提醒

LIANZHENG TIXING

暴力取证行为败坏了司法机关的声誉，干扰了司法机关的正常活动，侵犯了受害人的人身权利。要转变重打击轻保护的观念，树立尊重保护被调查人合法权益的思想，坚决遏制暴力取证等违规违法办案行为，切实提升办案质量和执法公信力。

禁令 190

严禁虐待被监管人员

【违法案例】

尹某，中共党员，某监狱工作人员。尹某在监狱执行监管职务过程中，指使其他被监管人帮助，使某被监管人失去反抗能力，违规使用瓦斯催泪喷射器喷射已经被安全带束缚的被监管人，给被监管人的身体和心理带来极度痛苦，造成了极其恶劣的影响。

【禁令解析】

虐待被监管人员行为，是指监狱、拘留所、看守所等监管机构的监管人员，对被监管人进行殴打或者体罚虐待的行为；情节严重的，可构成虐待被监管人员罪。

我国刑法是人民民主专政的工具，是惩罚与教育的统一体。因此，我们对犯罪分子适用刑罚，是为了通过惩罚与教育相结合，达到预防犯罪的目的。这就要求在看守、监管犯人时，不打骂，不虐待，不侮辱犯人的人格。

【纪法适用】

1.《中国共产党纪律处分条例》第二十九条：

党组织在纪律审查中发现党员有贪污贿赂、滥用职权、玩忽职守、权力寻租、利益输送、徇私舞弊、浪费国家资财等违反法律涉嫌犯罪行为的，应当给予撤销党内职务、留党察看或者开除党籍处分。

2.《中华人民共和国公职人员政务处分法》第十四条第一款第一项：

公职人员犯罪，有下列情形之一的，予以开除：

（一）因故意犯罪被判处管制、拘役或者有期徒刑以上刑罚（含宣告缓刑）的。

3.《中华人民共和国刑法》第二百四十八条：

监狱、拘留所、看守所等监管机构的监管人员对被监管人进行殴打或者体罚虐待，情节严重的，处三年以下有期徒刑或者拘役；情节特别严重的，处三年以上十年以下有期徒刑。致人伤残、死亡的，依照本法第二百三十四条、第二百三十二条的规定定罪从重处罚。

监管人员指使被监管人殴打或者体罚虐待其他被监管人的，依照前款的规定处罚。

廉政提醒

LIANZHENG TIXING

虐待被监管人恶性案件引发了人们对被监管人这一特殊群体合法权益的关注，相关责任人员也被追究相关刑事责任。监狱、拘留所、看守所等监管机构的监管人员要切实保障被监管人员的合法权益，杜绝发生逼供、侮辱、打骂、虐待、体罚或者变相体罚的现象。

禁令 191

严禁妨害作证

【违法案例】

罗某，中共党员，某县水利局干部。2019年1月，涉嫌串通投标犯罪的温某指使罗某购买新手机、电话卡等，与项目评标专家联系、见面，并与评标专家串通作伪证，后将用于联系的手机和电话卡扔到城区下水道内予以销毁，违反国家法律法规规定，涉嫌妨害作证罪。

【禁令解析】

妨害作证行为，是指以暴力、威胁、贿买，或者其他方法阻止证人作证或者指使他人作伪证的行为；情节严重的，可构成妨害作证罪。

证人证言是最普遍使用的证据，它对司法机关及时查明案件事实，正确适用法律有着非同一般的意义和作用。然而，在现阶段，司法实践中却出现证人不愿作证或作证不真实的情况。除有证人本身主观原因外，另一个重要原因就是证人受到外界的非法干扰而无法作证、不敢作证、不愿作证或作虚假证词。这些非法的外界干扰表现为对证人进行暴力、威胁、指使、贿买、欺骗、防止等。这些妨害作证的行为在司法实践中产生了极其不良的影响，严重影响证人证言的质量和数量，破坏了证人作证的客观条件和环境。为了维护法律的尊严，保护国家和人民的利益，保障司法机关正常的诉讼活动和秩序，对于此类行为必须严惩。

【纪法适用】

1.《中国共产党纪律处分条例》第二十九条：

党组织在纪律审查中发现党员有贪污贿赂、滥用职权、玩忽职守、权力寻租、利益输送、徇私舞弊、浪费国家资财等违反法律涉嫌犯罪行为的，应当给予撤销党内职务、留党察看或者开除党籍处分。

2.《中华人民共和国公职人员政务处分法》第十四条第一款第一项：

公职人员犯罪，有下列情形之一的，予以开除：

（一）因故意犯罪被判处管制、拘役或者有期徒刑以上刑罚（含宣告缓刑）的。

3.《中华人民共和国刑法》第三百零七条：

以暴力、威胁、贿买等方法阻止证人作证或者指使他人作伪证的，处三年以下有期徒刑或者拘役；情节严重的，处三年以上七年以下有期徒刑。

帮助当事人毁灭、伪造证据，情节严重的，处三年以下有期徒刑或者拘役。

司法工作人员犯前两款罪的，从重处罚。

廉政提醒

LIANZHENG TIXING

公职人员利用职权或职务便利实施包庇、纵容黑恶势力，作伪证、妨害作证，帮助毁灭、伪造证据，以及窝藏、包庇等犯罪行为的，应酌情从重处罚。

禁令 192

严禁包庇毒品犯罪分子

【违法案例】

郑某，某镇党委书记。郑某在明知其同学刘某是公安机关正在追捕的贩卖毒品的犯罪分子的情况下，向刘某提供现金资助和住处。

【禁令解析】

包庇毒品犯罪分子行为，是指明知是走私、贩卖、运输、制造毒品的犯罪分子，而进行窝藏或者掩盖其罪行，以使其逃避法律制裁的行为；情节严重的，可构成包庇毒品犯罪分子罪。

从刑事立法角度看，增设包庇毒品犯罪分子罪等一系列新罪名，使惩罚毒品犯罪的专门性刑事法律内部形成完整的罪刑系统，从而在司法实践中有利于同毒品犯罪作斗争。

【纪法适用】

1.《中国共产党纪律处分条例》第二十九条：

党组织在纪律审查中发现党员有贪污贿赂、滥用职权、玩忽职守、权力寻租、利益输送、徇私舞弊、浪费国家资财等违反法律涉嫌犯罪行为的，应当给予撤销党内职务、留党察看或者开除党籍处分。

2.《中华人民共和国公职人员政务处分法》第十四条第一款第一项：

公职人员犯罪，有下列情形之一的，予以开除：

（一）因故意犯罪被判处管制、拘役或者有期徒刑以上刑罚（含宣告缓刑）的。

3.《中华人民共和国刑法》第三百四十九条：

包庇走私、贩卖、运输、制造毒品的犯罪分子的，为犯罪分子窝藏、转移、隐瞒毒品或者犯罪所得的财物的，处三年以下有期徒刑、拘役或者管制；情节严重的，处三年以上十年以下有期徒刑。

缉毒人员或者其他国家机关工作人员掩护、包庇走私、贩卖、运输、制造毒品的犯罪分子的，依照前款的规定从重处罚。

犯前两款罪，事先通谋的，以走私、贩卖、运输、制造毒品罪的共犯论处。

廉政提醒

LIANZHENG TIXING

打击毒品犯罪，要深挖涉毒黑恶势力及其“保护伞”，铲除毒品问题滋生蔓延的土壤。党员干部、公职人员要忠于职守、严守法律，才不会走向犯罪的深渊。

禁令 193

严禁民事、行政枉法裁判

【违法案例】

魏某某，中共党员，某区人民法院民事审判一庭审判员。魏某某在审理单某某诉孙某某一案时，非法收受单某某儿子贿赂的人民币 1 万元。魏某某明知单某某等人提供的用工合同、工资单、停发工资证明等证据材料系伪造，仍然予以采信，并据此作出民事判决，原告单某某多获得伤残赔偿金及误工费共计人民币 15 万余元。

【禁令解析】

民事、行政枉法裁判行为，是指司法工作人员在民事、行政审判活动中故意违背事实和法律作枉法裁判的行为；情节严重的，可构成民事、行政枉法裁判罪。

民事、行政枉法裁判行为主观上是直接故意，客观表现为在民事、行政审判活动中，审判人员故意违背事实和法律作枉法裁判，且情节严重。实践中，故意违背事实作枉法裁判，主要指故意违背案件的客观事实。隐匿、毁弃证据或者故意不予采信客观存在的真实证据，使不应承担民事、行政责任的当事人承担责任；或者使应当承担责任的当事人不承担责任；或者故意将当事人应当承担的责任化轻为重；或者化重为轻，作出不符合事实和法律的裁判。

【纪法适用】

1.《中国共产党纪律处分条例》第二十九条：

党组织在纪律审查中发现党员有贪污贿赂、滥用职权、玩忽职守、权力寻租、利益输送、徇私舞弊、浪费国家资财等违反法律涉嫌犯罪行为的，应当给予撤销党内职务、留党察看或者开除党籍处分。

2.《中华人民共和国公职人员政务处分法》第十四条第一款第一项：

公职人员犯罪，有下列情形之一的，予以开除：

（一）因故意犯罪被判处管制、拘役或者有期徒刑以上刑罚（含宣告缓刑）的。

3.《中华人民共和国刑法》第三百九十九条第二款：

在民事、行政审判活动中故意违背事实和法律作枉法裁判，情节严重的，处五年以下有期徒刑或者拘役；情节特别严重的，处五年以上十年以下有期徒刑。

廉政提醒

LIANZHENG TIXING

公正是执纪执法活动的生命和灵魂。党员领导干部绝不能违规干预和插手司法、执纪执法活动。对于干预司法、执纪执法的，要依规依纪给予党纪政务处分；造成冤假错案或者其他严重后果的，依法追究刑事责任。

禁令 194

严禁徇私舞弊不移交刑事案件

【违法案例】

丁某，中共党员，林业局工作人员。丁某调查某村村民举报的该村滥伐林木案件时，通过查该村近两年销售林木账，发现该村这两年滥伐林木约600立方米。丁某向镇领导通报查处情况时表示，该村滥伐林木情节严重，有关人员要受刑事处罚。当镇领导要求“不要抓人”后，丁某接受镇领导的说情，授意要改动该村的销售林木账，将滥伐林木数量降至20立方米以下，以便对该村进行行政处罚。丁某未向林业局领导汇报案件的真实情况，仅以顾某等人调查时所画的3份现场图为依据，擅自将该村滥伐林木的数量定为17.9888立方米，导致林业局决定对该村仅进行林业行政处罚。

【禁令解析】

徇私舞弊不移交刑事案件行为，是指行政执法人员在行政执法过程中，徇私舞弊，对依法应当移交司法机关追究刑事责任的案件故意不予移交的行为；情节严重的，可构成徇私舞弊不移交刑事案件罪。

徇私舞弊不移交刑事案件罪不仅侵犯国家行政执法机关的正常活动，而且还侵犯法律的权威与尊严。之所以对此类行为要进行严厉惩处，是为了依法行政、严密法网，使有罪的人不能因种种关系而逃避刑事处罚，保证国家法律得以正确统一实施。

【纪法适用】

1.《中国共产党纪律处分条例》第二十九条：

党组织在纪律审查中发现党员有贪污贿赂、滥用职权、玩忽职守、权力寻租、利益输送、徇私舞弊、浪费国家资财等违反法律涉嫌犯罪行为的，应当给予撤销党内职务、留党察看或者开除党籍处分。

2.《中华人民共和国公职人员政务处分法》第十四条第一款第一项：

公职人员犯罪，有下列情形之一的，予以开除：

（一）因故意犯罪被判处管制、拘役或者有期徒刑以上刑罚（含宣告缓刑）的。

3.《中华人民共和国刑法》第四百零二条：

行政执法人员徇私舞弊，对依法应当移交司法机关追究刑事责任的不移交，情节严重的，处三年以下有期徒刑或者拘役；造成严重后果的，处三年以上七年以下有期徒刑。

廉政提醒

LIANZHENG TIXING

个别行政执法人员徇私舞弊，在执法过程中故意不移交应当追究刑事责任的案件，严重侵犯了国家法律的权威与尊严。行政执法人员要牢记这条禁令，严格规范公正文明执法，让人民群众在每一个执法行为中都看到风清气正、从每一项执法决定中都感受到公平正义。

禁令 195

严禁帮助犯罪分子逃避处罚

【违法案例】

江某，中共党员，某县公安机关民警。某省乙县的公安机关民警赵某和陈某二人在侦查犯罪嫌疑人周某盗窃摩托车一案时，在江某所在的甲县某超市的门前发现江某驾驶的摩托车车号恰好与被盗摩托车车号一致，遂陈某和赵某立即将摩托车扣留。当天夜里，江某火速赶到犯罪嫌疑人周某家里，将摩托车被乙县公安机关扣留一事详细告诉了周某，并示意周某将另一辆所盗摩托车藏起来并出去躲一躲，周某听从江某建议后逃之夭夭。

【禁令解析】

帮助犯罪分子逃避处罚行为，是指有查禁犯罪活动职责的国家机关工作人员，向犯罪分子通风报信、提供便利，帮助犯罪分子逃避处罚的行为；情节严重的，可构成帮助犯罪分子逃避处罚罪。

扫黑除恶专项斗争开展以来，各级纪检监察机关坚决贯彻落实党中央决策部署，紧盯黑恶势力背后的“保护伞”，挥出重拳，坚决惩治。梳理公开曝光的充当黑恶势力“保护伞”典型案件可以发现，被通报对象对犯有包庇、纵容黑社会性质组织罪外，不少还涉及帮助犯罪分子逃避处罚罪。因此，对此类行为必须严肃处理。

【纪法适用】

1.《中国共产党纪律处分条例》第二十九条：

党组织在纪律审查中发现党员有贪污贿赂、滥用职权、玩忽职守、权力寻租、利益输送、徇私舞弊、浪费国家资财等违反法律涉嫌犯罪行为的，应当给予撤销党内职务、留党察看或者开除党籍处分。

2.《中华人民共和国公职人员政务处分法》第十四条第一款第一项：

公职人员犯罪，有下列情形之一的，予以开除：

（一）因故意犯罪被判处管制、拘役或者有期徒刑以上刑罚（含宣告缓刑）的。

3.《中华人民共和国刑法》第四百一十七条：

有查禁犯罪活动职责的国家机关工作人员，向犯罪分子通风报信、提供便利，帮助犯罪分子逃避处罚的，处三年以下有期徒刑或者拘役；情节严重的，处三年以上十年以下有期徒刑。

廉政提醒

LIANZHENG TIXING

国家工作人员行使的是国家和人民赋予的查禁违法犯罪的公权力，这就要求必须牢记职责和使命，清正廉洁、公正执法。绝不能以身试法，帮助犯罪分子逃避处罚，最终跌入犯罪深渊。一旦存在职务违法或者职务犯罪行为，监察机关都要依法追究其法律责任。

禁令 196

严禁非法拘禁

【违法案例】

王某，中共党员，某县市容监察大队队长。王某带领队员张某、曹某等以查处乱收费为名，将正在县城城东某收费站附近执行公务的城东管委会分队负责人田某、队员李某和杨某强行抓到县市容监察大队，采取打骂、跪罚、向脸上泼水等手段刑讯逼供，然后将3人关到会议室，并派专人看管，直到凌晨6时许，经该县城东管委会主任交涉后，王某才将人放走。

【禁令解析】

非法拘禁行为，是指以非法扣押、关押、绑架或者其他方法剥夺他人人身自由的行为；情节严重的，可构成非法拘禁罪。

我国宪法第三十七条规定："中华人民共和国公民的人身自由不受侵犯。任何公民，非经人民检察院批准或者决定或者人民法院决定，并由公安机关执行，不受逮捕。禁止非法拘禁和以其他方法非法剥夺或者限制公民的人身自由，禁止非法搜查公民的身体。"因此，非法拘禁是一种严重剥夺公民身体自由的行为，公职人员如果利用职权及职务便利对公民实施非法拘禁行为，必须予以严惩。

【纪法适用】

1.《中国共产党纪律处分条例》第二十九条：

党组织在纪律审查中发现党员有贪污贿赂、滥用职权、玩忽职守、权力寻租、利益输送、徇私舞弊、浪费国家资财等违反法律涉嫌犯罪行为的，应当给予撤销党内职务、留党察看或者开除党籍处分。

2.《中华人民共和国公职人员政务处分法》第十四条第一款第一项：

公职人员犯罪，有下列情形之一的，予以开除：

（一）因故意犯罪被判处管制、拘役或者有期徒刑以上刑罚（含宣告缓刑）的。

3.《中华人民共和国刑法》第二百三十八条：

非法拘禁他人或者以其他方法非法剥夺他人人身自由的，处三年以下有期徒刑、拘役、管制或者剥夺政治权利。具有殴打、侮辱情节的，从重处罚。

犯前款罪，致人重伤的，处三年以上十年以下有期徒刑；致人死亡的，处十年以上有期徒刑。使用暴力致人伤残、死亡的，依照本法第二百三十四条、第二百三十二条的规定定罪处罚。

为索取债务非法扣押、拘禁他人的，依照前两款的规定处罚。

国家机关工作人员利用职权犯前三款罪的，依照前三款的规定从重处罚。

廉政提醒

LIANZHENG TIXING

少数国家机关工作人员，特别是基层国家机关工作人员滥用职权，非法拘禁等现象时有发生，侵犯了公民的自由权、健康权，甚至剥夺了公民的生命权，给当事人及其家庭带来严重的危害，严重影响社会稳定。国家机关工作人员利用职权非法拘禁他人的，应从重处罚。

禁令 197

严禁非法搜查

【违法案例】

李某，中共党员，某县公安局治安大队队长。李某的表弟王某在工地替人运送砖头时不慎被“升降机”上掉下的砖头砸中脑袋，经抢救无效身亡。李某得知表弟死讯后，认为祸事都是因为曹某建房引起的，非得抓住曹某不可。曹某得知此讯后，逃进偏远矿山躲了一个月。其间，李某开着警车，带着2名治安队员到曹某家里各个房间进行搜查（没有搜查证），搞得曹家惊恐万状。

【禁令解析】

非法搜查行为，是指无权搜查的人擅自非法对他人的身体或住宅进行搜查，妨害他人人身自由或住宅安全的行为；情节严重的，可构成非法搜查罪。

在我国，人民群众是国家的主人，人民的权益受到法律的保护。我国宪法第三十七条规定：“中华人民共和国公民的人身自由不受侵犯。”禁止非法拘禁和以其他方式非法剥夺或者限制公民的人身自由，禁止非法搜查公民的身体。第三十九条规定：“中华人民共和国公民的住宅不受侵犯。禁止非法搜查或者非法侵入公民的住宅。”对于公职人员利用职权及职务便利对公民身体或住宅进行非法搜查的行为必须予以严惩。

【纪法适用】

1.《中国共产党纪律处分条例》第二十九条：

党组织在纪律审查中发现党员有贪污贿赂、滥用职权、玩忽职守、权力寻租、利益输送、徇私舞弊、浪费国家资财等违反法律涉嫌犯罪行为的，应当给予撤销党内职务、留党察看或者开除党籍处分。

2.《中华人民共和国公职人员政务处分法》第十四条第一款第一项：

公职人员犯罪，有下列情形之一的，予以开除：

（一）因故意犯罪被判处管制、拘役或者有期徒刑以上刑罚（含宣告缓刑）的。

3.《中华人民共和国刑法》第二百四十五条：

非法搜查他人身体、住宅，或者非法侵入他人住宅的，处三年以下有期徒刑或者拘役。

司法工作人员滥用职权，犯前款罪的，从重处罚。

廉政提醒

LIANZHENG TIXING

宪法规定，禁止非法拘禁和以其他方法非法剥夺或者限制公民的人身自由，禁止非法搜查公民的身体。这是对公民人身自由、身体安全、住宅安全、通信自由与通信秘密的法律保护。搜查必须严格依照法律规定，经有关机关批准，持搜查证、依照法定程序进行。

禁令 198

严禁非法转让、倒卖土地使用权

【违法案例】

马某，某村党支部书记。马某在未经村委会同意、未报镇政府批准的情况下，将村委会承包的林地转让给吕某，非法获利 125 万元。

【禁令解析】

非法转让、倒卖土地使用权行为，是指以牟利为目的，违反土地管理法规，非法转让、倒卖土地使用权的行为；情节严重的，可构成非法转让、倒卖土地使用权罪。

以牟利为目的，违反土地管理法规，非法转让、倒卖土地使用权，涉嫌下列情形之一的，应予追诉：（1）非法转让、倒卖基本农田五亩以上的；（2）非法转让、倒卖基本农田以外的耕地十亩以上的；（3）非法转让、倒卖其他土地二十亩以上的；（4）违法所得数额在五十万元以上的；（5）虽未达到上述数额标准，但因非法转让、倒卖土地使用权受过行政处罚二次以上，又非法转让、倒卖土地的；（6）造成恶劣影响的。

【纪法适用】

1.《中国共产党纪律处分条例》第二十九条：

党组织在纪律审查中发现党员有贪污贿赂、滥用职权、玩忽职

守、权力寻租、利益输送、徇私舞弊、浪费国家资财等违反法律涉嫌犯罪行为的，应当给予撤销党内职务、留党察看或者开除党籍处分。

2.《中华人民共和国公职人员政务处分法》第十四条第一款第一项：

公职人员犯罪，有下列情形之一的，予以开除：

（一）因故意犯罪被判处管制、拘役或者有期徒刑以上刑罚（含宣告缓刑）的。

3.《中华人民共和国刑法》第二百二十八条：

以牟利为目的，违反土地管理法规，非法转让、倒卖土地使用权，情节严重的，处三年以下有期徒刑或者拘役，并处或者单处非法转让、倒卖土地使用权价额百分之五以上百分之二十以下罚金；情节特别严重的，处三年以上七年以下有期徒刑，并处非法转让、倒卖土地使用权价额百分之五以上百分之二十以下罚金。

第二百三十一条：

单位犯本节第二百二十一条至第二百三十条规定之罪的，对单位判处罚金，并对其直接负责的主管人员和其他直接责任人员，依照本节各该条的规定处罚。

廉政提醒

LIANZHENG TIXING

土地是国家的重要资源，非法转让、倒卖土地使用权，既破坏社会主义市场经济秩序，也极易造成土地环境资源毁坏，国家矿产资源流失，将其规定为犯罪并予以严惩是土地管理现实的客观需要。党员干部要牢记这条禁令，切实增强党章党规党纪和法律意识，不能在土地使用权问题上踩雷区、触红线。

禁令 199

严禁利用未公开信息交易

【违法案例】

杨某，某国有金融企业资产管理部原投资经理。在单位每次开会讨论决定拟购买的股票后，杨某都会在股票交易前一两天或者交易后的当天晚上，将股票交易信息打电话告诉其高中同学张某。张某先后购买杨某推荐的股票 78 只，非法获利 864 万元，并以投资报酬、年终分红等名义，给予杨某 205 万元现金。之后，杨某因犯利用未公开信息交易罪，被判处三年有期徒刑，缓刑五年，并处罚金人民币 300 万元。

【禁令解析】

利用未公开信息交易行为，是指证券交易所、期货交易所、证券公司、期货经纪公司、基金管理公司、商业银行、保险公司等金融机构的从业人员以及有关监管部门或者行业协会的工作人员，利用因职务便利获取的内幕信息以外的其他未公开的信息，违反规定，从事与该信息相关的证券、期货交易活动，或者明示、暗示他人从事相关交易活动；情节严重的，可构成利用未公开信息交易罪。

证券交易所、期货交易所、证券公司、期货经纪公司、基金管理公司、商业银行、保险公司等金融机构的从业人员以及有关监管部门或者行业协会的工作人员，利用因职务便利获取的内幕信息以外的其他未公开的信息，违反规定，从事与该信息相关的证券、期货交易，或者明示、暗示他人从事相关交易活动，涉嫌下列情形之一的，应予立案追诉：（1）证券交易成交额累计在五十万元以上的；（2）期货交易占用保证金数额累计在三十万元以上的；（3）获利或者避免损失数额累计在十五万元以上的；（4）多次利用内幕信息以外的其他未公开信息进行交易活动的；（5）其他情节严重的情形。

【纪法适用】

1.《中国共产党纪律处分条例》第二十九条：

党组织在纪律审查中发现党员有贪污贿赂、滥用职权、玩忽职守、权力寻租、利益输送、徇私舞弊、浪费国家资财等违反法律涉嫌犯罪行为的，应当给予撤销党内职务、留党察看或者开除党籍处分。

2.《中华人民共和国公职人员政务处分法》第十四条第一款第一项：

公职人员犯罪，有下列情形之一的，予以开除：

（一）因故意犯罪被判处管制、拘役或者有期徒刑以上刑罚（含宣告缓刑）的。

3.《中华人民共和国刑法》第一百八十条：

证券、期货交易内幕信息的知情人员或者非法获取证券、期货交易内幕信息的人员，在涉及证券的发行，证券、期货交易或者其他对证券、期货交易价格有重大影响的信息尚未公开前，买入或者卖出该证券，或者从事与该内幕信息有关的期货交易，或者泄露该信息，或者明示、暗示他人从事上述交易活动，情节严重的，处五年以下有期徒刑或者拘役，并处或者单处违法所得一倍以上五倍以下罚金；情节特别严重的，处五年以上十年以下有期徒刑，并处违法所得一倍以上五倍以下罚金。

单位犯前款罪的，对单位判处罚金，并对其直接负责的主管人员和其他直接责任人员，处五年以下有期徒刑或者拘役。

内幕信息、知情人员的范围，依照法律、行政法规的规定确定。

证券交易所、期货交易所、证券公司、期货经纪公司、基金管理公司、商业银行、保险公司等金融机构的从业人员以及有关监管部门或者行业协会的工作人员，利用因职务便利获取的内幕信息以外的其他未公开的信息，违反规定，从事与该信息相关的证券、期货交易活动，或者明示、暗示他人从事相关交易活动，情节严重的，依照第一款的规定处罚。

廉政提醒

LIANZHENG TIXING

金融机构的从业人员以及有关工作人员合规展业是维护国家金融稳定的重要基础，利用未公开信息交易行为损害市场投资者的利益，抹黑金融资管行业信誉，危害整个行业健康发展，侵犯投资者的平等权。有关人员在日常工作中接触到一些未公开信息，这是一种工作权利，实际上也是对自己政治定力、道德品质和纪法意识的综合考验。有关人员要牢记这条禁令，知法守法，保守国家机密和商业秘密，维护国家利益和金融安全；坚持原则，恪守职业道德，公道正派、廉洁从业；谨慎用权、防范风险，自觉远离违法及不良行为，否则就会“过街老鼠人人喊打”，“老鼠仓”必然变成“老鼠夹”。

禁令 200

严禁泄露不应公开的案件信息

【违法案例】

胡某，某县人民法院法警。胡某在与他人聚餐时，详细讲述某不公开审理的未成年案件具体细节，其中包括犯罪人的学校、家庭住址、笔录内容等信息。

【禁令解析】

泄露不应公开的案件信息行为，是指司法工作人员、辩护人、诉讼代理人或者其他诉讼参与人，泄露依法不公开审理的案件中不应当公开的信息，造成信息公开传播或者其他严重后果的行为；情节严重的，可构成泄露不应公开的案件信息罪。

“不公开审理的案件”，具体包括：有关国家秘密或者个人隐私的案件，不公开审理；涉及商业秘密的案件，当事人申请不公开审理的，可以不公开审理。所谓“不应当公开的信息”，是指依法不公开审理的案件中的不应公开的信息，即应与“不公开审理的案件”联系起来考察，具体包括案件涉及的国家秘密、个人隐私、商业秘密本身，以及与此相关的不宜为诉讼参与人以外的人所知的案件细节，或诉讼参与人在参加庭审时所发表的言论的具体内容等信息。如果公开以上信息，有可能对国家安全和利益、当事人受法律保护的隐私权、商业秘密以及未成年人的身心健康等合法权益造成不利后果或者威胁。

【纪法适用】

1.《中国共产党纪律处分条例》第二十九条：

党组织在纪律审查中发现党员有贪污贿赂、滥用职权、玩忽职守、权力寻租、利益输送、徇私舞弊、浪费国家资财等违反法律涉嫌犯罪行为的，应当给予撤销党内职务、留党察看或者开除党籍处分。

2.《中华人民共和国公职人员政务处分法》第三十九条第五项：

有下列行为之一，造成不良后果或者影响的，予以警告、记过或者记大过；情节较重的，予以降级或者撤职；情节严重的，予以开除：

（五）泄露国家秘密、工作秘密，或者泄露因履行职责掌握的商业秘密、个人隐私的。

3.《中华人民共和国刑法》第三百零八条之一：

司法工作人员、辩护人、诉讼代理人或者其他诉讼参与人，泄露依法不公开审理的案件中不应当公开的信息，造成信息公开传播或者其他严重后果的，处三年以下有期徒刑、拘役或者管制，并处或者单处罚金。

有前款行为，泄露国家秘密的，依照本法第三百九十八条的规定定罪处罚。

公开披露、报道第一款规定的案件信息，情节严重的，依照第一款的规定处罚。

单位犯前款罪的，对单位判处罚金，并对其直接负责的主管人员和其他直接责任人员，依照第一款的规定处罚。

廉政提醒

LIANZHENG TIXING

故意泄露不应公开的案件信息，不但会侵害国家及个人利益，还会妨碍正常的审判秩序。司法工作人员、辩护人、诉讼代理人或者其他诉讼参与人都要明白，司法公开的前提是依法公开，并非无条件公开；要牢记这条禁令，自觉维护职业形象，不越雷池半步，“管好嘴”更要“守住心”。

图书在版编目（CIP）数据

公职人员纪法禁令200条/《公职人员纪法禁令200条》编写组编写．—2版．—北京：中国方正出版社，2024.4

ISBN 978-7-5174-1333-2

Ⅰ.①公… Ⅱ.①公… Ⅲ.①国家机关工作人员—纪律检查—中国—学习参考资料 Ⅳ.①D630.3

中国国家版本馆CIP数据核字（2024）第078738号

公职人员纪法禁令200条

GONGZHI RENYUAN JIFA JINLING 200 TIAO

本书编写组 **编写**

责任编辑：赵 茹
责任校对：周志娟
责任印制：李惠君

出版发行：中国方正出版社
（北京市西城区广安门南街甲2号 邮编：100053）
编辑部：（010）59598622 出版部：（010）59594625
发行部：（010）66560645 门市部：（010）66562733
网 址：www.lianzheng.com.cn
经 销：新华书店
印 刷：北京新华印刷有限公司

开 本：787毫米×1092毫米 1/16
印 张：27.5
字 数：345千字
版 次：2024年4月第2版 2024年12月北京第3次印刷

ISBN 978-7-5174-1333-2 定价：62.00元